DOROTHEA MEURER-MEICHSNER

Untersuchungen zum Gelegenheitsgesetz im Strafrecht

Strafrechtliche Abhandlungen · Neue Folge

Herausgegeben von Dr. Eberhard Schmidhäuser
ord. Professor der Rechte an der Universität Hamburg

in Zusammenarbeit mit den Strafrechtslehrern der deutschen Universitäten

Band 18

Untersuchungen zum Gelegenheitsgesetz im Strafrecht

Zugleich ein Beitrag zu § 316a StGB (Autostraßenraub)

Von

Dr. Dorothea Meurer-Meichsner

DUNCKER & HUMBLOT / BERLIN

Zur Aufnahme in die Reihe empfohlen
von Prof. Dr. Richard Lange, Köln

Gedruckt mit Unterstützung der Rechtswissenschaftlichen
Fakultät der Universität zu Köln

Gedruckt 1974 bei Buchdruckerei Bruno Luck, Berlin 65
Printed in Germany
ISBN 3 428 03186 5

Vorwort

Die Gesetzgebungslehre hat in neuerer Zeit einen ungeahnten Aufschwung genommen. Bislang fehlt jedoch — soweit ersichtlich — eine Untersuchung zu den besonderen Phänomenen von Gelegenheitsgesetzen im Strafrecht. Ich habe in dieser Studie versucht, exemplarisch die „Pathologie" einer Vorschrift darzustellen, die aus Anlaß von Einzelfällen „im Zorn erschaffen" *(v. Gemmingen)* wurde. Diese „Affekthandlung des Gesetzgebers" wirkt noch heute nach. Die aus der Überprüfung von § 316 a StGB gewonnenen Ergebnisse habe ich sodann mit anderen Gelegenheitsgesetzen konfrontiert. So zeichnen sich erste, vorläufige Konturen eines besonderen Gesetzestypus ab.

Danken möchte ich auch an dieser Stelle meinem Lehrer, Herrn Prof. Dr. Richard *Lange*, der die Arbeit nicht nur gefördert, sondern an ihr engen Anteil genommen hat ohne mir irgendwelche Beschränkungen aufzuerlegen. Wertvolle Hinweise verdanke ich ferner Gesprächen, die ich mit ehemaligen und jetzigen Mitarbeitern des Kriminalwissenschaftlichen Instituts der Universität zu Köln führen durfte. Stellvertretend möchte ich dafür insbesondere den Professoren Dres. Reinh. *v. Hippel*, *Waider* und *Wenzky* danken.

Köln, im Frühjahr 1974

Dorothea Meurer-Meichsner

Inhaltsverzeichnis

Abkürzungsverzeichnis

a.a.O.	am angegebenen Ort
Abt.	Abteilung
a. F.	alte Fassung
Anm.	Anmerkung
Arch. d. Criminalrechts	Archiv des Criminalrechts
Art.	Artikel
AT	Allgemeiner Teil
AutofG	Gesetz gegen Straßenraub mittels Autofallen vom 22. Juni 1938, RGBl. I, S. 651
Bd.	Band
BGB	Bürgerliches Gesetzbuch
BGBl.	Bundesgesetzblatt
BGH	Bundesgerichtshof
BGHSt	Entscheidungen des Bundesgerichtshofs in Strafsachen
BMJ	Bundesministerium der Justiz
BT	Besonderer Teil
DAR	Deutsches Autorecht
DB	Der Betrieb
Diss. iur.	juristische Dissertation
DJ	Deutsche Justiz
DJZ	Deutsche Juristenzeitung
DR	Deutsches Recht, Wochenausgabe
DStR	Deutsches Strafrecht
DVO	Durchführungsverordnung
E 60	Entwurf eines Strafgesetzbuchs mit Begründung, Bonn 1960
E 62	Entwurf eines Strafgesetzbuchs mit Begründung, Bonn 1962
FAZ	Frankfurter Allgemeine Zeitung
Fn.	Fußnote
GA	Archiv für Strafrecht, begründet von Goltdammer, zitiert nach Jahrgängen
GG	Bonner Grundgesetz vom 23. Mai 1949, BGBl. 1949, S. 1
HESt	Höchstrichterliche Entscheidungen, Sammlungen von Entscheidungen der Oberlandesgerichte in Strafsachen
JR	Juristische Rundschau

JuS	Juristische Schulung, Zeitschrift für Studium und Ausbildung
JW	Juristische Wochenschrift
JZ	Juristenzeitung
KRG	Kontrollratsgesetz
lfd.	laufende
LK	Leipziger Kommentar zum Strafgesetzbuch
LM	Nachschlagewerk des Bundesgerichtshofs, herausgegeben von Lindenmaier / Möhring
l. Sp.	linke Spalte
MDR	Monatsschrift für deutsches Recht
MschrKrim	Monatsschrift für Kriminologie und Strafrechtsreform
N. F.	Neue Folge
n. F.	neue Fassung
Niederschriften	Niederschriften über die Sitzungen der Großen Strafrechtskommission
NJW	Neue Juristische Wochenschrift
OLG	Oberlandesgericht
PersBefG	Personenbeförderungsgesetz
PVG	Polizeiverwaltungsgesetz
Rdn.	Randnummer
RG	Reichsgericht
RGBl.	Reichsgesetzblatt
RGSt	Entscheidungen des Reichsgerichts in Strafsachen
RKG	Reichskriegsgericht
r. Sp.	rechte Spalte
RStGB	Reichsstrafgesetzbuch
SG	Sondergericht
StGB	Strafgesetzbuch
StÄG	Strafrechtsänderungsgesetz
StrRG	Gesetz zur Reform des Strafrechts
StVSichG	Gesetz zur Sicherung des Straßenverkehrs
VBl	Verwaltungsblatt
VO	Verordnung
VRS	Verkehrsrechts-Sammlung, Entscheidungen aus allen Gebieten des Verkehrsrechts
VVDStRL	Veröffentlichungen der Vereinigung der Deutschen Staatsrechtslehrer
ZRP	Zeitschrift für Rechtspolitik
ZStW	Zeitschrift für die gesamte Strafrechtswissenschaft

Erster Teil

Einführung

Die Normen des Strafgesetzbuches sind in ihrer Mehrzahl das Ergebnis vielfältiger und oft Jahrhunderte währender Bemühung um ihre Ausgestaltung[1]. Im Gesetzgebungsverfahren wurde und wird regelmäßig in bestimmten Fallgruppen gedacht[2], deren Substrat als Gesetz promulgiert wird. Die jeweiligen Tatbestandsumschreibungen sind Abstraktionen einer Vielzahl im Laufe der Zeit erlebter Fallkonstellationen[3].

So war etwa der Raub bereits in früher Zeit deutscher Strafrechtsentwicklung als besonderes Crimen bekannt und wurde von anderen Verbrechen unterschieden[4]; vielfältige, mehr oder minder schwere Erscheinungsformen dieses Deliktes sind erlebt und bekämpft worden, bevor der zur Zeit geltende Tatbestand formuliert werden konnte[5].

---

[1] Vgl. z. B. die Übersichten bei *Maurach* BT, S. 20 f. (Tötungsdelikte); S. 74 ff. (Körperverletzungsdelikte); S. 187 ff. (Eigentumsdelikte); siehe z. B. auch R. *Lange* in LK Vor § 211, Rdn. 1; jeweils m. w. Nachw.; vgl. zur Geschichte des RStGB z. B. die Übersicht bei *Jescheck* §§ 10 und 11.

[2] Dies findet sich besonders ausgeprägt in frühen Zeiten der Strafrechtsgeschichte; vgl. z. B. *Eb. Schmidt,* S. 25, S. 31 ff. zum germanischen Strafrecht; zum Recht der Friesen im Mittelalter vgl. *His,* Friesen, S. 1 ff.; 81 ff.; und öfter; zur Strafrechtsreform vgl. z. B. Sonderausschuß 1971, 49. Sitzung, S. 1547 ff.; 50. Sitzung, S. 1571 ff.

[3] Prägnant z. B. *Dreher,* Vor § 1, Anm. B: „Der Tatbestand ist ein Denkschema, nämlich die Beschreibung menschlicher Handlungen in abstrakten Begriffen." Vgl. z. B. auch *Jescheck* § 15 I 2.

[4] Bereits im *Mittelalter* wird der Raub vom Diebstahl geschieden. Dabei ist Raub die *offene* widerrechtliche Wegnahme und unterscheidet sich so von dem — schwerer bewerteten — Delikt des Diebstahls durch die fehlende Heimlichkeit. Gewaltanwendung ist zumeist nicht Voraussetzung. Teilweise wird unter Raub sogar nur der *Straßenraub* verstanden. Vgl. dazu näher *His,* Karolina, S. 157 ff.; ders., Mittelalter, S. 201 ff.; *Schwarzenberg* geht offenbar bereits vom Raub als *gewaltsamer* Wegnahme aus, wobei typischer Räuber der Straßenräuber ist. Vgl. dazu *Radbruch,* S. 49 ff.; in der *Carolina* ist allerdings eine Begriffsbestimmung nicht enthalten.

[5] Im *Gemeinen Recht* ist der Raub in aller Regel gewaltsame Wegnahme, teilweise reicht jetzt sogar die Drohung aus. Nunmehr aber ist streitig, ob die *Entwendung* wesentliche Voraussetzung und der Raub so von der Erpressung geschieden ist. Vgl. hierzu die Zusammenstellung bei *Busse,* S. 31 ff. m. w. Nachw.; auch in den Strafgesetzbüchern des 19. Jahrhunderts wird diese Frage noch verschieden beantwortet, bis in § 249 RStGB (1871) eine für ganz Deutschland einheitliche Vorschrift gefunden wurde. Vgl. dazu *Busse,* S. 44 ff. m. w. Nachw.; §§ 249, 250 StGB wurden danach nicht mehr geändert.

Anders verläuft die Entstehungsgeschichte bei den sogenannten *Gelegenheits- bzw. ad-hoc-Gesetzen.* Darunter versteht man Gesetze, die als Reaktion auf einzelne neuartige oder doch neu erscheinende Verbrechen geschaffen werden. Solche Tatbestände werden abstrahiert von dem die Schaffung motivierenden *Einzelfall.* Sie enthalten letztlich die Beschreibung einer Tat bzw. Tatserie.

Diese vorläufige Kennzeichnung ist als Definition des Phänomens zu vage; auch beziehen sich die Begriffe Gelegenheitsgesetz und ad-hoc-Gesetz nicht auf eine fest umrissene Kategorie. Die Grenzen sind fließend. Präzise Begriffsklärung und Abgrenzung ist bisher im strafrechtlichen Schrifttum nicht erfolgt. Deshalb kann der Geltungsumfang der Begriffe lediglich aus ihrer Verwendung in dem jeweiligen Kontext rückgeschlossen werden.

Der Ausdruck *Gelegenheitsgesetz,* der sich vornehmlich im älteren Schrifttum[6] findet, ist umfassender und allgemeiner als der des ad-hoc-Delikts. Man bezeichnet damit jedes Gesetz, das dazu bestimmt ist, „einem augenblicklichen Bedürfnisse abzuhelfen"[7], mag der Anlaß ein bestimmter verbrecherischer Vorgang gewesen sein oder nicht. Der Ausdruck *ad-hoc-Delikt,* der im neueren Schrifttum[8] die Bezeichnung Gelegenheitsgesetz ablöst, ist dagegen auf Tatbestände beschränkt, die bestimmten historischen Vorgängen ihre Normierung verdanken[9].

Teilweise werden die Begriffe synonym gebraucht[10]. Auch in dieser Untersuchung erschien es angebracht, von einer genauen Begriffsklärung vorerst abzusehen. Die Begriffe ad-hoc-Gesetz bzw. Gelegenheitsgesetz bezeichnen schon nach der natürlichen Wortbedeutung mit hinreichender Genauigkeit den Untersuchungsgegenstand: Tatbestände, die einem Einzelfall bzw. einer Serie von gleichgelagerten Einzelfällen ihre Entstehung verdanken und auf eine beliebige Vielzahl zukünftiger ähnlicher Fälle Anwendung finden sollen.

Die Begriffe Gelegenheits- bzw. ad-hoc-Gesetz dürfen allerdings nicht verwechselt werden mit den vor allem im öffentlichen Recht immer wieder diskutierten *Maßnahmegesetzen*[11]. Mit diesem Gesetzes-

[6] Vor allem bei *Stenglein,* S. 107 ff.; vgl. aber auch *v. Liszt,* Zum Arnim-Paragraphen, S. 542; *Binding,* Lehrbuch, 2. Bd., 2. Abt., S. 494; *Geyer* in Holtzendorffs Handbuch, S. 146; *Schlecht,* S. 1; in neuerer Zeit noch *Jäger,* Rechtsgüterschutz, S. 94.

[7] *Stenglein,* S. 107.

[8] Vgl. z. B. *Dreher,* Grundsätze, S. 12; *Jescheck* § 15 IV 1; siehe auch *Maurach,* AT, S. 135.

[9] Vgl. *Dreher,* Grundsätze, S. 12; *Jescheck* § 15 IV 1.

[10] Vgl. Verwendung bei *v. Liszt,* Zum Arnim-Paragraphen, S. 542; *Binding,* Lehrbuch, 2. Bd., 2. Abt., S. 494; *Jäger,* Rechtsgüterschutz, S. 94.

[11] Die Einführung dieses Begriffs geht im wesentlichen auf *Forsthoff* zurück; vgl. *Forsthoff* insgesamt; aus der hieran anschließenden umfangreichen Literatur vgl. stellvertretend für viele die Arbeiten von *Zeidler; Huber; Starck,* S. 49 ff.; *Ballerstedt; Menger; Wehrhahn.*

typ hat das ad-hoc-Delikt nur gemeinsam, daß einzelne Sachverhalte, seien sie personen- oder sachbezogen, den Anlaß zur Normierung gaben und die Ausformung des Gesetzes entscheidend prägen. Darüber hinaus ist die Zielsetzung jedoch bei beiden grundverschieden: Als Maßnahmegesetze werden nur solche Normen bezeichnet, die einen bestimmten Sachverhalt erfassen, um gerade diesen und nur diesen in verwaltungsmäßig zweckmäßiger Weise zu regeln. Für die Anwendung auf beliebig viele zukünftig sich ereignende Fälle sind sie ausdrücklich nicht konzipiert[12]. Das gleiche gilt für die Begriffe *Einzelfall-*[13], *Einzelpersonen-*[14] und *Zeitgesetz*[15]. Hierher gehören auch die sogenannten Zeitgesetze i. S. d. § 2 Abs. 3 StGB[16]. Teilweise wird in diesem Zusammenhang zusätzlich der Begriff *Individualgesetz*[17] verwandt. Diese zumeist in der Form von Maßnahmegesetzen erscheinenden Gesetzestypen[18] sind, auch wenn nicht reine Zweckmäßigkeitsgesichtspunkte, sondern das Bemühen um Gerechtigkeit[19] im Vordergrund stehen, immer nur zur Regelung bestimmter mehr oder weniger überschaubarer Bereiche gedacht[20].

Dagegen ist das *ad-hoc-Gesetz* zwar an einem bestimmten Vorgang ausgerichtet, der eine wirklich oder vermeintlich bestehende Lücke im Strafsystem entstehen ließ, jedoch kann er auf das motivierende Ereignis wegen des im Strafrecht bestehenden Rückwirkungsverbots (§ 2 Abs. 1 S. 1 StGB, Art. 103 Abs. 2 GG) nach geltendem Recht nicht angewandt werden[21]. Ad-hoc-Delikte sind vielmehr gerade zur Pönalisierung *zukünftiger ähnlicher Sachverhalte* normiert. Insoweit ist also von diesem spezifisch öffentlich-rechtlichen Problemkreis für die Begriffsklärung nichts zu erwarten.

---

[12] Vgl. z. B. *Forsthoff*, insbes. S. 81 ff.; *Zeidler* z. B. S. 58 ff.; S. 145 ff.; *Huber*, S. 117 ff.; *Menger*, S. 7 f., 33 f.; *Wehrhahn*, S 35, 64 f.; im einzelnen allerdings ist der Begriff und seine genaue Definition umstritten; vgl. z. B. die Übersicht bei *Zeidler*, S. 32 ff.; *Huber*, S. 9 ff.

[13] Vgl. z. B. *Menger*, S. 21; *Bücker*, S. 58 f.; *Zeidler*, S. 38 f., 165 ff.

[14] Vgl. z. B. *Menger*, S. 20; *Bücker*, S. 59 f.; *Zeidler*, S. 38.

[15] Vgl. z. B. *Menger*, S. 21; *Bücker*, S. 58 f.; *Zeidler*, S. 38, 39.

[16] Aus der Rechtsprechung vgl. z. B. BGHSt 2, 29, 30 ff. (Höchstpreise für Zigaretten); BGHSt 6, 30, 36 f. (Höchstgeschwindigkeit); BGHSt 20, 177, 182 f. (zum Mineralölsteuergesetz 1957/58); ferner z. B. *Tröndle* in LK § 2 Rdn. 71; *Jescheck* § 15 IV 6; *Maurach*, AT, S. 140; *Kohlrausch / Lange*, § 2 IX; *Schmidhäuser*, S. 101; *Schönke / Schröder*, § 2 Rdn. 55 f.; jeweils m. w. Nachw.

[17] Vgl. dazu z. B. *v. Tabouillot* insbes. S. 11 ff.; *Bücker*, insbes. S. 54 ff.; jeweils m. w. Nachw.

[18] Vgl. *Menger*, S. 21; *Zeidler*, S. 38 f.

[19] Zur Abgrenzung der Einzelfallregelung vom Maßnahmegesetz durch den Gerechtigkeitsgedanken vgl. *Zeidler*, S. 167 ff. m. w. Nachw.

[20] Ähnlich werden die Begriffe auch im Privatrecht verwandt; vgl. z. B. bei *Enneccerus / Nipperdey* § 35 II 6 m. w. Nachw.

[21] Nicht immer aufrechterhalten wird dieser Grundsatz allerdings von der *Gesetzgebung* des Nationalsozialismus; vgl. dazu z. B. *Maurach*, AT, S. 135.

Nun wäre eine weitere Auseinandersetzung mit diesem Aspekt der Gesetzgebung weitgehend entbehrlich, wenn Gelegenheits- oder ad-hoc-Gesetze lediglich vereinzelt mit Mühe nachweisbar wären und die Untersuchung allenfalls dazu führen könnte, das Klassifikationssystem der Strafrechtswissenschaft um weitere Definitionen zu bereichern, deren Gegenstand ohnehin schon Forschungsziel ist[22]. Dagegen spricht jedoch bereits die nicht geringe Zahl von Strafrechtssätzen, die sich auf den ersten Blick als Gelegenheitsgesetze bezeichnen lassen.

Bereits äußerlich durch ihre herkömmliche Benennung als ad-hoc-Tatbestände zu erkennen sind § 49 a StGB, der sogenannte Duchesne-Paragraph und § 353 a StGB, bekannt als Arnimparagraph. § 49 a StGB wurde durch Gesetz vom 26. 2. 1876[23] eingefügt, nachdem sich der Belgier *Duchesne* gegenüber dem Jesuitenprovinzial von Belgien und dem Erzbischof von Paris bereit erklärt hatte, *Bismarck* zu ermorden. In Belgien war aufgrund dieses Ereignisses bereits am 7. 7. 1875 eine entsprechende Vorschrift erlassen worden[24], und im Zuge der Gegenseitigkeit fühlte sich der deutsche Gesetzgeber zu einer ähnlichen Vorschrift veranlaßt[25]. § 353 a StGB — Ungehorsam im auswärtigen Dienst — wurde ebenfalls am 26. 2. 1876[26] ins Strafgesetzbuch eingefügt, veranlaßt durch das Strafverfahren gegen den früheren deutschen Botschafter *Graf von Arnim*. Im Verlaufe dieses Prozesses[27] hatte sich herausgestellt, daß Ungehorsam und Indiskretion, deren *Arnim* sich schuldig gemacht hatte, nur im Rahmen eines Disziplinarverfahrens, nicht jedoch strafrechtlich zu erfassen waren. Der Gesetzgeber sah hierin eine Lücke des Strafgesetzbuches und normierte den Tatbestand des § 353 a StGB[28].

[22] Prägnant *R. Lange*, Krise, S. 33: „Untersuchungen, die sich auf das System des Verbrechensbegriffs beschränken und dessen Ordnungsbegriffe neu gruppieren wollen, haben keinen größeren Wert, als wenn man die Möbel in der Wohnung umstellt. Man gewinnt keinen neuen Raum damit."

[23] Gesetz, betreffend die Abänderung von Bestimmungen des Strafgesetzbuches für das Deutsche Reich vom 15. Mai 1871 und die Ergänzung desselben, vom 26. Februar 1876, RGBl. 1876 Nr. 6, S. 25 ff.; vgl. zu dieser ersten Revision des RStGB z. B. *Binding*, Handbuch, 1. Bd., S. 92 ff., m. w. Nachw.

[24] Abgedruckt bei *Geyer* in Holtzendorffs Handbuch, Bd. 4, S. 144.

[25] Vgl. *Geyer* in Holtzendorffs Handbuch, Bd. 4, S. 147 ff.; *Binding*, Grundriß, S. 177 f. mit Hinweisen auf die ältere Literatur; Lehrbuch, 2. Bd., 2. Abt., S. 860 ff.; *Haeger*, S. 325 ff., 394 f.; *Frank* § 49 a I; *Jescheck* § 65 I 1; *Dreher*, Grundsätze, S. 11 f.

[26] Vgl. Fn. 23.

[27] Das Urteil erging am 20. Oktober 1875. Es ist veröffentlicht in der *Oppenhoffschen* Rechtsprechung 16, 667 (zitiert nach *v. Olshausen* § 353 a Anm. 1).

[28] Vgl. z. B. *Meves* in Holtzendorffs Handbuch, Bd. 4, S. 340 f.; *Hälschner*, S. 1087 f.; *Binding*, Lehrbuch, 2. Bd. 2. Abt., S. 494; s. auch *v. Liszt*, Arnim-Paragraph, S. 542; *Berner*, S. 636; ferner *Frank* § 353 a Anm. I; *Jescheck* § 82 VIII 1.

Dies sind jedoch nicht die einzigen Fälle derartiger Gesetzgebung im Strafgesetzbuch. So geht § 181 a StGB — Zuhälterei — auf den Mordprozeß gegen die Eheleute *Heinze* im Jahre 1891 zurück. Dieser Mordfall hatte die Bevölkerung sehr erregt, und es war der Eindruck einer angeblichen Beziehung zwischen Zuhälterei und Kapitalverbrechertum entstanden. Kaiser *Wilhelm II.* forderte durch besonderen Erlaß[29] Polizei und Gerichte zu rücksichtslosem Vorgehen auf, und am 25. Juni 1900[30] wurde dann § 181 a StGB durch die sogenannte lex Heinze in das Strafgesetzbuch eingefügt, um „,dem Unwesen der sogenannten ,Zuhälter', dessen Umfang und Gemeingefährlichkeit' im Prozeß gegen die Eheleute Heinze besonders auffällig hervorgetreten sei"[31], wirksam begegnen zu können[32].

Aus der Zeit des Dritten Reiches sind zwei Beispiele besonders prägnant: § 239 a StGB und § 316 a StGB als „Nachfolger"[33] des Autofallengesetzes. § 239 a StGB wurde am 22. Juni 1936[34] als Reaktion auf einen der ersten in Deutschland vorgekommenen „Kidnapping"-Fälle, der erpresserischen Entführung eines Jungen, in das Strafgesetzbuch eingefügt und sogar — um den Täter dieser Tat noch mit dem Gesetz erfassen zu können — mit rückwirkender Kraft ausgestattet[35]. Rückwirkende Kraft wurde auch dem Gesetz gegen Straßenraub mittels Autofallen vom 22. Juni 1938[36] beigelegt, um zwei Verbrecher, die Gebrüder *Götze*, zum Tode verurteilen zu können. Diese hatten in der Umgebung von Berlin durch Umlegen von Straßenbäumen, Spannen von Drähten u. ä. zahlreiche Kraftwagen zum Anhalten gezwungen und die Insassen ausgeraubt. Das war für die Reichsregierung[37] Anlaß zur Normierung des neuen Tatbestandes[38].

---

[29] Erlaß an das Staatsministerium vom 22. 10. 1891; teilweise abgedruckt bei *H. Kaiser*, S. 51 f.

[30] Gesetz betr. Änderungen und Ergänzungen des StGB vom 25. 6. 1900, RGBl., S. 301.

[31] Verhandlungen des Reichstags, zit. nach *Jaffa*, 471.

[32] Vgl. z. B. *Jaffa*, S. 470 ff.; *H. Kaiser*, S. 51 ff.; *Jäger*, Rechtsgüterschutz, S. 93 ff.

[33] Vgl. Rechtsausschuß, S. 10; Verkehrsausschuß Nr. 7.

[34] Gesetz gegen den erpresserischen Kindesraub; RGBl. I, S. 493.

[35] Vgl. *Stockmayer*, S. 1; *Hoyer*, S. 44; auch *Maurach* BT, S. 298; ders., Kindesraub, S. 559.

[36] RGBl. I, S. 651.

[37] Durch das „Gesetz zur Behebung der Not von Volk und Staat" (Ermächtigungsgesetz) vom 23. 3. 1933 war die gesetzgebende Gewalt auf die Exekutive übergegangen.

[38] Vgl. z. B. *Rietzsch* bei Pfundtner / Neubert II c 6, S. 117; *Freisler*, Gedanken, S. 36; *v. Gemmingen*, Vorbemerkung, S. 2; *Kohlrausch / Lange*, 38. Aufl., Autofallengesetz, Anm. I.

Auch in jüngster Zeit haben wieder wenige Einzelfälle zur Schaffung eines neuen Tatbestandes geführt: § 239 b StGB, eingefügt durch das 12. StÄG vom 16. 12. 1971[39], ist entstanden, nachdem einige — vor allem im Ausland begangene — Fälle von Geiselnahme zu besonderer Beunruhigung über die zunehmende Gewaltkriminalität geführt hatten[40]. Mit dem gleichen Gesetz[41] wurde auch § 239 a StGB erweitert. Als Reaktion auf einige Verbrechen des erpresserischen Menschenraubes wurde der Tatbestand ausgedehnt auf Fälle des erpresserischen Raubes Minderjähriger von über 18 Jahren und sogar Erwachsener[42].

Es zeigt sich bereits jetzt, daß das beschriebene Phänomen nicht auf wenige Tatbestände beschränkt ist; es wird auch in Zukunft aktuell bleiben. In einem „technischen Zeitalter" mit seinen vielfältigen und neuartigen Möglichkeiten nicht zuletzt auch der Kriminalität liegt es nahe, die überkommenen Tatbestände als ungenügend zu empfinden und auf neuartige Verbrechen mit neuen Tatbeständen zu reagieren. Besonders im Bereich der zunehmend in den Vordergrund strafrechtlicher Reformdiskussionen rückenden Wirtschaftskriminalität[43] liegt die Möglichkeit, auf einzelne neuartige Verbrechen mit neuen Tatbeständen zu antworten, auf der Hand[44]. Die Wahrscheinlichkeit, daß „Weiße-Kragen-Täter" immer wieder neue Methoden zur Schädigung der Volkswirtschaft finden, die nach geltendem Recht nur ungenügend strafrechtlich erfaßt werden können, ist hoch. Beispiel hierfür sind einige wenige Einzelfälle der Benutzung eines Computers zu persönlichem Gewinn auf Kosten der Allgemeinheit oder etwa beteiligter Wirtschaftskreise, als deren Folge sich die Frage ergibt, ob hier strafwürdiges Unrecht vorliegt, das Nachahmer finden könnte und deshalb die Schaffung eines neuen Tatbestandes rechtfertigt[45].

Diese mögliche zunehmende Bedeutung der ad-hoc-Gesetzgebung als Folge neuartiger Kriminalitätsformen legt eine Untersuchung des

---

[39] BGBl. I, S. 1979.

[40] Sonderausschuß 1971, 49. Sitzung, S. 1547 ff.; 50. Sitzung, S. 1571 ff.; *Müller-Emmert / B. Maier*, S. 97 ff.; *Middendorf*, S. 28 ff.; *Schäfer* in LK § 239 b Rdn. 1.

[41] Vgl. Fn. 39.

[42] Vgl. Fn. 40; ferner *Schroeder*.

[43] So war die steigende Wirtschaftskriminalität und die Frage nach strafrechtlichen Mitteln zu ihrer Bekämpfung Thema der Strafrechtlichen Abteilung des 49. Deutschen Juristentages; vgl. hierzu *Tiedemann*, Gutachten; zur Wirtschaftskriminalität z. B. auch *Tiedemann*, Wirtschaftsstrafrecht; *R. Lange*, Rätsel, insbes. S. 135 ff.; ders., Strafrechtsreform, S. 12 ff.; *Mergen*, Wirtschaftskriminalität; *H. J. Schneider;* jeweils m. w. Nachw.; vgl. weiterhin *Tiedemann*, Reform; *Baumann*.

[44] S. dazu z. B. *Tiedemann*, Gutachten, S. 33 ff., 59 ff., der sogar die Neuausrichtung des Allgemeinen Teils am Wirtschaftsstrafrecht fordert, vgl. S. 51 ff.; ferner ders., Wirtschaftsstrafrecht; ders., Reform.

[45] Vgl. z. B. *von zur Mühlen*.

Problemkreises nahe, um sich etwaiger Notwendigkeiten oder Gefahren solcher Reaktionen auf Einzelfälle bewußt zu werden und bei künftiger Gesetzgebungsarbeit zu beachten.

Ob allerdings eine derartige Untersuchung tatsächlich ergeben wird, daß bei der Gruppe der ad-hoc-Gesetze Besonderheiten bestehen, läßt sich vorab nicht angeben, da die Motivationszeit eines Gesetzes an sich kein Indiz für ein „gutes“ oder „schlechtes“ Gesetz ist. So kann einerseits ein kurzfristig beschlossener Tatbestand optimal sein, andererseits muß lange Motivationszeit durchaus nicht immer zu besseren Ergebnissen führen. Es ist jedoch denkbar, daß bei der Ausrichtung eines Tatbestandes an einem einzelnen oder auch mehreren gleichartigen herausragenden Sachverhalten diese Norm sich für die Vielzahl der später darunter zu subsumierenden Fälle als ungenügend erweist und daß bei kurzfristiger Beratung auch im Verhältnis zu anderen Straftatbeständen Systemwidrigkeiten auftreten. Dies ist um so wahrscheinlicher, wenn große allgemeine Erregung über das jeweilige Verbrechen der Normierung vorausgegangen ist, wie dies beispielsweise bei § 181 a StGB[46], bei § 239 a StGB alter[47] und neuer Fassung, § 239 b StGB und dem Autofallengesetz[48] der Fall war. Gleiches gilt, wenn kurzfristig politische, insbesondere außenpolitische, Verhältnisse zu berücksichtigen sind, wie etwa bei § 49 a StGB a. F.[49], aber auch dem neuen § 316 c StGB[50].

Wegen der inhaltlichen Verschiedenheiten der einzelnen hier interessierenden Tatbestände müßten der Gewinnung einer präzisen Begriffsdefinition und der Aufstellung einer vollständigen allgemeinen Theorie über ad-hoc-Gesetzgebung zunächst Einzeluntersuchungen aller in Frage kommenden Tatbestände vorausgehen. Das würde den Rahmen dieser Arbeit sprengen. Möglich erscheint jedoch die exemplarische Untersuchung eines einzelnen ausgewählten Tatbestandes. Sie kann Hinweise dafür ergeben, welche Besonderheiten bei ad-hoc-Delikten vorliegen *können,* wenngleich auch nicht präzise angebbar ist, wieweit die anhand eines Deliktes gefundenen Ergebnisse auch für andere Tatbestände gelten[51].

---

[46] So auch z. B. *v. Liszt,* 16./17. Aufl., S. 362, 375; ferner *Schlecht,* S. 1; *Jäger,* Rechtsgüterschutz, S. 94; ders., Strafrechtspolitik, S. 293.

[47] Vgl. z. B. *Maurach,* AT, S. 135; ders., BT, S. 298; *Jescheck* § 15 IV 1.

[48] Vgl. z. B. *Maurach,* AT, S. 135; ders., BT, S. 256; *Jescheck* § 15 IV 1.

[49] So z. B. *Geyer* in Holtzendorffs Handbuch, S. 145 f.; vgl. auch *Berner,* S. 201.

[50] Vgl. z. B. *Schönke / Schröder* § 316 c Rdn. 1.

[51] Zur Methode vgl. z. B. die Arbeiten von *Reinh. v. Hippel,* Versuch und *Naucke,* Betrug.

Die Auswahl eines ad-hoc-Tatbestandes für diesen Zweck ist weitgehend willkürlich. Aus mehreren Gründen empfahl sich schließlich *§ 316 a StGB:* Die Vorschrift hat für die beabsichtigte Untersuchung den Vorteil, daß einerseits die bisherige Rechtsprechung und Literatur überschaubar geblieben ist, andererseits aber noch genügend Material zur Verfügung steht, um Entwicklungen feststellen und Vergleiche der Auffassungen vornehmen zu können. Allerdings kann eine exemplarische Untersuchung von § 316 a StGB für das Thema ad-hoc-Gesetz nur dann bedeutsam werden, wenn sich erweist, daß die Genese des Tatbestandes dazu geführt hat, daß er nicht brauchbar in das Gefüge des Strafgesetzbuches integriert oder integrierbar ist. Fehlen derartige Besonderheiten, so ist dies zwar für § 316 a StGB von Belang, erlaubt jedoch im übrigen für das Problem ad-hoc-Gesetzgebung keine allgemeinen Rückschlüsse. Vielmehr könnte dies Ergebnis erst nach negativem Befund bei allen entsprechenden Tatbeständen für ad-hoc-Gesetze generelle Bedeutung erlangen.

Es ist daher zunächst aufzuzeigen, ob beim Autofallengesetz bzw. bei § 316 a StGB überhaupt Unklarheiten bestehen, die aus der besonderen Entstehungsweise resultieren und der Tatbestand damit für den angesprochenen Problemkreis relevant ist.

Da es bisher mangels Voruntersuchung an Kriterien diesbezüglicher Überprüfung fehlt, diese vielmehr erst induktiv im Laufe der Untersuchung gewonnen werden müssen, ist eine umfassende Analyse notwendig, die die eigentliche Entstehungsgeschichte, die Entwicklung der Rechtsprechung sowie die Rechtswirklichkeit des Tatbestandes einbeziehen muß.

Sollte diese Untersuchung bestimmte Mängel ergeben, so wird eine abschließende dogmatisch-systematische Bewertung der Ergebnisse erforderlich, um nunmehr genauer feststellen zu können, ob etwaige Unklarheiten tatsächlich als Mängel aufzufassen sind und wo sie ihre tiefere Ursache haben. Dann erst können hieraus für § 316 a StGB endgültige Schlußfolgerungen gezogen und vorläufige Thesen zu Gelegenheitsgesetzen aufgestellt werden.

In einem abschließenden Teil sind diese Thesen kursorisch für andere ad-hoc-Delikte zu überprüfen, um dann — sofern sich Parallelen zeigen — für zukünftige Reformgesetzgebungsarbeit wie auch für die Neueinfügung von Tatbeständen Hinweise geben zu können.

Zweiter Teil

Exemplarische Untersuchung eines Gelegenheitsgesetzes

A. Autofallengesetz

I. Der Tatbestand: Geschichtliche Grundlagen und kriminalpolitische Relevanz

1. Äußere Daten

Das „Gesetz gegen Straßenraub mittels Autofallen" (AutofG)[1] wurde am 22. Juni 1938 von der Reichsregierung[2] erlassen. Es hatte folgenden Wortlaut:

„Wer in räuberischer Absicht eine Autofalle stellt, wird mit dem Tode bestraft."

Anlaß zur Normierung des neuen Tatbestandes[3] waren die Raubtaten der Brüder *Max* und *Walter Götze*[4]. Diese hatten in den Jahren 1934 - 1938 in der Umgebung der Hauptstadt Berlin eine Vielzahl aufsehenerregender Verbrechen begangen. In der ersten Zeit ihrer räuberischen Aktivität schlichen sie sich bei Dunkelheit an parkende Wagen, bedrohten die überraschten Insassen mit Pistolen und verlangten Geld

---

[1] RGBl. I, S. 651.

[2] Zur Zuständigkeit vgl. 1. Teil Fn. 37.

[3] Eine amtliche Begründung wurde zu diesem Gesetz nicht herausgegeben; dazu *v. Gemmingen*, Grundgedanke, S. 8, Fn. 8. Motive und Absichten müssen daher aus anderen Quellen erschlossen werden. Hierzu bieten sich vornehmlich zwei Veröffentlichungen an: Die Vorbemerkung der „Schriftleitung" der Zeitschrift „Deutsches Strafrecht" (DStR 1939, 1 ff.) zu einem Aufsatz *v. Gemmingens* „Über Grundgedanke und Tragweite des Autofallengesetzes" (DStR 1939, 6 ff.) sowie ein Aufsatz *Freislers* zum Autofallengesetz („Gedanken zum Gesetz gegen das räuberische Stellen von Autofallen", DJ 1939, 34 ff.). Hauptherausgeber der Zeitschrift „Deutsches Strafrecht" war zur Zeit des Abdrucks der „Vorbemerkung" *Roland Freisler*, damals Staatssekretär im Reichsjustizministerium. In diesen beiden Funktionen wird er mutmaßlich sowohl am Zustandekommen des AutofG als auch der Formulierung der „Vorbemerkung" maßgebend Anteil gehabt haben. Die aufgeführten Quellen können deshalb als halbamtliche nachträgliche Begründung bzw. Erläuterung angesehen werden. Vgl. weiterhin *Rietzsch* (damals Ministerialrat im Reichsjustizministerium) in Pfundtner / Neubert, S. 117 ff. sowie Urteilsanmerkung zu SG Mannheim DJ 38, 1993 f., daselbst.

[4] Vorbemerkung, S. 1 ff.; *Rietzsch* in Pfundtner / Neubert, S. 117; *Freisler*, Gedanken, S. 35 ff.; *Kohlrausch / Lange*, 38. Aufl., AutofG, Anm. I.

und Wertsachen[5]. Sodann gingen sie zu gefährlicheren und bisher in Deutschland nicht bekannten Methoden über: Sie legten Bäume quer über die Straße, spannten Drahtseile und bereiteten andere ähnlich gefährliche Straßenhindernisse. Die Kraftfahrzeugfahrer wurden so zum Anhalten gezwungen und dann ausgeraubt[6]. Lange Zeit konnten die *Götzes* — vor den Augen des Führerhauptquartiers — der Festnahme entgehen. Machtlos mußte die Berliner Polizei zusehen, wie Empörung und Unsicherheit in der Bevölkerung wuchsen[7]. Nur durch einen Zufall gelang schließlich ihre Festnahme: Man erwischte sie bei einem Einbruch, nachdem längere Überwachung keinen Erfolg gebracht hatte; die Ehefrau einer der Brüder hatte der Polizei einen Hinweis gegeben[8].

Wie schon zwei Jahre zuvor nach einem Fall von erpresserischer Kindesentführung[9] antwortete die Regierung auch auf diesen bisher einmaligen Fallkomplex mit schärfsten Mitteln: mit dem AutofG, das als einzige Straffolge die Todesstrafe vorsah[10]. Es trat rückwirkend am 1. Januar 1936 in Kraft, damit die Gebrüder *Götze* zum Tode verurteilt werden konnten[11]. In eindrucksvoller und in der Öffentlichkeit wirksamer Fassung[12] sollte so die Stärke der Staatsgewalt demonstriert werden, um zu verdecken, daß sie lange den *Götzes* gegenüber machtlos gewesen war[13].

Dabei waren neben politischen vor allem wirtschaftliche Motive maßgebend: *Hitler* hatte schon bald nach der Machtübernahme mit dem Bau der Reichsautobahn begonnen. Er hatte darüber hinaus der Förderung des motorisierten Verkehrs besondere Aufmerksamkeit ge-

---

[5] Vorbemerkung, S. 2.

[6] *Freisler*, Gedanken, S. 35 ff.; *Rietzsch* in Pfundtner / Neubert, S. 117; *Kohlrausch / Lange*, 38. Aufl., AutofG, Anm. I.

[7] Dies wird besonders deutlich aus mündlichen Berichten damaliger Berliner Einwohner zu diesem Thema.

[8] Diese Angaben beruhen auf Berichten der Professoren Dres. *R. Lange* und *O. Wenzky;* amtliche Verlautbarungen fehlen.

[9] Gesetz gegen erpresserischen Kindesraub vom 22. Juni 1936, RGBl. I, S. 493.

[10] Selbst bei § 211 RStGB war Umwandlung der Todesstrafe in lebenslängliches Zuchthaus möglich.

[11] Nur einem der beiden Brüder war nämlich ein vollendeter Mord nachzuweisen. Später allerdings verurteilte das SG II bei dem Landgericht in Berlin beide *auch* wegen Verbrechens gegen § 1 Abs. 1 Ziff. 1 des „Gesetzes zur Gewährleistung des Rechtsfriedens vom 13. 10. 1933“ zum Tode, so daß es der Normierung des AutofG zur Erfassung des es motivierenden Einzelfalles nicht bedurft hätte.

[12] Vorbemerkung, S. 4; vgl. auch *Freisler*, Gedanken, S. 35 ff.

[13] Vgl. z. B. *v. Gemmingen*, Grundgedanke, S. 7 f.; aber auch Vorbemerkung, S. 4.

schenkt[14]. Insbesondere der Aufbau des Volkswagenwerks[15] sollte die Motorisierung entscheidend fördern und eine ganze Industrie nach sich ziehen. Durch die Spareinlagen der Volkswagensparer erhoffte man die Finanzierung von Fahrzeugen für den Kriegsfall. Diese großen Projekte mußten gefährdet erscheinen, als weite Kreise der Bevölkerung, Autofahrer und zukünftige Autofahrer, durch die Verbrechen der Gebrüder *Götze* auf den Straßen Unsicherheit empfanden. So führt die Schriftleitung als „ratio" des Autofallengesetzes an, „daß der Autofallensteller ... sich an der für Deutschland wirtschaftlich erforderlichen Motorisierung des Verkehrs vergreift"[16]. Auch in *Freislers* Aufsatz nimmt die Darstellung der „Revolution im Verkehrswesen"[17] sicherlich nicht zufällig so breiten Raum ein[18]. So ist das AutofG zu verstehen als durch Erregung entstandene schärfste Reaktion[19] auf zwei Verbrecher, eine „Affekthandlung des Gesetzgebers" zum Schutze nationaler wirtschaftlicher Interessen.

2. Der Tatbestand vor dem Hintergrund nationalsozialistischer Strafrechtsdoktrin

Bei Abfassung des AutofG stand im Vordergrund der Überlegungen der zu bekämpfende Einzelfall[20]. Zugleich wies der Tatbestand aber auch alle Merkmale nationalsozialistischer Strafgesetzgebung auf[21].

a) Prinzipien nationalsozialistischen Strafrechts

Das „neue nationalsozialistische Strafrecht" stand unter dem Programmwort vom „Willensstrafrecht"[22]. Anknüpfungspunkt staatlichen Strafens war der rechtsbrecherische schuldhafte Wille des Täters; der

---

[14] Vgl. z. B. die ausführliche Schilderung bei *Freisler*, Gedanken, S. 34: „... Und der Führer baute etwas, was es in dieser Art bisher nirgends auf der Welt gab, — *die Reichsautobahnen*. ... Es ist des *Führers Werk*."

[15] *Freisler*, Gedanken, S. 34: „Im Herzen Deutschlands entsteht eine neue Stadt. Eine Musterstadt soll es werden. Eine Stadt nationalsozialistischer Gemeinschaft. *Einem* Werk dient die ganze Stadt, wenn sie fertig ist: den *Volkswagen* soll sie bauen."

[16] Vorbemerkung, S. 4.

[17] *Freisler*, Gedanken, S. 34.

[18] Von 6½ Seiten eine ganze Seite! Vgl. *Freisler*, Gedanken, S. 34.

[19] Vgl. z. B. *v. Gemmingen*, Grundgedanke, S. 7: „... im Zorn erschaffen ..."; ferner auch *Maurach* AT, S. 135; *Jescheck* § 15 IV 1.

[20] Dies wird ausdrücklich zugegeben; vgl. Stellungnahme in Vorbemerkung, S. 5 zu *v. Gemmingen*, Grundgedanke, S. 7/8.

[21] Vgl. z. B. *Eb. Schmidt*, S. 434 ff.

[22] Diese Entwicklung wurde eingeleitet durch die Denkschrift des preußischen Justizministers *Kerrl* im Dezember 1933, vgl. *Kerrl*, Nationalsozialistisches Strafrecht; zur weiteren Entwicklung vgl. z. B. *Gleispach*, S. 1067 ff. m. w. Nachw.; ferner auch *Freisler*, S. 471 ff.

Eintritt eines Erfolges hatte grundsätzlich — als mehr oder weniger zufällig — weder für die Strafbarkeit noch für die Höhe des Strafmaßes Bedeutung[23]. Daraus folgte Gleichstellung von Versuch und Vollendung[24]. Die bloße Vorbereitung allerdings sollte — jedenfalls theoretisch — auch weiterhin in der Regel straflos bleiben[25], eine gewisse Betätigung des verbrecherischen Willens auf Tatbestandsverwirklichung blieb Strafbarkeitsvoraussetzung. Jedoch wurde die Grenze zwischen strafloser Vorbereitung und strafbarem Versuch bzw. „Unternehmen“ gegenüber der bisherigen Abgrenzung erheblich in Bereiche ausschließlich subjektiver Planung vorgezogen[26] und die Verknüpfung zwischen Versuch und objektivem Tatbestand dadurch weitgehend aufgelöst. Bereits dadurch verlor der Tatbestand seine begrenzende Funktion; präzise Deliktsbeschreibung wurde weitgehend entbehrlich.

Nicht nur auf diese Weise aber beseitigte man die Garantiefunktion des Tatbestandes: Die große Errungenschaft des Liberalismus, zusammengefaßt in dem Schlagwort „nulla poena sine lege scripta et stricta“[27], d. h. Verbot von strafbegründender Analogie und Rückwirkung, wurde hinfällig, als nach Zulassung strafbegründender Analogie durch den neugefaßten § 2 RStGB nicht mehr allein der gesetzliche Tatbestand in seiner scharfen Umgrenzung, sondern der „Grundgedanke“ eines Strafgesetzes zusammen mit dem „gesunden Volksempfinden“ als Rechtsquelle herangezogen wurden[28]. Hierdurch entfiel für den nationalsozialistischen Strafgesetzgeber vollends die Notwendigkeit, sich um scharfe Umrisse der Tatbestände zu bemühen[29].

---

[23] Ausführlich dazu *Gleispach*, insbes. S. 1068 f.; aber auch *Freisler*, S. 473 f.

[24] Entsprechend dem „Unternehmen“; nur ausnahmsweise sollte die Strafbarkeit auf vollendete Taten beschränkt bleiben; vgl. *Gleispach*, insbes. S. 1071 ff.; *Freisler*, S. 473.

[25] *Gleispach*, S. 1072; *Freisler*, S. 473; die weitere nationalsozialistische Gesetzgebung weitete jedoch zunehmend den Strafbarkeitsbereich auch auf Vorbereitungshandlungen aus.

[26] Obwohl *Gleispach* die zunehmend an der subjektiven Versuchtstheorie ausgerichtete Rechtsprechung des RG auch vom Standpunkt des Willensstrafrechts aus in zahlreichen Einzelfällen als durchaus befriedigend bezeichnete; *Gleispach*, S. 1072 f.; ferner dazu auch *Freisler*, S. 473 f.

[27] Statt vieler z. B. *Maurach* AT, S. 105 ff. m. w. Nachw.

[28] § 2 RStGB in der Fassung des Gesetzes vom 28. 6. 1935, RGBl. I, S. 839: „Bestraft wird, wer eine Tat begeht, die das Gesetz für strafbar erklärt oder die nach dem Grundgedanken eines Strafgesetzes und nach gesundem Volksempfinden Bestrafung verdient. Findet auf die Tat kein bestimmtes Strafgesetz unmittelbar Anwendung, so wird die Tat nach dem Gesetz bestraft, dessen Grundgedanke auf sie am besten zutrifft.“

[29] Vgl. *Gleispach*, S. 1071: „Der früher maßgebend gewesene Grund für ihre (scil. der Tatbestände) möglichst scharfe Umgrenzung durch beschreibende Merkmale ist weggefallen.“ *Freisler*, S. 474: „Das Gesetz kann immer nur Richtlinien geben, ...“. Siehe dazu auch *Eb. Schmidt*, S. 434 ff.

b) Das Autofallengesetz als Produkt nationalsozialistischer Gesetzgebung

Diesen hier nur angedeuteten rechtspolitischen Prinzipien entsprach das AutofG weitgehend: Gemäß den Vorstellungen von Willensschuld war das AutofG auch zur Erfassung von Vorbereitungshandlungen bestimmt[30]. Die Strafdrohung war nicht nach Vorbereitung, Versuch und Vollendung abgestuft.

Die weite Tatbestandsformulierung war nicht nur Nachlässigkeit des Gesetzgebers, sondern entsprach der offiziellen Auffassung von nationalsozialistischem Strafrecht. Das AutofG machte es besonders leicht, das „gesunde Volksempfinden" zur Rechtsprechung heranzuziehen. Bis zur Ausgestaltung dieses Tatbestandes nämlich war der Begriff „Autofalle" dem deutschen Sprachgebrauch fremd[31]. Zeitweise nur hatte man ihn in Autofahrerkreisen verwendet für versteckte polizeiliche Geschwindigkeitsüberwachung mittels Stoppuhren entsprechend unseren heutigen „Radarfallen"[32]. Der Begriff konnte also in neuem Zusammenhang beliebig ausgefüllt werden[33].

Auch die Bestimmung des Zeitpunktes, zu dem die Autofalle „gestellt" war und die Strafbarkeit begann, war mangels präziser tatbestandlicher Beschreibung[34] ausschließlich der Rechtsprechung überlassen.

Letztlich war auch das rückwirkende Inkrafttreten des AutofG deutliches Zeichen seiner nationalsozialistischen Herkunft[35].

3. Unrechtsgehalt und Rechtsgut

Obwohl für den Gesetzgeber des Dritten Reiches die Frage nach dem Rechtsgut gegenüber der Betonung von Pflicht- und Gesinnungsmomenten nur von sekundärer Bedeutung war[36], ist die Schutzrichtung des AutofG in der Literatur besonders diskutiert worden.

---

30 *v. Gemmingen,* Vorbemerkung, S. 4 f.; *Freisler,* Gedanken, S. 37; *Rietzsch,* S. 1995; *Rietzsch* in Pfundtner / Neubert, S. 117 ff.

31 So z. B. *Freisler,* Gedanken, S. 36; *v. Gemmingen,* Grundgedanke, S. 20.

32 Nach *v. Gemmingen,* Grundgedanke, S. 20, Fn. 46.

33 So sah *Freisler,* Gedanken, S. 36, einen besonderen Vorteil in der Unbestimmtheit des Begriffes; vgl. dazu auch *v. Gemmingen,* Grundgedanke, S. 20 f.

34 Vgl. z. B. *Maurach* BT, S. 256; *Eb. Schmidt,* S. 435; auch *Welzel,* S. 467.

35 *Eb. Schmidt,* S. 436; *Jescheck* § 15 IV 1; *Maurach* AT, S. 135.

36 Unter Anführung der Kieler Schule, vor allem von *Schaffstein* entwickelt; vgl. *Schaffstein,* insbes. S. 8 ff. sowie insgesamt; *ders.,* Rechtsgutsverletzungsdogma, S. 336 ff.; im einzelnen allerdings finden sich in der strafrechtlichen Literatur die verschiedensten Ausprägungen; vgl. Zusammenstellung und Nachweise bei *Sina,* S. 70 - 84 ff.; auch *Jäger,* Rechtsgüterschutz, S. 8 f.

Zwei entgegengesetzte Standpunkte lassen sich hierzu feststellen.

Die Vertreter der „offiziellen“ Meinung[37] betrachten das AutofG nur als besonders schweren Fall des Raubes[38], der als Sonderfall des Straßenraubes als § 251 a ins RStGB eingefügt worden wäre, wenn es nicht zugleich in Österreich hätte Geltung erlangen sollen, wo das deutsche Strafgesetzbuch bisher nicht anwendbar war[39].

Dieser Ansicht hat sich — wie noch zu zeigen sein wird — die Rechtsprechung nahezu ausnahmslos angeschlossen[40].

In der strafrechtlichen Literatur stieß diese Auffassung auf heftige Kritik[41]. Hier wurde die besondere Gemeingefahr entsprechender Handlungen hervorgehoben, und man sah demzufolge das AutofG als einen aus Raub- *und* Straßenverkehrsgefährdungselementen bestehenden Tatbestand an. Zur Begründung wurde auf die Methoden der Gebrüder *Götze* verwiesen[42]; zum anderen aber leitete man diese zu Einschränkung des Anwendungsbereichs führende Auffassung aus der besonders hohen Strafdrohung ab, die reiner Vermögensschutz nicht rechtfertigen könne[43].

Diese kritische Ansicht wurde jedoch von amtlicher Seite entschieden zurückgewiesen, der ausschließliche Raubcharakter demgegenüber ausdrücklich betont[44].

Historische Betrachtung des AutofG muß daher von diesem Tatbestand als Qualifizierung des Raubes ausgehen. Ob die abweichende Auffassung überzeugender war und zu besseren Ergebnissen geführt hätte, ist an dieser Stelle nicht zu entscheiden.

---

[37] Vor allem *Freisler,* aber auch *Rietzsch;* vgl. dazu 2. Teil A. Fn. 3.

[38] Besonders ausführlich Vorbemerkung, S. 2 ff.; aber auch *Freisler,* Gedanken, S. 36 ff.; *Rietzsch* bei Pfundtner / Neubert, S. 117 ff.; ders., S. 1995.

[39] So ausdrücklich Vorbemerkung, S. 2.

[40] Vgl. grundlegend RGSt 73, 71 ff.; aber auch z. B. SG Hamburg DJ 1939, 189 sowie 189 f.; SG Nürnberg DJ 1939, 190; RKG DJ 1939, 662 f.

[41] *v. Gemmingen,* Grundgedanke, S. 8 ff., 14 f.; *Kohlrausch / Lange,* 38. Aufl., AutofG Anm. II; eine abweichende Meinung ist einmal auch in der Rechtsprechung vom Schwurgericht Ulm vertreten worden; dies ist dem aufhebenden Revisionsurteil RGSt 73, 71 ff. zu entnehmen; vgl. auch SG Mannheim DJ 1938, 1993, 1994.

[42] *v. Gemmingen,* Grundgedanke, S. 10 ff., 15; auf die besondere Gefährlichkeit „körperlicher Hindernisse“ für den Straßenverkehr wird auch hingewiesen bei *Kohlrausch / Lange,* 38. Aufl., AutofG Anm. II.

[43] *v. Gemmingen,* Grundgedanke, S. 12, 15; *Kohlrausch / Lange,* 38. Aufl., AutofG Anm. II.

[44] Eine Auseinandersetzung mit der abweichenden Meinung findet sich vor allem in der Vorbemerkung, S. 2 ff.; vgl. im übrigen 2. Teil A. Fn. 38.

II. Der Anwendungsbereich des Gesetzes im Spiegel der Rechtsprechung

Die Rechtsprechung entwickelte das AutofG zu einem Tatbestand, der schärfstes Einschreiten gegen jeden hinterhältigen Angriff auf Teilnehmer am Kraftfahrzeugverkehr erlaubte. Sie folgte damit weitgehend den offiziellen Vorstellungen zur Auslegung des Tatbestandes[45]. Zwei Fragen beschäftigten dabei die Gerichte[46] vor allem:

Was unter einer „Autofalle" i. S. des Gesetzes zu verstehen war, und von welchem Zeitpunkt an der Angeklagte eine solche gestellt und sich damit strafbar gemacht hatte.

1. Zum Begriff der „Autofalle"

Restriktive Rechtsprechung hätte den Begriff „Autofalle" auf mechanische Hindernisse, wie die *Götzes* sie verwandt hatten, beschränken können, denn diese besondere Verbrechensmethode war Anlaß zur Normierung des AutofG gewesen und sollte zunächst durch das Merkmal „Autofalle" beschrieben werden[47]. In der Rechtsprechung ist dieser Standpunkt jedoch nur einmal vertreten worden: Das Schwurgericht Ulm wollte das AutofG nur auf solche gemeingefährlichen Straßensperren anwenden[48]. Die übrige Rechtsprechung jedoch — gefestigt nach einer grundlegenden RG-Entscheidung[49] — wandte den Tatbestand über solche Sachverhalte hinaus immer auch dann an, wenn mittels *List* ein Angriff auf einen Autofahrer verübt wurde. Begründet wurde dies mit grammatischer Auslegung des Merkmales „Autofalle" unter Heranziehung von Sinn und Zweck des AutofG überhaupt. Unter Trennung zwischen wörtlicher Bedeutung (nur mechanische Hindernisse) und übertragenem bildlichem, „vergeistigtem"[50] Sinn (auch psychisch wirkende Mittel) war „Falle" alles, was der „Überlistung eines

---

[45] Dargelegt vor allem bei *Freisler,* Gedanken sowie Vorbemerkung; vgl. aber auch *Rietzsch* bei Pfundtner / Neubert.

[46] Gemäß Verordnung über die erweiterte Zuständigkeit der Sondergerichte v. 22. 11. 1938, RGBl. I, wurde hauptsächlich vor den Sondergerichten angeklagt.

[47] Auch heute noch ist im Sprachgebrauch der Begriff „Autofalle" auf mechanische Hindernisse beschränkt; vgl. z. B. im Großen Herder, Stichwort „Autofalle".

[48] Die Entscheidung selbst ist nicht veröffentlicht. Auf die Argumentation des Schwurgerichts kann nur rückgeschlossen werden aus den Entscheidungsgründen des Revisionsurteils des Reichsgerichts, das das Urteil des Schwurgerichts aufgehoben hat; vgl. RGSt 73, 71, insbes. 74 f.

[49] Der einzigen Entscheidung des RG zum AutofG; vgl. RGSt 73, 71 ff.

[50] *v. Gemmingen,* Irrtum, S. 28.

anderen dienen soll, um ihn in die Gewalt des Täters zu bringen“[51], was „geeignet und nach der Vorstellung des Handelnden bestimmt ist, ein Lebewesen in eine für dieses ungünstige Lage zu versetzen, um über dieses Lebewesen in irgendeiner Weise zu verfügen“[52], Autofalle „jede Handlungsweise, die ein Überlisten, ein Hineinmanövrieren des Kraftfahrers in eine ungünstige, seine Verteidigung erschwerende Lage darstellt“[53]. Zusätzlich zu diesen wenig konkreten Formulierungen wurde als Begründung weiter so oder ähnlich ausgeführt: „Dieses Gesetz bezweckt, dem Autoverkehr auf öffentlichen Straßen die notwendige Sicherheit zu verleihen und mit den schärfsten Mitteln das Banditentum aus dem öffentlichen Verkehr auszumerzen[54].“

So wurde nach dem AutofG der Täter verurteilt, der eine Kraftdroschke mietete und während einer Fahrtunterbrechung bzw. am angegebenen Ziel nach einem plötzlichen Überfall auf den Fahrer Wagen und Geld entwendete[55]. Eine „Autofalle“ i. S. dieser Rechtsprechung „stellten“ ferner Tramper, die auf der Landstraße einen Kraftfahrer durch Winken zum Anhalten veranlaßten und ihn während der Fahrt mit einem Hammer verletzten, um sich in den Besitz des Wagens und eventuell vorhandener Wertsachen zu setzen[56, 57].

Das Schwergewicht des AutofG hatte sich in der Anwendung durch die Gerichte von den mechanischen Fallen auf sonstige listige Raubtaten verschoben, bei denen das Opfer als Verkehrsteilnehmer in irgendeiner Beziehung zum Kraftfahrzeugverkehr stand.

2. Beginn der Strafbarkeit

Die Frage, ob der Angeklagte bereits eine Autofalle i. S. des Gesetzes *„gestellt“* hatte, ob also die Grenze des noch straflosen Vorbereitens

[51] RGSt 73, 71, 72; ausführlich auch SG Mannheim JW 1939, 35 f.; vgl. ferner SG Hamburg DJ 1939, 189 lfd. Nr. 1; DJ 1939, 189 f. lfd. Nr. 2; SG Nürnberg DJ 1939, 190 f.; RKG DJ 1939, 662 f.; ebenso *Rietzsch*, S. 1994 f.; ders. in Pfundtner / Neubert, S. 119; *Freisler*, Gedanken, insbes. S. 36 ff.; auch *Schickert*, S. 122 f.

[52] SG Mannheim JW 1939, 35 r. Sp.

[53] RKG DJ 1939, 662 r. Sp.

[54] RKG DJ 1939, 662 r. Sp.; vgl. besonders auch SG Hamburg DJ 1939, 189 f. lfd. Nr. 2; SG Nürnberg DJ 1939, 190 r. Sp.

[55] Vgl. RGSt 73, 71 ff.; ebenso SG Hamburg DJ 1939, 189 f. lfd. Nr. 2; ähnlicher Tatablauf, nur wurde die geplante Wegnahme des Kfz. nicht verwirklicht: SG Hamburg DJ 1939, 189 lfd. Nr. 1; SG Nürnberg DJ 1939, 190. Bedrohung eines Taxifahrers mit der Pistole: RKG DJ 1939, 662 f.

[56] SG Mannheim JW 1939, 35 ff.; viermal wurde die Tat geplant; sie kam jedoch nur einmal zur Ausführung.

[57] Zusätzlich zu den bisher zitierten Entscheidungen ist nur noch der bezüglich des Merkmals „Autofalle“ problemlose Fall veröffentlicht, in dem eine Eisenkarre zur Unfallverursachung auf der Straße aufgestellt wurde, vgl. SG Elbing DJ 1939, 399.

überschritten war, ließ sich in den meisten Fällen leicht bejahen: In der Regel war es schon zur Gewaltanwendung oder Drohung gekommen bzw. versperrte das mechanische Hindernis die Straße, und nur die geplante Wegnahme von Wagen, Geld und Wertsachen konnte nicht durchgeführt werden[58, 59].

Schwieriger zu entscheiden waren jedoch Sachverhalte, bei denen nicht einmal die an sich zu Raubzwecken geplante Gewalt bzw. Drohung zur Ausführung gelangte[60]. In diesen Fällen hatte der Täter noch keine äußerlich als verbrecherisch erkennbare Handlung vorgenommen. Es konnte zweifelhaft sein, ob bereits der vom Tatbestand geforderte Erfolg eingetreten, d. h. ob die Falle schon „gestellt" war[61]. Das Reichsgericht[62] hat hierzu ausgeführt, die besondere Gefahr für den Fahrer[63] liege darin, daß er die „äußeren oder inneren *Vorbereitungs*handlungen des Fahrgastes nicht erkennt"[64]. Das AutofG wolle aber „vor allem auch solche nach außen nicht erkennbare und daher erst recht besonders gefährliche *Vorbereitungs*handlungen ... treffen"[65]. Hatte der Täter bereits vor Anmietung der Kraftdroschke den Plan, den Fahrer zu berauben, „dann hat der Angeklagte bereits *vor* dem Beginn der Fahrt den Straftatbestand des Gesetzes verwirklicht"[66, 67].

Von dieser Rechtsprechung sind — soweit ersichtlich — die Gerichte nicht mehr abgewichen[68]. Lediglich in einer zeitlich vorhergehenden Entscheidung wurde etwas vorsichtiger formuliert[69]: Der Täter sei

---

[58] SG Mannheim JW 1939, 35 ff.; RKG DJ 1939, 662 f.; SG Nürnberg DJ 1939, 190; SG Hamburg DJ 1939, 189 lfd. Nr. 1; auch RGSt 73, 71 ff.; mechanisches Hindernis vgl. SG Elbing DJ 1939, 399.

[59] Zur an sich unproblematischen Frage, ob das AutofG auch anwendbar ist, wenn die Raubhandlung und das Stellen einer Autofalle zusammenfallen vgl. bejahend SG Elbing DJ 1939, 399.

[60] So in vier Fällen bei SG Mannheim JW 1939, 35 ff.

[61] Zum AutofG als Erfolgsdelikt vgl. *Kohlrausch / Lange,* 38. Aufl., Anm. III.

[62] RGSt 73, 71 ff.; die Entscheidung enthält grundlegende Ausführungen, obgleich dies nach dem zugrunde liegenden Sachverhalt — der Raub war bereits vollendet — nicht notwendig war.

[63] Im zu entscheidenden Fall war dies ein Taxichauffeur.

[64] RGSt 73, 71, 74.

[65] RGSt 73, 71, 74.

[66] RGSt 73, 71, 74; Hervorhebung von der Verf.

[67] Ebenso *Freisler,* Gedanken, S. 37 f.; *Rietzsch,* S. 1995; ders. in Pfundtner / Neubert, S. 119; *Schickert,* S. 122 f.

[68] Allerdings ist auch kein entsprechender Grenzfall mehr veröffentlicht. Jedoch werden in späteren Entscheidungen ähnliche Formulierungen verwandt: vgl. SG Hamburg DJ 1939, 189 lfd. Nr. 1; DJ 1939, 189 f. lfd. Nr. 2; SG Hamburg DJ 1939, 190; RKG DJ 1939, 662 f.

[69] SG Mannheim JW 1939, 35 ff.

erst strafbar, wenn alle „beabsichtigten und geeigneten Maßnahmen *in ihrer Gesamtheit* getroffen“[70] seien; in jedem Fall aber müsse die Fahrt des zu behindernden Kraftfahrers schon begonnen haben[71, 72].

Die Rechtsprechung knüpfte also überwiegend die Strafbarkeit an psychische Vorbereitungshandlungen, an böse Gedanken. Hierfür bereits verhängten die Gerichte die Todesstrafe, ohne daß im einzelnen geprüft wurde, ob und wieweit der als Opfer ausersehene Fahrer konkret gefährdet war[73].

III. Zusammenfassung: Gesetz und Einzelfall

Es ist davon auszugehen, daß das AutofG nach dem Willen seiner Urheber ausdrücklich als *Raubtatbestand* konzipiert war, für den Straßenverkehrsgesichtspunkte nicht maßgebend sein sollten[74]. Man betrachtete den Tatbestand als eine Qualifizierung des Raubes i. S. des damals geltenden RStGB, die in einem neuen Strafgesetzbuch[75] im Zusammenhang mit den Raubdelikten eingefügt worden wäre. Sowohl im Reichsstrafgesetzbuch als auch im Entwurf der Gürtner-Kommission, der damaligen Grundlage der Strafrechtsreform[76], waren aber bereits Qualifizierungen enthalten, die auch die durch das AutofG erfaßten Taten weitgehend als schweren Raub einzuordnen erlaubt hätten: Da eine Autofalle in der Regel nur auf öffentlichen Straßen gestellt werden konnte — davon gingen Literatur und Rechtsprechung als selbstverständlich aus —, war neben dem AutofG zugleich Straßenraub, § 250 Abs. 1 Ziff. 3 RStGB anzunehmen; und der Gürtner-Entwurf enthielt als schweren Raub den Fall, daß zur Raubtat ein Auto verwendet wurde[77]. Hätte man hier das AutofG eingefügt, so hätte das

---

[70] SG Mannheim JW 1939, 36 l. Sp.; Hervorhebung von der Verf.

[71] SG Mannheim JW 1939, 36 l. Sp. Für die Verurteilung der Angeklagten, zweier Tramper, hatte diese Rechtsprechung jedoch keine Auswirkung. Sie wurden 5mal nach dem AutofG zum Tode verurteilt, obwohl sie in 4 von 5 Fällen den geplanten Überfall auf den Fahrer nicht durchgeführt hatten. Sie hatten „während der Fahrt den Mut zur Ausführung des Raubes verloren“; SG Mannheim JW 1939, 35 r. Sp.

[72] Kritisch zu dieser Rechtsprechung des SG Mannheim *Rietzsch*, S. 1995; auch *Freisler*, Gedanken, S. 37 f.

[73] Vgl. zur Kritik an dieser Rechtsprechung *Kohlrausch / Lange*, 38. Aufl., Anm. III; ferner *v. Gemmingen*, Irrtum, S. 27 f.; *Welzel*, 1. Aufl., S. 91.

[74] Vgl. 2. Teil A. I. 3. mit Nachweisen in Fn. 37, 38, 40; da die gegenteilige Ansicht (dargestellt auf S. 26, Nachweise in Fn. 41 f.) in der Rechtsprechung keine Berücksichtigung gefunden hat, kann sie für die „Rechtswirklichkeit“ des AutofG hier außer acht gelassen werden.

[75] Das dann auch für Österreich Geltung erlangt hätte; vgl. dazu z. B. Vorbemerkung; *Rietzsch* in Pfundtner / Neubert, S. 117 ff.

[76] *Gürtner* insgesamt.

[77] *Gürtner*, S. 310; 2. Aufl., S. 488 f.

jeweils einen speziellen Fall der aufgezeigten Normen, also die etwas ungewöhnliche Erscheinung der Qualifizierung einer Qualifizierung, ergeben.

Eine Abweichung von den genannten Fällen des schweren Raubes bestand darin, daß für bestimmte Raubhandlungen die Strafbarkeit auf Vorbereitungshandlungen ausgedehnt wurde[78]. Zudem war die Strafdrohung des AutofG um ein vielfaches härter als bei den anderen genannten Raubqualifizierungen: § 250 Abs. 1 Ziff. 3 RStGB enthielt eine Mindeststrafdrohung von fünf Jahren Zuchthaus. Ebenso war der Strafrahmen der entsprechenden Qualifizierung im Gürtner-Entwurf ausgestaltet[79]. Dies macht deutlich, daß sich die generelle in der Strafdrohung zum Ausdruck kommende Bewertung der Raubdelikte, insbesondere der als schwerer Raub betrachteten Sachverhalte zum Zeitpunkt des Inkrafttretens des AutofG gegenüber dem noch geltenden Strafgesetzbuch, nicht grundlegend verschärft hatte. Andernfalls hätte man auch im Gürtner-Entwurf, dessen Ausarbeitung etwa in den gleichen Zeitraum fällt wie die Normierung des AutofG[80], sicherlich die Strafdrohung für die Fälle schweren Raubes erheblich verschärft. Auch nach damaliger genereller Bewertung des Raubes mußte also die Strafdrohung des AutofG als besonders hart erscheinen[81].

Begründet wurde die Verschärfung des bisherigen Rechtes mit dem Hinweis auf die allgemeine Gefährlichkeit solcher Handlungen. Ferner wurde vereinzelt auf die spezielle Gefahr hingewiesen, die den Kraftfahrzeuginsassen durch die infolge der Enge des Autos beschränkte Bewegungs- und damit Abwehrmöglichkeit drohe[82]. Es erscheint allerdings sehr zweifelhaft, hier zum bevorzugten Schutz von Vermögensinteressen der einzelnen Kraftfahrer die Todesstrafe einzusetzen[83]. Jedenfalls hätte es gründlicherer Untersuchungen und Darlegungen bedurft, um dies einsehbar zu machen. Hauptgründe für die Einführung des Tatbestandes waren also die Wiederherstellung des durch die Ver-

---

[78] Vgl. 2. Teil A. Fn. 30.

[79] *Gürtner*, 2. Aufl., S. 489.

[80] Im Jahre 1936 wurde ein erster — nicht veröffentlichter — Entwurf fertiggestellt und 1938 — wohl noch leicht geändert — dem Kabinett vorgelegt. Im Dezember 1939 war er endgültig fertiggestellt. Der Entwurf trat jedoch nie in Kraft; seine rechtsstaatliche Grundhaltung war mit der Auffassung von nationalsozialistischer Strafgesetzgebung nicht vereinbar. Dies war vor allem das Verdienst von *Kohlrausch*, der die Arbeiten der Kommission in rechtsstaatlichem Sinne lenkte. Vgl. dazu insbes. *Eb. Schmidt*, S. 450 f.

[81] Vgl. auch *v. Gemmingen*, Grundgedanke, S. 12, 19; *Kohlrausch / Lange*, 38. Aufl., AutofG, Anm. II, III, IV; *v. Dohna*, S. 482 f.

[82] Vgl. vor allem Vorbemerkung, S. 2.

[83] Hierauf weisen mit Recht *Kohlrausch / Lange*, 38. Aufl., AutofG, Anm. II, hin.

brechen der Gebrüder *Götze* beeinträchtigten Vertrauens der Bevölkerung in die vom Staat zu gewährende Sicherheit[84] und der Schutz der „wirtschaftlich erforderlichen Motorisierung“[85].

Es hätte nahegelegen, die Berechtigung der besonders hervorgehobenen Strafbarkeit in der außerordentlichen Gefährlichkeit der von den Gebrüdern *Götze* erstmals angewandten und daraufhin zukünftig zu befürchtenden neuartigen Verbrechensmethoden zu sehen und damit das erhöhte Strafmaß zu begründen[86]. Ob diese Überlegungen ursprünglich neben den aufgeführten Motiven mitbestimmend waren, kann nicht mehr festgestellt werden; jedenfalls sind sie von offizieller Seite nie ausgesprochen worden.

So entfernte sich in der Rechtsprechung der Tatbestand immer mehr von dem ursprünglichen Anlaß. Zudem ist auch eine *tatsächliche* Entfernung vom Einzelfall Götze zu vermuten: Bis auf die Entscheidung, in der eine Eisenkarre als Straßenhindernis verwandt wurde, sind Sachverhalte mechanischer Fallen nach Art der von den *Götzes* verwandten nicht veröffentlicht. Nun kann dies darauf zurückzuführen sein, daß solche Fälle von der Auslegung her problemlos erschienen und deshalb nicht zur Veröffentlichung gelangten.

Die Zahl der nach dem AutofG verurteilten Täter ist besonders schwierig festzustellen, da die letzte amtliche Statistik für das Jahr 1936 erschienen ist. Für die Jahre 1937, 1938 und 1939 werden nur Hauptergebnisse ausgewiesen. Der letzten amtlichen Statistik lassen sich für das Jahr 1938 drei Verurteilungen nach dem AutofG entnehmen. Lediglich bei *v. Dohna* findet sich eine Angabe der bis zum 1. 4. 1939 gezählten Fälle[87]. Danach sind 8 Verurteilungen erfolgt. Im selben Zeitraum nun sind alle sieben veröffentlichten Entscheidungen ergangen; dazu kommt die Verurteilung der Gebrüder *Götze*. Für den angegebenen Zeitraum jedenfalls haben also vermutlich die *Götzes* keine Nachahmer gefunden[88]. Für den weiteren Zeitraum bis 1945 lassen sich mangels vorhandener Zahlen keine Feststellungen mehr treffen. Selbst wenn aber in diesem Zeitraum Verurteilungen nach dem AutofG zu

---

[84] Vgl. *Rietzsch* in Pfundtner / Neubert, S. 117: „Derartige Straftaten auf den deutschen Straßen wirken weit über den Kreis der Einzelpersonen hinaus, die durch sie betroffen werden. Sie verbreiten Unsicherheit, erregen Aufsehen und stören den öffentlichen Frieden. Im Interesse des Schutzes der Volksgemeinschaft ist es daher geboten, den aus solchen Straftaten drohenden Schaden mit aller Rücksichtslosigkeit abzuwehren.“

[85] Vgl. S. 23 mit Nachweisen in Fn. 14 ff.

[86] So das Schwurgericht Ulm, vgl. 2. Teil A. Fn. 41; Nachweise aus der Literatur vgl. Fn. 41 ff.

[87] *v. Dohna*, S. 487.

[88] So auch *Freisler*, Gedanken, für den Zeitraum bis zur Fertigstellung des Manuskripts, also spätestens Anfang 1939.

einem größeren Teil mechanische Autofallen betroffen hätten, so würde dies den durch die anfängliche Rechtsprechung herausgearbeiteten Charakter der Norm nicht beeinflussen, denn die Gerichte — damit offiziellen Stimmen folgend — hatten ja durch ihre Auslegung ausdrücklich oder konkludent jede Besonderheit der Art der Tatbegehung durch die *Götzes* geleugnet[89]. Auf diese Weise war das AutofG lediglich ein besonders hervorgehobener Fall des Straßenraubes, allerdings mit extremer und vom heutigen Standpunkt aus kaum verständlicher Strafverschärfung und vorverlegter Strafbarkeit.

So wird das AutofG seit Kriegsende in der Literatur übereinstimmend als Beispiel rechtsstaatswidriger nationalsozialistischer Gesetzgebung bezeichnet[90]. Aus diesem Grunde wurde das Gesetz durch Kontrollratsgesetz Nr. 55[91] am 20. Juni 1947 aufgehoben.

[89] Vgl. Darstellung der Rechtsprechung zum Merkmal „Autofalle" 2. Teil A. II.

[90] *Maurach* BT, S. 256; *Arndt / Guelde* § 316 a Anm. 1; *Eb. Schmidt*, S. 435 f.; *Rusam*, S. 1; *Grünauer*, S. 1 f.

[91] Amtsblatt des Kontrollrats Nr. 16, 284.

B. Der Nachfolgetatbestand: § 316 a StGB (Räuberischer Angriff auf Kraftfahrer)

Das ad-hoc-Delikt AutofG hat sich als Tatbestand erwiesen, der nicht sinnvoll in das damals bestehende Normensystem des Reichsstrafgesetzbuches eingefügt werden konnte: Tatbestandlich erfüllte es im Verhältnis zu § 250 Abs. 2 Satz 3 RStGB (Straßenraub) keine eigene Funktion; unverhältnismäßig stark wurde die als Vorbereitungshandlung einzustufende subjektive Planung als strafbare Handlung erfaßt. Im Vergleich zu den geltenden Strafdrohungen enthielt es eine extrem hohe und starre Rechtsfolge. Diese Auffälligkeiten blieben ohne rational einleuchtende Begründung. Eine Beschränkung auf Sachverhalte ähnlich dem die Normierung auslösenden Einzelfall unterblieb ausdrücklich[1]. So hat sich bisher das AutofG für die angestrebte Untersuchung über Besonderheiten von Gelegenheitsgesetzen als relevant erwiesen.

Allerdings muß dabei der diktatorische politische Hintergrund beachtet werden: Extreme Strafandrohung und Willensbetonung hatten ihre Ursache zwar einmal in der Empörung und dem Entsetzen über den Fall *Götze*[2]; darüber hinaus aber auch in der nationalsozialistischen Strafrechtslehre der herrschenden Kreise[3]. Eine für das gestellte Thema notwendige Unterscheidung dieser beiden möglichen Fehlerquellen ist nicht möglich, da entsprechende Unterlagen nicht (mehr) greifbar sind. Aus der bisherigen Untersuchung können daher besondere Schlüsse noch nicht gezogen werden. Jedoch rechtfertigen die aufgewiesenen Mängel eine genauere Untersuchung des das AutofG ersetzenden § 316 a StGB auch vom Blickpunkt des Problems ad-hoc-Gesetz aus: Für diesen Nachfolgetatbestand können die extremen nationalsozialistischen Verhältnisse ausgeklammert werden, und es zeigen sich dann möglicherweise klarer die positiven oder negativen Nachwirkungen des auch für § 316 a StGB maßgebenden Einzelfalles *Götze*.

Dies macht jedoch wiederum genaue historische Betrachtung notwendig. Bereits die Position des Gesetzgebers kann wichtige Aufschlüsse über das Verhältnis von § 316 a StGB zum AutofG und zu dem ur-

---

[1] Vgl. hierzu insgesamt 2. Teil A. II.

[2] Vgl. 2. Teil A. I. 1.

[3] Vgl. 2. Teil A. I. 2.

sprünglichen Einzelfall geben. Das gleiche gilt für die Entwicklung in der Rechtsprechung und in der Rechtswirklichkeit. Vor abschließender Bewertung ist daher die historische Entwicklung der Vorschrift bis zum jetzigen Gesetzes- und Rechtsprechungsstand wertend nachzuzeichnen.

I. Gesetzgebung und Reformarbeiten

1. Einfügung durch das 1. Gesetz zur Sicherung des Straßenverkehrs

a) Äußere Daten

Im Mai 1952 legte das Bundesjustizministerium im Verlaufe der Beratungen des Entwurfs eines „Gesetzes zur Bekämpfung von Unfällen im Straßenverkehr" dem Ausschuß für Rechtswesen und Verfassungsrecht eine Formulierung vor, die — als § 316 a StGB — das bisherige Autofallengesetz ersetzen sollte[4]. Diese Wiederaufnahme des AutofG geht offensichtlich auf die Anregung von Kraftfahrerverbänden zurück[5], nachdem sich einige schwerwiegende Verbrechen auf Autobahnen und an Taxifahrern ereignet hatten[6].

Der Rechtsausschuß und später auch der Verkehrsausschuß billigten den vorgeschlagenen Tatbestand[7]. Er wurde deshalb in den Gesetzentwurf aufgenommen, der daraufhin, da er nun nicht mehr nur Vorschriften gegen die Unfallbekämpfung enthielt, mit der neuen Überschrift „Gesetz zur Sicherung des Straßenverkehrs" versehen wurde[8]. Zusammen mit diesem Gesetz wurde der neue § 316 a StGB[9] am 19. 12. 1952 verkündet und trat am 24. 1. 1953 in Kraft[10].

Er lautete:

„(1) Wer zur Begehung von Raub oder räuberischer Erpressung (§ 255) einen Angriff auf Leib, Leben oder Entschlußfreiheit des Führers eines Kraftfahrzeugs oder eines Mitfahrers unter Ausnutzung der besonderen

---

[4] Dazu vor allem *Weber* in Rechtsausschuß, S. 10; Verkehrsausschuß Nr. 7; ferner *Arndt / Guelde* § 316 a Anm. 1; *Maassen*, S. 202; *Booss*, S. 1 ff., insbes. S. 5; auch BGHSt 13, 27, 28 f.

[5] Vgl. *Weber* in Rechtsausschuß, S. 10: „... beruhe auf der Forderung aus Verkehrskreisen ..."; Verkehrsausschuß: „... angeregt durch Wünsche aus den Kreisen der Kraftfahrer ..."

[6] Vgl. Verkehrsausschuß Nr. 7; *Maassen*, S. 202; *Booss*, S. 1 ff., insbes. S. 5; *Arndt / Guelde* § 316 a Anm. 1; *Jacobs*, S. 145.

[7] Rechtsausschuß, S. 12; Verkehrsausschuß Nr. 7.

[8] Verkehrsausschuß, I. Allgemeines.

[9] Der bisherige § 316 a StGB wurde zu § 316 b StGB.

[10] BGBl. I, S. 832; zum Zeitpunkt des Inkrafttretens vgl. Art. 82 GG i. V. §§ 187 Abs. 1 und 188 Abs. 2 BGB; so auch *Arndt / Guelde* Art. 9 StVSichG Anm. 1.

Verhältnisse des Straßenverkehrs unternimmt, wird mit Zuchthaus nicht unter fünf Jahren, in besonders schweren Fällen mit lebenslangem Zuchthaus bestraft.

(2) Das Gericht kann die in Absatz 1 angedrohte Mindeststrafe unterschreiten, auf Gefängnis erkennen oder von einer Bestrafung nach dieser Vorschrift absehen, wenn der Täter aus freien Stücken seine Tätigkeit aufgibt und den Erfolg abwendet. Unterbleibt der Erfolg ohne Zutun des Täters, so genügt sein ernstliches Bemühen, den Erfolg abzuwenden."

b) Gesetzgebungsmaterialien — Zur Abgrenzung des neuen Tatbestandes vom Autofallengesetz

Trotz voneinander abweichender Formulierungen der beiden Vorschriften[11] war es erklärte Absicht, mit dem neuen § 316 a StGB das bisherige AutofG zu ersetzen[12]. Da der ursprüngliche Tatbestand des AutofG sich als mangelhaft und mit nationalsozialistischem Gedankengut behaftet erwiesen hatte[13], stand der Gesetzgeber vor der Aufgabe, den Nachfolgetatbestand sorgfältig zu überdenken und dann nach rechtsstaatlichen Maßstäben auszugestalten[14]. Mit verschiedenen wirklichen oder vermeintlichen Abänderungen versuchte er, dieser Aufgabe Genüge zu tun und § 316 a StGB gegen das AutofG abzugrenzen und sinnvoll in das bestehende System der Strafdrohungen zu integrieren.

aa) Kriminalpolitische Motivation: Schutz des Straßenverkehrs und seiner Teilnehmer

Eine grundlegende Änderung gegenüber dem AutofG zeigte sich vor allem in der Frage nach Motivation und Rechtsgut der neuen Vorschrift. War das AutofG als reiner Raubtatbestand geplant[15], so wurde § 316 a StGB demgegenüber in seiner Schutzrichtung erweitert. Zwar wurde die Norm auch als Tatbestand zum Schutz der „körperlichen Integrität des Fahrers und seines Vermögens"[16] angesehen. Zusätzlich jedoch wurde als neues weiteres Rechtsgut der *Straßenverkehr* und die

---

[11] Jedoch ähnelt die Formulierung einem Negativvorschlag *Freislers* zum AutofG, der offenbar als Vorbild des § 316 a gedient hat; vgl. *Freisler,* Gedanken, S. 35: „Wer einen Anschlag auf Leib, Leben oder Entschlußfreiheit eines Kraftfahrers unternimmt, um ihn oder einen Mitfahrer desselben unmittelbar vor, während oder unmittelbar nach der Fahrt leichter berauben zu können, wird mit dem Tode bestraft." Vgl. dazu auch *Welzel,* S. 467; *Maurach* BT, S. 256.

[12] So ausdrücklich Rechtsausschuß, S. 10; ebenso auch Verkehrsausschuß Nr. 7.

[13] Vgl. dazu 2. Teil A. I. 2.

[14] *Lackner* in Rechtsausschuß, S. 10; Verkehrsausschuß Nr. 7.

[15] Vgl. dazu 2. Teil A. I. 3.

[16] *Lackner* in Rechtsausschuß, S. 11.

Sicherheit der Verkehrsteilnehmer eingeführt[17] und § 316 a StGB als Norm mit „doppeltem Gesicht"[18] angesehen[19]. In der „Hebung der Sicherheit auf der Straße"[20], dem Schutz der „Allgemeinheit"[21] sah man im Rechtsausschuß sogar den Hauptzweck der Vorschrift[22].

Diese Auffassung, die sich für das AutofG nicht durchgesetzt hatte, konnte dem neuen Tatbestand Eigenständigkeit sowohl gegenüber dem bisherigen AutofG als auch den geltenden Raubtatbeständen verschaffen. Allerdings setzte dies eine entsprechende Deliktsausgestaltung voraus, die die Anwendung auf Sachverhalte beschränkte, durch die eine Beeinträchtigung der Sicherheit der Verkehrsteilnehmer, „die typische Behinderung des Straßenverkehrs"[23] tatsächlich herbeigeführt wurde oder doch herbeigeführt werden konnte.

bb) Zum Tatbestandsmerkmal „Ausnutzung der besonderen Verhältnisse des Straßenverkehrs" = „Autofalle"

Wesentliches Merkmal des § 316 a StGB ist der Tatbestandsteil *„Ausnutzung der besonderen Verhältnisse des Straßenverkehrs"*. Hierdurch sollte der das AutofG charakterisierende Begriff *„Autofalle"* ersetzt werden[24].

Mit dieser Formulierung wollte man einmal tatbestandliche Ausuferungen vermeiden, wie sie während der Geltung des AutofG möglich gewesen waren[25]. Zum anderen aber war sie bedeutsam, um die Hinwendung von einem Raubdelikt zu einem *Straßenverkehrsgefährdungsdelikt* zu vollziehen. Grundsätzliche inhaltliche Abgrenzung und Eingrenzung des § 316 a StGB gegenüber seinem Vorläufer mußte daher in der Hauptsache bei der Ausfüllung dieses zentralen Begriffs erfolgen[26, 27].

---

17 Vgl. vor allem Rechtsausschuß, S. 10 ff.

18 *Lackner* in Rechtsausschuß, S. 11.

19 Dies kommt auch äußerlich darin zum Ausdruck, daß § 316 a StGB nicht — wie für das AutofG vorgesehen — bei den Raubtatbeständen, sondern im Zusammenhang mit den übrigen Straßenverkehrsdelikten in den Abschnitt „Gemeingefährliche Verbrechen und Vergehen" eingeordnet wurde.

20 *Lackner* in Rechtsausschuß, S. 11.

21 *Weber* in Rechtsausschuß, S. 11.

22 *Lackner, Weber* in Rechtsausschuß, S. 11.

23 *Weber* in Rechtsausschuß, S. 12.

24 Rechtsausschuß, S. 10 f.; Verkehrsausschuß Nr. 7.

25 Rechtsausschuß, S. 10; an sich jedoch fand man den Ausdruck „Autofalle" plastischer; vgl. *Wahl* (stellv. Vorsitzender) in Rechtsausschuß, S. 10.

26 Rechtsausschuß, S. 10 f.

27 Von dem Problem des geschützten Personenkreises abgesehen, das im übrigen sogar eng mit dem Problemkreis „Autofalle" zusammenhängt; vgl. dazu Rechtsausschuß, S. 11 f.

Wesentliches Kriterium für die Abgrenzung des Tatbestandes sah der Gesetzgeber in dem Erfordernis des „Hineinlockens in eine Falle“[28, 29]. Hingegen sollte es nicht darauf ankommen, ob der Täter ein „Hindernis bereitet“ habe[30]. Im wesentlichen knüpfte der Gesetzgeber also an die bereits zum AutofG entwickelte Rechtsprechung an[31]; eine grundlegende Änderung war offensichtlich nicht beabsichtigt. So kam auch in der Sprache der Materialien dem neuen Merkmal „Ausnutzung der besonderen Verhältnisse des Straßenverkehrs“ keinerlei eigene Bedeutung zu; *diskutiert wurde ausschließlich, wann eine „Autofalle“ vorliege*[32]!

Allerdings weist die hierzu gegebene Begründung in die mit dem Tatbestand verfolgte neue Richtung: Wurde in den offiziellen Erläuterungen zum AutofG betont, daß in vielen Fällen eine Verkehrsgefährdung nicht eintreten werde, da der Täter wegen der sonst für ihn gleichfalls bestehenden Gefahr nur selten im fahrenden Wagen Gewalt anwenden würde[33], wurde vom Gesetzgeber des § 316 a StGB vermutet, „daß, wenn etwas Derartiges im Verkehr passiere, alle übrigen Verkehrsteilnehmer auch gefährdet seien. Man brauche sich nur den Fall vorzustellen, daß ein Fahrzeug führerlos weiterfahre, an einem Baum zerschelle und andere Wagen auf dieses Fahrzeug aufführen“[34]. Ob dieser Beispielsfall unter Berücksichtigung des Selbsterhaltungstriebs des Täters sehr lebensnah ist, mag hier offenbleiben. Er zeigt zwar das Bemühen des Gesetzgebers, den Tatbestand auf Sachverhalte mit mindestens „möglicherweise herbeigeführter Gemeingefahr“[35] zu beschränken; die für das AutofG vertretene gegenteilige Ansicht war dadurch aber jedenfalls nicht widerlegt. Ob also tatsächlich alle Verkehrsteilnehmer, der Straßenverkehr als solcher, vor gemeingefährlichen Begehungsweisen geschützt werden oder aber die Sicherheit des Straßenverkehrs letztlich dahin verstanden wurde, daß jeder Verkehrsteilneh-

---

[28] *Lackner* in Rechtsausschuß, S. 10, 11.

[29] So sei § 316 a StGB nicht anwendbar, wenn jemand beim Picknick im Walde (*Lackner* in Rechtsausschuß, S. 10) oder in der Garage oder in einem Gasthaus (Verkehrsausschuß Nr. 7) überfallen werde.

[30] Rechtsausschuß, S. 10 f.; eine Autofalle habe daher auch gestellt, wer sich „als müder Wanderer an die Straße stelle, um von einem Kraftfahrer mitgenommen zu werden und dann während der Fahrt den Kraftfahrer von hinten über den Kopf schlage“. *Lackner* in Rechtsausschuß, S. 10 f.

[31] Vgl. 2. Teil A. II. 1.

[32] Vgl. Rechtsausschuß, S. 10 ff.

[33] Vgl. z. B. Vorbemerkung, S. 2.

[34] *Lackner* in Rechtsausschuß, S. 11.

[35] *Lackner* in Rechtsausschuß, S. 11.

mer besonders vor *räuberischen Überfällen* sicher sein sollte[36], bleibt offen. Dies allerdings wäre nur eine unveränderte Fortführung des AutofG gewesen[37].

Inwieweit die gewählte Neuformulierung eine Beschränkung allerdings tatsächlich leisten konnte, hing nicht allein von der Auslegung durch den Gesetzgeber ab, vielmehr lag hier eine wesentliche Aufgabe der Rechtsprechung[38].

cc) Strafdrohung

Als besonders rechtsstaatswidrig mußte die im AutofG als alleinige Rechtsfolge vorgesehene Todesstrafe wirken[39]. Im Verhältnis dazu war der Strafrahmen für § 316 a StGB entschieden gesenkt worden. Jedoch war die jetzt vorgesehene Strafdrohung — auch nach den Vorstellungen des Gesetzgebers[40] — immer noch außerordentlich hoch. Man glaubte jedoch, die Anwendung des § 316 a StGB „nur auf die wirklich schweren Fälle“[41], „die häufig vorkommenden typisch kriminellen räuberischen Erscheinungen“[42] beschränken zu können; die übrigen Fälle hingegen würden durch andere Tatbestände schon ausreichend erfaßt[43].

Zu der daraus folgenden Frage, wie der Tatbestand diese Beschränkung leisten sollte, geben die Materialien keinen Aufschluß. Ob der Gesetzgeber die Ausgestaltung des Tatbestandes als für diesen Zweck genügend ansah oder aber entsprechende Probleme der Rechtsprechung überlassen wollte, kann also nicht entschieden werden.

---

[36] Dafür spricht folgendes Zitat aus dem Protokoll des Rechtsausschusses, *Lackner*, Rechtsausschuß, S. 11: „Jeder Kraftfahrer müsse das Bewußtsein haben können, von Lübbecke nach Arnsberg fahren zu können, ohne unterwegs von Wegelagerern ausgeplündert zu werden.“

[37] So findet sich in der Tat bereits bald nach Inkrafttreten von § 316 a StGB in der Literatur die Auffassung, Sinn und Zielsetzung der neuen Vorschrift seien grundsätzlich die gleichen wie beim AutofG; vgl. *Arndt / Guelde*, § 316 a, Anm. 1.

[38] Nach der wohl herrschenden sogenannten objektiven Auslegungstheorie ist eine Bindung der Rechtsprechung an den *historischen* Willen des Gesetzgebers zu verneinen. Vgl. dazu z. B. *Jescheck*, § 17 III; *Maurach* AT, S. 100 ff.; *Schwalm*, S. 488; *Schwinge*, S. 55; *Sauer*, S. 294; *Schönke / Schröder* § 2 Rdn. 34 a m. w. Nachw.; vgl. auch die Übersicht bei *Tröndle* in LK § 2 Rdn. 22 ff.

[39] Vgl. Verkehrsausschuß Nr. 7.

[40] *Lackner* in Rechtsausschuß, S. 11: „Es kämen zahllose Motive in Betracht, die die Tat unter Umständen leichter erscheinen ließen, so daß die außerordentlich hohe Strafdrohung nicht gerechtfertigt erscheine.“ Vgl. auch Verkehrsausschuß Nr. 7.

[41] *Lackner* in Rechtsausschuß, S. 11.

[42] *Lackner* in Rechtsausschuß, S. 11.

[43] Rechtsausschuß, S. 11; dabei dachte man für die schwerwiegenden Fälle an §§ 211, 212 StGB, für die leichteren an § 315 a StGB a. F. (Gefängnis bis zu 5 Jahren).

dd) Absicht, Angriff, Unternehmen

Ein weiteres Problem hat in den Materialien nicht zur Diskussion gestanden, obgleich sowohl Abgrenzung zum AutofG als auch die neue Formulierung des § 316 a StGB selbst hierzu Anlaß gegeben hätten: Beim AutofG war als Folge des „Willensstrafrechts" eine Überbetonung der subjektiven Verbrechenselemente aufgewiesen worden[44]. Inwieweit dies für § 316 a StGB beibehalten werden sollte, wurde nicht geklärt. Dies hätte jedoch vor allem wegen der Fassung des § 316 a StGB nahegelegen: Der Tatbestand weist bereits auf den ersten Blick eine für das Strafgesetzbuch ungewöhnliche Zusammenstellung und Hervorhebung subjektiver Tatbestandselemente auf:

(1) Das Merkmal *„zur Begehung* von Raub oder räuberischer Erpressung" bedeutet offensichtlich, daß die Begehung der aufgezählten Delikte *beabsichtigt* sein soll; nicht jedoch liegt darin das Erfordernis des Beginns der Ausführung. Wie beim AutofG ist bereits eine nur subjektive Beziehung zu Raub bzw. zur räuberischen Erpressung[45] zur Tatbestandserfüllung ausreichend.

(2) Auch für das an anderer Stelle im Strafgesetzbuch bereits bekannte Merkmal *„Angriff"*[46] ist in erster Linie die subjektive Einstellung des Täters maßgebend. Es genügt bereits eine Handlung, die unmittelbar darauf *abzielt,* auf den Körper des Opfers einzuwirken; weder Berührung noch körperliche Verletzung des Opfers werden vorausgesetzt[47].

(3) Vor allem aber ist die Vorschrift als *Unternehmensdelikt* ausgestaltet. Die hierdurch bewirkte Gleichstellung von Versuch und Vollendung[48] führt zu einer besonders nachdrücklichen Erfassung des verbrecherischen Willens[49]. Durch „Verlagerung" der räuberischen Hand-

---

[44] Vgl. 2. Teil A. I. 2.

[45] Im AutofG war zwar nur die *räuberische* Absicht aufgeführt, jedoch war unter der Geltung von § 2 RStGB n. F. analoge Anwendung auf Fälle räuberischer Erpressung nahezu selbstverständlich; vgl. RKG DJ 1939, 662, 663.

[46] Vgl. §§ 113, 227 StGB; eine Übertragung der zu diesen Tatbeständen entwickelten Auslegung auf § 316 a StGB kann zunächst von der Sicht des Gesetzgebers aus vermutet werden.

[47] Zu § 113 StGB vgl. z. B. RGSt 59, 264 ff.; *Heimann-Trosien* in LK § 113 Rdn. 17; *Schönke / Schröder* § 113 Rdn. 23; zu § 227 StGB: z. B. RG GA Bd. 59, 332; RGSt 59, 107 ff.; 59, 264 ff.; BGHSt 2, 160; *Hirsch* in LK § 227 Rdn. 5; *Schönke / Schröder* § 227 Rdn. 4.

[48] Vgl. die Legaldefinition in § 46 a StGB, bis zum 8. StÄG vom 25. 6. 1968, BGBl. I, S. 741 in § 87 StGB enthalten.

[49] Vgl. z. B. *Schröder,* Unternehmensdelikte, S. 457 ff.; *Schönke / Schröder* Vor § 43 Rdn. 6; *Busch* in LK § 46 a Rdn. 5; *Jescheck* § 49 VI; *Maurach,* AT, S. 500, 526.

lung in die bloße Planung des Täters ist der strafbare Bereich des § 316 a StGB gegenüber §§ 249 ff. StGB schon sehr weit vorgezogen und gegenüber den Raubdelikten besonders mit Strafe bedroht. Wird nun zusätzlich der *Versuch* dieser im Vorfeld des Raubes liegenden Handlungen durch Ausgestaltung als Unternehmen hervorgehoben, ist im Verhältnis zum Raub der räuberische Wille als besonders kriminell doppelt bewertet.

Gleiches gilt hinsichtlich des Handlungsmerkmals *„Angriff"*. Betonung des Versuchs dieses auch ohne Erfolgseintritt vollendeten Merkmals läßt vermuten, daß das Schwergewicht des § 316 a StGB auf *subjektiven Bereichen* des Tatbestandes liegt[50].

Diese Verbindung subjektiver Elemente ist für ein generell am Erfordernis des *Erfolgs* ausgerichtetes Strafrecht[51] ungewöhnlich. Wählte der Gesetzgeber dennoch eine solche Tatbestandsform, so wohl nicht ohne Grund. In den Beratungen ist allerdings — soweit sie protokollarisch festgehalten sind — hierzu nichts ausgeführt. Offensichtlich hat der Gesetzgeber — mit oder ohne besondere Überlegungen — die Form des AutofG übernommen. Inwieweit sich dies in der Folge bei § 316 a StGB auswirkt, kann allerdings erst die Auslegung durch die Gerichte zeigen.

c) Zusammenfassung und Ergebnis

Diese Zusammenstellung gesetzgeberischer Überlegungen zur Neuformulierung des AutofG durch den § 316 a StGB zeigt deutlich das Bemühen um inhaltliche Abgrenzung des neuen Tatbestandes gegenüber nationalsozialistischen Ausuferungen. So wurden Unrechtsgehalt und Schutzrichtung neu bestimmt: Aus einem Raubtatbestand sollte ein Straßenverkehrsgefährdungsdelikt werden[52]. Daraus folgend erhoffte man, durch das neue Tatbestandsmerkmal „Ausnutzung der besonderen Verhältnisse des Straßenverkehrs" eine Beschränkung des Anwendungsbereichs der Norm zu erreichen[53]. Auch die zwar herabgesetzte, aber immer noch hohe Strafdrohung war nur für besonders

---

[50] Z. T. werden in der neueren Literatur sogar die Tatbestände, die das Merkmal „Angriff" enthalten, als „unechte Unternehmenstatbestände" angesehen; von diesem Standpunkt aus wäre § 316 a StGB *doppeltes Unternehmungsdelikt;* vgl. *Bockelmann,* S. 622 f.; *Armin Kaufmann,* S. 230 ff.; *Waider,* S. 176 ff., 183 ff.

[51] Zum Erfolgsstrafrecht vgl. z. B. *Schönke / Schröder* Vor § 1 Rdn. 56, 59; *Maurach,* AT, S. 230, 235, 240, 537; siehe auch *Reinh. v. Hippel,* Gefahrurteile, S. 58 ff.; jeweils m. w. Nachw.

[52] Vgl. S. 36 f.

[53] Vgl. S. 37 ff.

schwere Verbrechen gedacht[54]. Eine Verwirklichung dieser Vorstellungen konnte möglicherweise § 316 a StGB zu einer sinnvoll ins Strafgesetzbuch integrierten Vorschrift machen.

Andererseits aber bleiben nach Durchsicht der Materialien hinsichtlich der weiteren Effizienz dieser gesetzgeberischen Überlegungen einschließlich der daraus gewonnenen tatbestandlichen Neuformulierung Unklarheiten und Zweifel bestehen.

Schon die Begründung dafür, daß eine Wiedereinführung des AutofG notwendig war, erschöpft sich in dem Hinweis auf einige nach dem Kriege geschehene Verbrechen an Taxifahrern und auf den Autobahnen; allenfalls noch die Betonung der Gefährlichkeit der zu erfassenden den Straßenverkehr behindernden Verbrechen mag als zusätzliche Begründung gelten. Jedoch ist fraglich, ob die Absicht, § 316 a StGB zu einem Straßenverkehrsdelikt umzugestalten, konsequent durchgeführt wurde. Eine Beschränkung auf Sachverhalte, die tatsächlich zu einer *spezifisch verkehrsbedingten Gefährdung* führen, konnte jedenfalls den Materialien nicht entnommen werden[55].

Gleiches gilt für die Frage nach der Berechtigung der hohen Strafdrohung. Wie nämlich der neue Tatbestand die Beschränkung der Anwendung auf die wirklich schweren Fälle, für die die vorgesehene Strafdrohung dem Gesetzgeber gerechtfertigt erschien, leisten sollte, wurde nicht geklärt[56].

Keinerlei Diskussion und Begründung findet sich auch zu der bereits beim AutofG kritisierten und in § 316 a StGB wieder aufgenommenen Verlagerung des Schwergewichts des strafrechtlichen Vorwurfs in vor Vollendung der Tat liegende Bereiche. Ob hierfür tatsächlich eine Notwendigkeit bestand und wo der Gesetzgeber die Grenze zwischen strafrechtlich noch nicht relevanten und strafrechtlich zu erfassenden Handlungen vorgesehen hatte, wurde nicht erörtert[57].

Möglicherweise beruhen allerdings diese Unklarheiten und offenen Fragen nur auf der Ungenauigkeit und Lückenhaftigkeit der knappen protokollarischen Wiedergabe der Beratungen. Sie können aber auch Ausdruck der Schwierigkeit sein, an entscheidenden Punkten mit dem AutofG und der dazu überkommenen Rechtsprechung zu brechen. Die Widersprüchlichkeiten lassen darüber hinaus vermuten, daß die Vorschrift noch nicht genügend durchdacht und die optimale Tatbestandsfassung nicht erreicht war.

---

[54] Vgl. S. 39.

[55] Vgl. S. 36 ff. mit Nachweisen.

[56] Vgl. S. 39.

[57] Vgl. S. 40 f., insbes. S. 41.

Für die weitere Ausgestaltung des neuen Tatbestandes allerdings waren die angestellten oder unterlassenen Überlegungen allein nicht maßgebend. Dies oblag vielmehr nach Inkrafttreten der Vorschrift von Fall zu Fall der Rechtsprechung. Die Gerichte mußten sich mit den aufgezählten Zweifelspunkten befassen und offene Fragen beantworten. Vom Gesetzgeber konnten hierzu nur unverbindliche Hinweise gegeben werden[58]. Erst eine Durchsicht der Rechtsprechung also kann zeigen, ob § 316 a StGB vom AutofG abgegrenzt und sinnvoll ins Strafgesetzbuch integriert werden kann.

2. § 316 a StGB in den Beratungen der Großen Strafrechtskommission (§ 348 E 62)

In den Beratungen der Großen Strafrechtskommission wird § 316 a StGB nur knapp behandelt. Das Problem, ob die Vorschrift auch weiterhin notwendig sei, wird offensichtlich nicht als relevant empfunden. Hauptsächlich erörtert man nur die Frage nach dem systematischen Standort der Vorschrift[59], ob § 316 a StGB also primär als Vermögensdelikt oder als Verkehrsdelikt anzusehen und einzuordnen sei. Es erheben sich keine Einwände gegen die Ansicht, daß die Vorschrift, wenn sie auch „gewissermaßen auf der Nahtstelle zwischen Vermögensdelikten und Verkehrsdelikten"[60] liege, doch in den Zusammenhang der Verkehrsdelikte gehöre[61].

Zwei Gründe werden hierfür vorgebracht: Einmal das bereits aus den Gesetzesmaterialien zu § 316 a StGB bekannte Argument, die Vorschrift diene in erster Linie dem Schutz des öffentlichen Verkehrs[62]. Zum anderen fällt eine eher gesetzestechnische Überlegung auf: Wollte man die Vorschrift aus dem Zusammenhang der Verkehrsdelikte herausnehmen, so stellte sich die Frage, in welchen Abschnitt man sie,

---

[58] Vgl. S. 39.

[59] *Wilkerling*, *Schafheutle* in Niederschriften VI, 82; vgl. ferner Diskussion und Abstimmung in Niederschriften IX, 366; auch Niederschriften IX Anhang Nr. 21, Umdruck J 85, S. 537 Fn. 5.

[60] So Amtliche Begründung zu E 60, 494 und wörtlich übereinstimmend zu E 62, 521; vgl. auch *Lackner* in Niederschriften IX, 366.

[61] Niederschriften IX, 366; auch *Schafheutle* in Niederschriften VI, 82; *Lackner* geht bei der grundsätzlichen Diskussion über Verkehrsdelikte als selbstverständlich von § 316 a als einem Verkehrsdelikt aus, vgl. Niederschriften IX, 305, 306, 312; auch wird § 316 a im Zusammenhang mit den Verkehrsdelikten, nicht bei den Vermögens-, insbes. Raubdelikten behandelt und im Ergebnis sowohl im E 60 als auch E 62 bei den Verkehrsstraftaten eingefügt.

[62] Vgl. Amtliche Begründung zu § 348 E 60, 494 und zu § 348 E 62, 534; *Lackner* in Niederschriften IX, 366.

da sie Vorbereitungshandlungen sowohl zum Raub als auch zur räuberischen Erpressung erfasse, einfügen solle[63].

Die nach diesen Beratungen als § 348 in den E 60 und — bis auf eine unbedeutende stilistische Korrektur unverändert — in den E 62 aufgenommene Vorschrift entspricht weitgehend dem geltenden § 316 a StGB[64].

§ 348 E 62 lautet:

„Räuberischer Angriff auf Kraftfahrer
Wer zur Begehung eines Raubes oder einer räuberischen Erpressung einen Angriff auf Leben, Leib oder Entschlußfreiheit des Führers eines Kraftfahrzeuges oder eines Mitfahrers unter Ausnutzung der besonderen Verhältnisse des Straßenverkehrs verübt, wird mit Zuchthaus nicht unter 5 Jahren bestraft."

Mit dieser neuen Formulierung wollte man hauptsächlich den Unternehmenscharakter der Vorschrift beseitigen und sie als Erfolgsdelikt ausgestalten[65]. „Dies hat zwei Vorteile. Einmal wird die schwerfällige und komplizierte Vorschrift über die tätige Reue entbehrlich; zum anderen kommt der geringe Unrechtsgehalt, der hier in dem Versuch liegt, zum Ausdruck[66]." Diese „geringfügige Milderung gegenüber dem geltenden Recht"[67] hielt man „aus dogmatischen Gründen für notwendig und kriminalpolitisch unbedenklich"[68]. Die recht hohe[69], dem § 316 a StGB entsprechende Mindeststrafe jedoch wird als „durchaus angemessen"[70] beibehalten und „aus den besonderen Bedürfnissen des Kraftverkehrs, der durch solche Taten und die von ihnen ausgehende Unsicherheit *geradezu lahmgelegt werden kann*"[71], erklärt. Lediglich die lebenslange Zuchthausstrafe für besonders schwere Fälle ist nicht mehr vorgesehen[72, 73].

---

[63] Vgl. *Baldus* in Niederschriften IX, 366: „Wir hätten dann die Vorschrift im Grunde genommen zweimal nötig." Auch *Schafheutle* in Niederschriften IX, 366.

[64] Vgl. *Lackner* in Niederschriften IX, 366; ebenso Amtliche Begründung zu § 348 E 60, 494 und zu § 348 E 62, 534.

[65] *Lackner* in Niederschriften IX, 366.

[66] *Lackner* in Niederschriften IX, 366.

[67] *Lackner* in Niederschriften IX, 366.

[68] *Lackner* in Niederschriften IX, 366.

[69] Auch im Verhältnis zu den in den Entwürfen vorgesehenen Strafrahmen.

[70] *Jescheck* in Niederschriften V, 46; ähnlich ders. in Niederschriften V, 230; im Ergebnis so auch *Lackner* in Niederschriften IX, 366.

[71] Amtliche Begründung zu § 348 E 60, 494 und zu § 348 E 62, 534; Hervorhebung von der Verf.

[72] Dafür wurde aber in den Entwürfen das Höchstmaß der zeitigen Zuchthausstrafe um 5 Jahre auf 20 Jahre erhöht; vgl. § 44 Abs. 2 E 60, E 62.

[73] Vgl. insgesamt Amtliche Begründung zu § 348 E 60, 494 und zu § 348 E 62, 533 f.

Ob die mit dieser Vorschrift erstrebte Beseitigung des Unternehmenscharakters von § 316 a StGB tatsächlich gelungen ist, scheint zweifelhaft. Wie bereits dargelegt[74], ist nämlich Angriff jede in feindseliger Absicht gegen einen anderen gerichtete Handlung ohne Rücksicht auf ihren Erfolg. Auch der Versuch des Angriffs erfüllt das Merkmal, da es auf die tatsächliche Herbeiführung eines Erfolges nicht ankommt. Daher bleibt § 348 E 62, auch wenn der Tatbestand das Wort „unternimmt" nicht mehr enthält, doch eine Vorschrift, bei der Versuch des Angriffs dessen Vollendung gleichsteht[75, 76].

Folgte man der Auffassung einiger Autoren, so könnte § 348 E 62 in die Gruppe der sogenannten unechten Unternehmensdelikte eingeordnet werden[77]. § 348 E 62 hat somit eine wichtige Änderung nicht gebracht. Im wesentlichen auch sind in den Beratungen die bereits bei Einfügung des § 316 a StGB maßgebenden Vorstellungen und damit auch alle hierfür aufgewiesenen Widersprüche und Unklarheiten wiederholt und bestätigt worden[78].

3. Strafrechtsreform bis zum Jahre 1971

a) Redaktionelle Anpassung an das 1. und 2. Strafrechtsreformgesetz

Das 1. und 2. StrRG[79] bedingten eine Anpassung des § 316 a StGB an den erneuerten Allgemeinen Teil, die jedoch keine sachliche Veränderung bedeutete[80].

§ 316 a lautete nunmehr:

„(1) Wer zur Begehung von Raub oder räuberischer Erpressung (§ 255) einen Angriff auf Leib, Leben oder Entschlußfreiheit des Führers eines Kraftfahrzeugs oder eines Mitfahrers unter Ausnutzung der besonderen Verhältnisse des Straßenverkehrs unternimmt, wird mit Freiheitsstrafe nicht unter fünf Jahren, in besonders schweren Fällen mit lebenslanger Freiheitsstrafe bestraft.

---

[74] Vgl. Darstellung, S. 40 f.

[75] Vgl. Definition des Unternehmens in § 46 a StGB = § 87 StGB a. F.; ebenso § 11 Abs. 1 Ziff. 3 E 62.

[76] Vgl. hierzu auch *Rusam*, S. 31 ff.; ferner *Grünauer*, S. 135 f.

[77] Vgl. 2. Teil B. Fn. 50.

[78] Vgl. 2. Teil B. I. 1. b).

[79] 1. StrRG BGBl. 1969 I, S. 645; 2. StrRG BGBl. 1969 I., S. 717.

[80] Das 1. und 2. StrRG reformierte nur den *Allgemeinen Teil* des StGB. Das hatte für § 316 a StGB eine Anpassung an den neuen § 15 StGB zur Folge. Weiterhin wurde anstelle der Differenzierung im Strafensystem (Haft, Gefängnis, Zuchthaus) die einheitliche Freiheitsstrafe gesetzt, so daß auch in § 316 a „Zuchthaus" durch „Freiheitsstrafe" ersetzt wurde.

(2) Das Gericht kann die Strafe nach seinem Ermessen mildern (§ 15) oder von einer Bestrafung nach dieser Vorschrift absehen, wenn der Täter aus freien Stücken seine Tätigkeit aufgibt und den Erfolg abwendet. Unterbleibt der Erfolg ohne Zutun des Täters, so genügt sein ernstliches Bemühen, den Erfolg abzuwenden."

b) Herabsetzung der Strafdrohung durch das 11. Strafrechtsänderungsgesetz

Eine Änderung der Vorschrift wurde dagegen durch das 11. StÄG[81] bewirkt. Diese ist allerdings auf eine Milderung des Strafrahmens beschränkt. Für minder schwere Fälle wurde eine Mindeststrafe von nur 1 Jahr eingeführt. Eine darüber hinausgehende Änderung des Tatbestandes des § 316 a StGB ist im Sonderausschuß ausdrücklich auf einen späteren Zeitpunkt verschoben worden, weil man die Vorschrift zusammen mit dem ganzen Abschnitt „Gemeingefährliche Verbrechen und Vergehen" reformieren wollte[82]. Selbst eine Änderung der Qualifizierung für besonders schwere Fälle wurde nicht vorgenommen, da man glaubte, dies sei bereits ein zu tiefer Eingriff in die Strafrahmensystematik, der ohne längere Überlegungen nicht durchgeführt werden könne[83, 84].

Mit der Änderung des Strafrahmens wollte man vor allem § 316 a StGB an eine gleichzeitig durch das 11. StÄG eingefügte neue Vorschrift, einen Tatbestand gegen Luftpiraterie, anpassen[85], in dem für minder schwere Fälle eine Mindeststrafe von 1 Jahr vorgesehen war.

Zugleich entsprach man damit dem mehrfach aus Praktikerkreisen an den Sonderausschuß herangetragenen Wunsch nach einer Herabsetzung der Strafdrohung[86].

---

[81] Vom 16. 12. 1971, BGBl. I, S. 1977.

[82] Darum wurde auch nicht der ganze Wortlaut des Tatbestandes in das Änderungsgesetz aufgenommen, sondern nur die in Frage kommende Passage; vgl. Sonderausschuß 1971, 51. Sitzung, S. 1590; der Tatbestand selbst wird jedoch ebenfalls als ungenügend empfunden und man beschließt, das BMJ zu bitten, bald einen geänderten Tatbestand für § 316 a StGB vorzulegen; vgl. 51. Sitzung, S. 1584 f., insbes. S. 1590.

[83] Sonderausschuß 1971, 51. Sitzung, S. 1584 f.

[84] Obwohl im Sonderausschuß die Tendenz bestand, bei § 316 a StGB wie z. B. bei § 239 a StGB n. F. lebenslange Freiheitsstrafe nur vorzusehen für den Fall, daß der Täter leichtfertig den Tod eines Menschen verursacht; vgl. Sonderausschuß 1971, 51. Sitzung, S. 1583 ff.

[85] Sonderausschuß 1971, 32. Sitzung, S. 1178; 34. Sitzung, S. 1227; 51. Sitzung, S. 1582 ff.; darum lautet die Formulierungshilfe des BMJ auch „Formulierungshilfe zur Anpassung der Strafdrohung des § 316 a StGB an die Strafdrohung des ... § 316 c StGB"; vgl. 51. Sitzung, Anlage 1, S. 1591.

[86] Sonderausschuß 1971, 32. Sitzung, S. 1173; 34. Sitzung, S. 1227; 51. Sitzung, S. 1582; vgl. auch S. 1583 ff.

Auch herrschte im Sonderausschuß die Ansicht vor, daß die bisherige Mindeststrafe von 5 Jahren zu hoch, ja „geradezu pathologisch"[87] gewesen sei und schon aus diesen Gründen eine Änderung erforderlich mache[88].

§ 316 a StGB erhielt daher folgende Fassung:

„(1) Wer zur Begehung von Raub oder räuberischer Erpressung (§ 255) einen Angriff auf Leib, Leben oder Entschlußfreiheit des Führers eines Kraftfahrzeuges oder eines Mitfahrers unter Ausnutzung der besonderen Verhältnisse des Straßenverkehrs unternimmt, wird mit Freiheitsstrafe nicht unter fünf Jahren bestraft. In besonders schweren Fällen ist die Strafe lebenslange Freiheitsstrafe, *in minder schweren Fällen Freiheitsstrafe nicht unter einem Jahr*[89]."

Absatz 2 blieb unverändert[90].

So schließt die Entwicklung des Tatbestandes in der Gesetzgebung vorläufig mit einer nicht unerheblichen Senkung des Strafmaßes ab[90a]. Diese ist zum Teil durch einen anderen Tatbestand, das Luftpiratengesetz, motiviert. Davon abgesehen wurde die hohe Strafdrohung sowohl bei den Mitgliedern des Ausschusses als auch in Praktikerkreisen als unangemessen empfunden. Die 1953 für den neu eingefügten § 316 a StGB erstrebte Beschränkung auf Sachverhalte, für die die hohe Strafdrohung angemessen war, scheint also nicht gelungen zu sein[91]. Weitere Untersuchung muß zeigen, wo die Ursachen hierfür liegen: allein in der Tatbestandsfassung oder auch in der Anwendung durch die Gerichte.

II. Rechtsprechung

Die bisherigen Ergebnisse haben gezeigt, daß zur weiteren Klärung der aufgezeigten Probleme Darstellung und Untersuchung der Rechtsprechung unumgänglich ist[92]. Dabei kommt es nicht allein auf die gewonnenen Ergebnisse an, vielmehr interessiert zugleich die Art der

---

[87] *Krüger* in Sonderausschuß, 1971, 51. Sitzung, S. 1582.

[88] Sonderausschuß 1971, 34. Sitzung, S. 1227; 51. Sitzung, S. 1582 ff.; allerdings hatte offenbar der Innenausschuß zunächst dafür gestimmt, die hohe Strafdrohung bei § 316 a StGB zu belassen, dafür aber umgekehrt § 316 c StGB an § 316 a StGB anzupassen; vgl. Sonderausschuß 1971, 51. Sitzung, S. 1582.

[89] Hervorhebung von der Verf.; sie bezeichnet die Änderung.

[90] Vgl. S. 46.

[90a] Auch das Einführungsgesetz zum Strafgesetzbuch wird allenfalls unwesentliche Änderungen des Wortlauts beinhalten; vgl. dazu Sonderausschuß 1973, 10. Sitzung, S. 310.

[91] Vgl. dazu S. 39.

[92] Vgl. 2. Teil B. I. 1 c).

Begründung. Wichtiger als vollständige Wiedergabe aller bisher aufgetretenen einzelnen Auslegungsschwierigkeiten ist es, herauszufinden, ob und wie die Gerichte die aufgezeigten Probleme gelöst haben.

Zu diesem Zweck empfahl es sich, prägnante Entscheidungen auszuwählen und zu analysieren. Durch dieses Verfahren wird es möglich, anhand von zeitlich auseinanderliegenden Urteilen festzustellen, ob von 1953 an die Auslegung konstant geblieben ist oder ob bestimmte Entwicklungen festgestellt werden können.

Die zu analysierenden Entscheidungen wurden nach zeitlichen und inhaltlichen Kriterien ausgesucht. Dabei ergab sich eine Beschränkung auf Urteile des Bundesgerichtshofs, da keine erstinstanzlichen Entscheidungen zu § 316 a StGB veröffentlicht sind. Auf die Rechtsprechung der ersten Instanz kann daher nur jeweils mittelbar rückgeschlossen werden.

1. Analyse der ersten Entscheidungen

a) BGHSt 5, 280 ff. (12. Januar 1954)

Mit diesem Urteil hat der Bundesgerichtshof erstmalig zum neuen § 316 a StGB entschieden. Von dieser Entscheidung gingen daher wichtige Richtlinien aus, die für die weitere Rechtsprechung grundlegend sein konnten. Schon deshalb kommt ihr besondere Bedeutung zu.

„1. ...

2. Der Tatbestand des § 316 a StGB ist auch dann gegeben, wenn der Täter es unternimmt, den Fahrzeugführer an einer einsamen Stelle zum Aussteigen zu veranlassen und ihn in 100 m Entfernung vom Abstellplatz zu überfallen.

Am 13. Februar 1953 ließ sich der Angeklagte abends um 20½ Uhr von dem Mietwagenunternehmer S. in dessen Personenkraftwagen nach R. fahren. Spätestens während der Fahrt faßte er den Entschluß, S. zu töten und mit dessen Kraftwagen zur belgischen oder holländischen Grenze zu fahren. Er veranlaßte S., an einer einsamen Stelle zu halten und ihm in Richtung auf ein abgelegenes Bauerngehöft zu folgen, um dort angeblich mit ihm das Abendbrot einzunehmen. Als sie sich etwa 100 m vom Weg entfernt hatten, stieß er wiederholt mit einem Messer auf S. ein und verletzte ihn schwer. Dann eignete sich der Angeklagte die Brieftasche des S. mit dem Führerschein und den Personalpapieren sowie die Wagenschlüssel an, indem er sie ihm entweder wegnahm oder ihn zur Herausgabe zwang. Er ließ S., den er für tot hielt, liegen und fuhr mit dem Wagen fort.

Das Schwurgericht hat den Angeklagten wegen versuchten Mordes in Tateinheit mit besonders schwerem Raube oder besonders schwerer räuberischer Erpressung und mit Verbrechen gegen § 316 a StGB zu lebenslangem Zuchthaus verurteilt. Die Revision des Angeklagten hatte keinen Erfolg.

Aus den Gründen:

1. ...

2. Die Rüge einer Verletzung des § 316 a StGB geht fehl. Die Revision macht geltend, daß der Angeklagte die Tat nicht unter Ausnutzung der besonderen Verhältnisse des Straßenverkehrs geplant und ausgeführt habe; denn der Angriff auf S. habe etwa 100 m neben der Straße stattgefunden, auf der der Kraftwagen im Zustand der Betriebsruhe gestanden habe.

Dieser Auffassung kann nicht gefolgt werden.

§ 316 a StGB knüpft an den Autofallenraub gemäß dem Gesetz vom 22. Juni 1938 (RGBl I, S. 651) an, legt den Tatbestand aber genauer fest und engt ihn in gewissem Umfange ein; es ist nicht schon die Vorbereitungshandlung (RGSt 73, 71), sondern erst das ‚Unternehmen', d. h. die Vollendung oder der Versuch (§ 87 StGB), strafbar. (1) Dieses ‚Unternehmen' muß nach dem Willen des Täters darauf gerichtet sein, das Verbrechen unter Ausnutzung der besonderen Verhältnisse des Straßenverkehrs zu begehen. (2) Die Vorschrift dient dem Schutz des Kraftverkehrs und soll den besonderen Gefahren entgegenwirken, die sich aus seiner neuzeitlichen Entwicklung ergeben. (3) Diese Gefahren bestehen nament-

---

(1) Hier ist der Bundesgerichtshof offensichtlich einem Mißverständnis erlegen. Das AutofG war zwar zur Verfolgung von Vorbereitungshandlungen bestimmt; besonders bestraft werden sollten aber nicht Vorbereitungshandlungen zum „Stellen einer Autofalle", sondern *Vorbereitungshandlungen zu einem Raub*. Nur dies wird auch in der vom Bundesgerichtshof zitierten Entscheidung des Reichsgerichts betont. Ob nun § 316 a StGB Vorbereitungs- oder erst Versuchshandlungen zum *Raub* erfaßt, ist allein durch den Wortlaut des § 316 a StGB nicht festgelegt; das Merkmal „unternimmt" bezieht sich vielmehr nur auf den „Angriff auf Leib, Leben oder Entschlußfreiheit". Eine Einengung des Tatbestandes kann allein hieraus also nicht gefolgert werden.

(2) Der Bundesgerichtshof spricht damit den entscheidenden Gedanken an, mit dem der Gesetzgeber die Neueinfügung des § 316 a StGB und dessen Ausgestaltung und Strafdrohung rechtfertigen wollte. An dieser Stelle der Begründung konnte der Bundesgerichtshof eine Beschränkung der Anwendung des Tatbestandes vornehmen. Dies hing allerdings schon von der Präzisierung dieser sehr allgemeinen Bezeichnung ab und davon, wovor nach Auffassung des Bundesgerichtshofs der Kraftverkehr zu schützen war: vor gemeingefährlichen Angriffen oder — allgemeiner — vor räuberischen Verbrechen überhaupt. Diese Frage war bereits nach Durchsicht der Materialien offengeblieben.

(3) Statt der zu erwartenden Präzisierung des Tatbestandsmerkmals „Schutz des Kraftverkehrs" kehrt der Bundesgerichtshof ohne Begründung die Schutzrichtung um: Nicht mehr *der Kraftverkehr*, sondern

lich in der Beanspruchung des Fahrers durch die Lenkung, in der Erschwerung der Flucht oder Gegenwehr, nicht zuletzt aber auch in seiner Vereinzelung und der damit verbundenen Nichterreichbarkeit fremder Hilfe.

Aus diesem von dem Gesetz verfolgten Zweck (4) ergibt sich der Umfang seines Schutzbereiches. Die Anwendbarkeit des § 316 a StGB wird zwar ausscheiden, wenn das Fahrzeug nur als Beförderungsmittel zum Tatort benutzt wird, dieser selbst aber zu dem Verkehr als solchem keine ihm wesenseigene Beziehung hat. (5) Demgemäß weist der schriftliche Bericht des Bundestagsausschusses darauf hin, daß ein Fall, in dem ein Kraftfahrer in der Garage oder in einem Gasthaus überfallen wird, von dem Tatbestand des § 316 a StGB nicht erfaßt werden soll (Verhandlungen des Bundestags, 1. Wahlperiode, Drucksache Nr. 3774. Schriftlicher Bericht des Ausschusses für Verkehrswesen, Abschn. 2 Nr. 7). Eine andere Beurteilung ist aber geboten, wenn der für die Begehung vorgesehene Ort seiner besonderen Lage nach gerade mit den sich aus dem Kraftverkehr ergebenden Möglichkeiten und Gefahren in Beziehung steht. (6) Wird der Fahrzeugführer an eine einsame Stelle gelockt, zum Aussteigen veranlaßt und

---

eher *vor* dem Kraftverkehr und den von ihm ausgehenden Gefahren ist zu schützen. Die Urteilsformulierung jedenfalls ist widersprüchlich und hat noch nichts begründet und entschieden.

(4) Dieser jetzt bereits als bekannt vorausgesetzte Zweck ist bisher noch nicht dargelegt. Aus den bisherigen widersprüchlichen Ausführungen kann er noch nicht gefolgert werden. Eine Auseinandersetzung mit der bereits zum AutofG diskutierten und auch durch die Materialien zu § 316 a StGB und dessen systematische Einordnung bei den „Gemeingefährlichen Verbrechen und Vergehen" nahegelegte Frage, inwieweit eine Beschränkung auf gemeingefährliche Behinderung des Kraftverkehrs sinnvoll wäre, ist nicht erfolgt. Möglicherweise setzt der Bundesgerichtshof also — ungeachtet zwischenzeitlicher Einschränkungsversuche durch den Gesetzgeber — ohne weitere Begründung die Rechtsprechung zum AutofG fort.

(5) Dieser Satz ist im Ergebnis einleuchtend; jedoch enthält auch er Ungenauigkeiten. So bleibt unklar, welcher Tatort eigentlich gemeint ist: Der Tatort zur Begehung eines Deliktes nach § 316 a StGB oder §§ 249 ff. StGB? Vor allem aber ist nach der Tatbestandsfassung nicht entscheidend, ob der *Tatort* in wesenseigener Beziehung zum Verkehr steht, mag dies auch inzident durch die Fassung regelmäßig anzunehmen sein. Entscheidend ist vielmehr die Art und Weise der *Handlung,* ob diese nämlich unter Ausnutzung der besonderen Verhältnisse des Straßenverkehrs begangen ist. Wann dies aber der Fall ist, hängt nicht allein vom Zweck der Vorschrift ab. Maßgebend für den Umfang des Schutzbereiches einer Norm ist in erster Linie der Wortlaut des Tatbestandes. Dazu aber hat der BGH bisher nichts ausgeführt.

dann überfallen, so kann es nicht darauf ankommen, ob der Angriff unmittelbar neben seinem Fahrzeug oder erst in einiger Entfernung davon stattfindet. (7) Voraussetzung für die Anwendbarkeit des § 316 a StGB ist lediglich, daß die durch die *Verkehrsverhältnisse* geschaffene und ihnen wesenseigene Lage noch fortbesteht. (8) Das wird *in der Regel* (Hervorhebung von der Verf.) nicht mehr der Fall sein, wenn der Fahrer entsprechend dem Plane des Täters ein bewohntes Haus betritt (9) oder sich so

---

(6) Der letzte Satz enthält dieselben Unrichtigkeiten, die bereits festgestellt worden sind. Der einzige Unterschied ist, daß es sich hier um den daraus gefolgerten Umkehrschluß handelt. Eine Subsumtion unter das Merkmal „Ausnutzung der besonderen Verhältnisse des Straßenverkehrs" enthält er nicht.

(7) Diese Feststellung soll offenbar Folge der bisherigen Begründung sein. Jedoch fehlt ein wesentlicher Gedankenschritt. Bisher ist zwar das vermeintliche Erfordernis der „wesenseigenen Beziehung des Fahrzeugs zum Kraftverkehr" aufgestellt worden, noch fehlt jedoch jeder Hinweis darauf, *wann* im einzelnen diese Beziehung besteht und wann das Auto beispielsweise nur Transportmittel war. Oder sollte der Bundesgerichtshof sich hierzu nur streng an die zwei Beispiele aus dem schriftlichen Bericht des Verkehrsausschusses gehalten haben? So enthält diese Formulierung mehrere Behauptungen, die weder durch Auslegung von Tatbestandsmerkmalen des § 316 a StGB noch auch nur aus den vom Bundesgerichtshof aufgestellten positiven und negativen Tatbestandsvoraussetzungen unmittelbar ableitbar sind: Einmal wird vorausgesetzt, daß § 316 a StGB in jedem Fall anwendbar ist, wenn jemand an eine einsame Stelle gelockt, zum Aussteigen veranlaßt und überfallen wird. Ferner erscheint es dem Bundesgerichtshof selbstverständlich, daß auch bei einem Angriff *neben dem Auto* der Tatbestand erfüllt ist, obwohl doch gerade die an anderer Stelle aufgezählten Gefahren wie Beanspruchung durch die Lenkung und Enge des Fahrzeugs einen Aufenthalt *im Auto* voraussetzen. Darüber hinaus soll es dann ohne weiteres gleichgültig sein, ob das Opfer sich unmittelbar neben oder etwas entfernt von dem Auto befindet.

(8) Zum dritten Mal in dieser Entscheidung wird diese Behauptung aufgestellt und auch diesmal wieder, ohne daß dieses Erfordernis unmittelbar aus einem Tatbestandsmerkmal abgeleitet wird.

(9) Diese eingeschränkte Verneinung muß verwundern, nachdem im Anschluß an den Verkehrsausschuß der Überfall in einer Garage oder einem Gasthaus von der Anwendung des § 316 a StGB ausgeschlossen worden war. Es kann doch wohl keinen Unterschied machen, ob es sich um ein Gasthaus oder ein bewohntes Haus handelt und ob etwa dessen Türschwelle noch nicht — dann noch § 316 a StGB — oder schon — dann kein § 316 a StGB — überschritten ist.

weit von dem Abstellplatz entfernt, daß der räumliche Zusammenhang mit dem Fahrzeug (10) verloren geht. Bei der hier in Betracht kommenden Entfernung von nur rund 100 m kann es aber *nicht zweifelhaft* (Hervorhebung von der Verf.) sein, daß die Beziehung zum Straßenverkehr bestehen geblieben ist. (11)

Der Frage, ob das Kraftfahrzeug im Zeitpunkt der Tatausführung als noch im Betrieb befindlich im Sinne des § 7 Abs. 1 des Straßenverkehrsgesetzes anzusehen war, kommt demgegenüber keine entscheidende Bedeutung zu; sie kann daher unerörtert bleiben.

Das Schwurgericht hat somit das Verhalten des Angeklagten zutreffend als Verbrechen gegen § 316 a StGB gewertet."

---

(10) Hier wird wiederum ungenau formuliert und Fahrzeug mit Straßenverkehr gleichgesetzt.

(11) Bisher ist an keiner Stelle eine Abgrenzung zur Rechtsprechung des AutofG noch eine Begründung für deren Fortsetzung erfolgt. Das wesentliche neue Tatbestandsmerkmal „Ausnutzung der besonderen Verhältnisse des Straßenverkehrs" ist nicht mit einem Wort erwähnt, obgleich zu dessen Auslegung bisher noch keine Präjudizien vorliegen. Es ist schon nicht selbstverständlich gewesen, daß ein Angriff *neben* dem Auto den Tatbestand erfüllt; dennoch ist für den BGH das gefundene Ergebnis „nicht zweifelhaft".

Hatte man von dieser Entscheidung[93] einerseits klare Abgrenzung bzw. begründete Weiterführung der Rechtsprechung zum AutofG, andererseits daraus folgend erste grundlegende Interpretation der Merkmale des neuen Tatbestandes erwartet, wird man nach Durchsicht der Gründe enttäuscht.

Der einzige Hinweis auf das AutofG erschöpft sich in einer wenn auch nicht unrichtigen, so doch mißverständlichen Aussage. Die vom Gesetzgeber angestrebte Veränderung der Schutzrichtung des § 316 a StGB wird weitgehend außer acht gelassen. Allenfalls lassen sich Hinweise darauf den widersprüchlichen Ausführungen zum „Schutz des Kraftverkehrs" und seinen „besonderen Gefahren" entnehmen. Der Wortlaut des Tatbestandes scheint für den Bundesgerichtshof — wie übrigens schon für die Mitglieder des Rechtsausschusses[94] — nebensächlich zu sein: Die einzelnen Merkmale werden zwar anfangs wiedergegeben, spielen jedoch für die weitere Begründung keine Rolle. Es entsteht sogar der Eindruck, als würden an Stelle gerade des wichtigen Merkmals „Ausnutzung der besonderen Verhältnisse des Straßenverkehrs"

---

[93] In der Literatur finden sich zu dieser Entscheidung kaum bewertende Stellungnahmen; vgl. nur *Fränkel* in LM § 316 a StGB Nr. 1, im Ergebnis zustimmend, sowie *Jescheck* in GA 55, 97, 102. In den gängigen Kommentaren und Lehrbüchern wird sie lediglich wiedergegeben; vgl. z. B. *Jagusch* § 316 a Anm. 4; *Schönke / Schröder* § 316 a Rdn. 6; *Dreher* § 316 a Anm. 1, 1 A; *Welzel*, S. 467, 468; *Maurach* BT S. 258.

[94] Vgl. S. 37 f.

konkludent andere Formeln gesetzt. Voraussetzung der Tatbestandserfüllung ist für den Bundesgerichtshof, ob „der Tatort zu dem Verkehr als solchem eine wesenseigene Beziehung hat", zu den „sich aus dem Kraftverkehr ergebenden Möglichkeiten und Gefahren in Beziehung steht". Unter diese Formulierungen, *nicht unter das entsprechende Tatbestandsmerkmal*, subsumiert der Bundesgerichtshof[95], wobei sich allerdings diese Subsumtion in wenig plausiblen Behauptungen erschöpft.

Das Ergebnis dieser Subsumtion entspricht im übrigen der Rechtsprechung von Reichsgericht und Sondergerichten zum AutofG[96]. Nach dieser ersten Entscheidung kann man sich des Eindrucks nicht erwehren, der Bundesgerichtshof wolle diese Rechtsprechung ohne weiteres fortsetzen. Inwieweit dies allerdings wirklich der Absicht des Bundesgerichtshofs entspricht, kann nach Untersuchung einer Entscheidung noch nicht festgestellt werden. Möglicherweise vermag aber sowohl zu dieser Frage als auch zu den anderen Problemen die Untersuchung einer weiteren Entscheidung Aufschluß zu geben.

b) BGHSt 6, 82 ff. (29. April 1954)

Diese Entscheidung ist das zweite zu § 316 a StGB veröffentlichte Urteil. Möglicherweise findet sich hier die klare Abgrenzung und plausible Begründung, die in der ersten Entscheidung vermißt wurde.

„1. Der Täter nutzt die besonderen Verhältnisse des Straßenverkehrs aus, wenn er die Fortbewegung des Kraftfahrzeugs und die dadurch geschaffene Gefahrenlage dazu benutzt, Fahrer und Mitfahrer zwecks Beraubung an einer dazu geeigneten Stelle an der Weiterfahrt und damit am Entkommen zu hindern.

2. Wer ein Mietauto nimmt, um den Fahrzeugführer im Verlaufe der Fahrt zu überfallen und zu berauben, macht sich mit dem Beginn der Fahrt eines vollendeten Verbrechens nach § 316 a StGB schuldig.

Aus den Gründen:

Der arbeitslose Angeklagte, der sein letztes Geld für Vergnügungen ausgegeben hatte, faßte den Entschluß, einen Taxifahrer zu überfallen und zu berauben. Er steckte einen Knüppel zu sich und ließ sich zu diesem Zweck nach 21 Uhr von einem Kraftfahrer nach der Ortschaft O. fahren. Unterwegs gab er ihm den Namen des Bauern N. als Ziel der Fahrt an. Der Fahrer bog in den öffentlichen Feldweg ein, der zu dem Gehöft des Bauern führt. Als er den Wagen dort zum Halten gebracht hatte, schlug ihm der Angeklagte mit dem Ruf: „Du Hund, jetzt bist du dran! Ich bin ein Mörder!" mit dem Knüppel auf den Kopf. Der Fahrer setzte sich zur Wehr. Im Laufe des Handgemenges gelang es ihm, die Tür des Fahrzeugs zu öffnen und wegzulaufen.

Das Landgericht hat den Angeklagten wegen versuchten schweren Straßenraubs nach § 250 Abs. 1 Nr. 1 und 3 StGB verurteilt. Die Anwendung des am 23. Januar 1953 in Kraft getretenen § 316 a StGB hat es abgelehnt,

---

[95] So auch *Grünauer*, S. 50 f.

[96] Vgl. 2. Teil A. II.

weil der Kraftwagenführer sein Fahrzeug schon zum Stehen gebracht hatte, als er von dem Angeklagten angegriffen wurde. Hiergegen hat sich die Revision der Staatsanwaltschaft mit Erfolg gewandt.

In der Vorschrift des § 316a StGB ist anstelle des vom Kontrollrat aufgehobenen Gesetzes gegen Straßenraub mit Autofallen vom 22. Juni 1938 (RGBl. I S 651, KRG 55 Art. I Nr. 11 — ABl S 284) ein den rechtsstaatlichen Forderungen entsprechend ausgestatteter Straftatbestand zum Schutze des gesamten Straßenverkehrs gegen die in hohem Maße gemeingefährlichen Überfälle auf Kraftfahrzeuge während ihrer bestimmungsgemäßen Benutzung geschaffen worden. (1) Die Abgrenzung von den Strafdrohungen gegen Straßenraub und räuberische Erpressung (§§ 250 Nr. 3, 255 StGB) wird durch das Merkmal der „Ausnutzung der besonderen Verhältnisse des Straßenverkehrs" bestimmt. (2) Damit sollten vor allem Überfälle auf parkende Wagen, auf Kraftfahrer in der Garage oder in Gasthäusern von der Anwendung des neuen Strafgesetzes ausgeschlossen werden. (3) Das räuberische Unternehmen muß sich also — ebenso wie unter der Herrschaft des Autofallengesetzes — die Fortbewegung des Kraftfahrzeuges und die dadurch geschaffene Gefahrenlage zunutze machen, um Fahrer und Mitfahrende zum Zwecke der Beraubung an einer dazu geeigneten Stelle an der Weiterfahrt und damit am Entkommen zu hindern ... (4) Dagegen ist belanglos, ob der Überfall nach dem Plan des

---

(1) Der Bundesgerichtshof spricht damit die vom Gesetzgeber als wesentliches Kriterium der Abgrenzung gedachte Neuorientierung des Tatbestandes an. Deutlicher als in der ersten Entscheidung liegt die Betonung auf den „in hohem Maße gemeingefährlichen Überfällen". Wollte der Bundesgerichtshof dies allerdings konsequent durchführen, mußte er von der vorhergehenden Entscheidung abweichen, die eine Beschränkung auf Erfassung gemeingefährlicher Angriffe nicht einmal versucht hatte.

(2) Im Sinne der Gesetzgebungsvorstellungen wird weiterhin der Eigencharakter der neu eingefügten Norm hervorgehoben, indem deutlich gemacht wird, daß Raubtatbestände und § 316a StGB klar voneinander zu trennen sind. Auch dies war in der ersten Entscheidung nicht geschehen.

(3) Ob diese kasuistische Abgrenzung praktikabel ist, mag zweifelhaft sein. Auch der Bundesgerichtshof läßt dies offen. Jedenfalls geht die getroffene Abgrenzung über die bloße Wiederholung der im Bericht des Verkehrsausschusses aufgezählten Beispiele hinaus. Allerdings fällt auf, daß die Gemeingefährlichkeit der zu erfassenden Handlungen zur Abgrenzung nicht herangezogen wird, obwohl diese doch in der Entscheidung schon angedeutet wurde und wichtigstes Abgrenzungskriterium sein könnte.

(4) Dieser Satz ist offensichtlich als Auslegung des Merkmals „Ausnutzung der besonderen Verhältnisse des Straßenverkehrs" zu verstehen. Er ist jedoch unklar: Die Verwendung des Begriffs „räuberisches

Täters während des Fahrens, während eines vorübergehenden Haltens des Fahrzeugs auf der Fahrbahn oder nach Erreichung des Fahrtziels ausgeführt werden soll. (5) Es kommt nur darauf an, ob die durch die Fahrt geschaffene Gefahrenlage ausgenutzt werden soll. Diese Voraussetzung ist schon dann erfüllt, wenn der für die Begehung des Raubes ausersehene Ort mit den sich aus dem Betriebe des Fahrzeugs ergebenden Möglichkeiten in Zusammenhang steht (BGH, a.a.O.). (6) Da nach dem Gesetzeswortlaut der Angriff selbst nicht zur Vollendung des Verbrechens erforderlich ist, vielmehr schon das „Unternehmen", also der Versuch (§ 87 StGB) genügt, (7) ist es auch unerheblich, ob der Täter ihn überhaupt

---

Unternehmen" soll die Tathandlung des § 316 a StGB bezeichnen. Bereits in der Kommentierung der zuvor besprochenen Entscheidung ist darauf hingewiesen worden, nicht der *Raub* müsse unternommen sein, sondern der „Angriff auf Leib, Leben oder Entschlußfreiheit" i. S. von § 316 a StGB. Ob der Bundesgerichtshof hier mit dieser Formulierung dem gleichen Mißverständnis erlegen ist, kann nicht eindeutig festgestellt werden. Jedenfalls aber fehlt eine ausdrückliche und präzise Trennung beider Tatbestände.

Nicht klar ist weiterhin, woraus die getroffene Folgerung hergeleitet wird. Der unmittelbare Anschluß an die vorhergehende negative Abgrenzung läßt einen aus ihr folgenden Umkehrschluß vermuten. Dieser jedoch würde bei unkritischer weiterer Verwendung zu unrichtigen Ergebnissen führen. Denn die negative Abgrenzung war nicht vollständig: Nicht alle Sachverhalte, die sie nicht erfaßt, die aber dennoch mit dem Auto zu tun haben, können unter § 316 a StGB subsumiert werden.

(5) Dieser Satz ist nur verständlich, wenn einerseits mit dem „räuberischen Unternehmen" der Angriff i. S. des § 316 a StGB, andererseits mit „Überfall" die nachfolgende Raubhandlung gemeint ist. Andernfalls zeigte sich wieder die unzulässige Verknüpfung von Raubtatbeständen und § 316 a StGB. Außerdem widerspräche die Aussage der vorherigen, wonach es gerade auf die *Fortbewegung* des Fahrzeugs ankommen soll.

(6) Einmal liegt hier wiederum eine Gleichsetzung von „Begehung des Raubes" und „Angriff auf Leib, Leben und Entschlußfreiheit" vor. Zum anderen wird das Schwergewicht — ähnlich wie in der ersten Entscheidung — von den besonderen Gefahren des Straßenverkehrs weg auf die durch die Fahrt geschaffenen Gefahren, auf den Tatort und allgemein die sich „aus dem Betriebe des Fahrzeugs ergebenden Möglichkeiten" verschoben. Ein Hinweis auf festgestellte oder wenigstens für diese und ähnliche Fälle zu vermutende Gemeingefährlichkeit fehlt entgegen den ersten Begründungsansätzen.

(7) Der Bundesgerichtshof versucht an dieser Stelle die Frage nach dem Beginn der Strafbarkeit zu beantworten. Dies ist besonders

ausführt oder zu welchem Zeitpunkt und an welcher Stelle der Fahrt er seinen Entschluß in die Tat umsetzt. (8) Wer ein Mietauto nimmt, um den Fahrer im Verlauf der Fahrt zu überfallen und zu berauben, macht sich mit dem Beginn der Fahrt schon eines vollendeten Verbrechens nach § 316 a StGB schuldig. (9) Er hat alsdann nicht bloß eine straflose Vorbereitungshandlung begangen; (10) denn die Gefahr des Raubüberfalles ist dem Opfer in diesem Falle so unmittelbar nahegerückt, daß der im § 316 a StGB zum selbständigen Verbrechen erhobene Versuchstatbestand schon verwirklicht ist. (11) Wenn der Täter den Angriff, entgegen seinem

---

schwierig, da der Tatbestand die Begriffe „Unternehmen“ und „Angriff“ enthält, mithin zu klären ist, *wann* das Unternehmen eines Angriffs vorliegt. Beim Unternehmen steht der Versuch der Vollendung gleich (§ 46 a StGB), formell kann daher bereits eine Vollendung des Tatbestandes bejaht werden, wenn materiell erst eine Versuchshandlung festzustellen ist. Ein Angriff ist nun seinerseits bereits dann formell vollendet, wenn der Täter zu ihm unmittelbar ansetzt, der *Erfolg* jedoch noch *nicht* eingetreten ist. Der durch die Verwendung des Begriffs „Unternehmen“ zugleich strafbare *Versuch eines Angriffs* verlangt also die Feststellung, wann das unmittelbare Ansetzen zur Tat „versucht“ wurde. Es handelt sich also — überspitzt formuliert — um die Feststellung des Beginns der Ausführung eines Beginns der Ausführung . . .!

(8) Der Bundesgerichtshof folgert aus der Kombination von „Angriff“ und „Versuch“ bzw. „Unternehmen“ ohne weiteres, daß es allein auf den *Entschluß* zur Tat ankomme. Daß Versuch den „Beginn der Ausführung“ voraussetzt, wird nicht erwähnt; die aufgezeigten dogmatischen Schwierigkeiten sind — jedenfalls in den Urteilsgründen — nicht berücksichtigt.

(9) Dieses Ergebnis entspricht der Rechtsprechung zum AutofG. Bereits für weitgehend noch als Planung zu bezeichnende Tatabschnitte wird ein Versuch — formelle Vollendung — angenommen. War zu Beginn der Entscheidung noch betont worden, der neue Tatbestand schütze vor *besonders gemeingefährlichen* Handlungen, so wird im Widerspruch dazu jetzt eine Handlungsweise als Verstoß gegen § 316 a StGB gewertet, die nach außen nur schwer als verbrecherisch zu erkennen ist und für deren weitere geplante Durchführung bisher nur festgestellt ist, daß dabei das Fahrzeug zu irgendeinem Zeitpunkt einmal fortbewegt wird oder sich fortbewegen soll. Vollends unklar wird dies, wenn man dazu die Feststellung der zuvor analysierten Entscheidung nimmt, daß es regelmäßig nicht ausreiche, wenn das Auto nur als Transportmittel benutzt wird.

(10) Dies festzustellen ist nach Bejahung eines Versuchs überflüssig.

(11) Mit dieser Formulierung wird die Versuchslehre zur Begründung herangezogen. Wieder ist dem Bundesgerichtshof die schon mehr-

ursprünglichen Plan, nicht ausführt, kann ihm allenfalls Straffreiheit oder Strafmilderung nach Abs. 2 gewährt werden (Floegel / Hartung, a.a.O., S. 785 f.; Müller 17. Aufl. Anhang: Verkehrssicherungsgesetz zu § 316 a StGB; Dalcke, a.a.O., Anm. 2, 7, 8; vgl. RGSt 73, 71, 73; (12) Rietzsch bei Pfundtner / Neubert, Das Deutsche Reichsrecht, II c 6, S. 118 f., DJ 1938, 1995 Nr. 3 zum Autofallengesetz). (13)

Der Angeklagte hatte, nach der Überzeugung des Landgerichts schon als er hinten im Wagen Platz nahm, den Vorsatz, den Fahrer an geeigneter Stelle zu überfallen und ihm sein Geld wegzunehmen. Mit dieser Absicht ließ er den Kraftwagenführer nach O. fahren und in den Weg zum Gehöft des Bauern N. einbiegen. Damit hatte er die Straftat des § 316 a StGB schon vollendet, bevor der Wagen auf dem dunklen Nebenweg zum Stehen gebracht war und der Angeklagte zur Ausführung des Angriffs überging. Daß er sich der Ausnutzung der besonderen Verhältnisse des Straßenverkehrs von Anfang an bewußt war, also sämtliche Tatbestandsmerkmale vorsätzlich verwirklicht hat, ergibt deutlich der festgestellte Sachverhalt. Der Schuldspruch konnte deshalb entsprechend ergänzt werden.

Die Entscheidung entspricht dem Antrage des Oberbundesanwalts.

---

fach festgestellte unzulässige Vermengung von Raubtatbeständen und § 316 a StGB unterlaufen. Der Bundesgerichtshof geht als selbstverständlich davon aus, daß § 316 a StGB als Versuchstatbestand des Raubes anzusehen ist, obwohl anfänglich Abgrenzung zum Raub versucht wurde.

(12) Durch dieses Zitat wird noch einmal deutlich, daß das vom Bundesgerichtshof gefundene Ergebnis der Rechtsprechung zum AutofG entspricht. Durch den Hinweis auf die Entscheidung des Reichsgerichts macht der Bundesgerichtshof klar, daß er die Auslegung zum AutofG übernehmen will. Daß das AutofG und die dazu ergangene Rechtsprechung vom Gesetzgeber des § 316 a StGB als nationalsozialistisch und rechtsstaatswidrig angesehen wurde, hätte eine Begründung dafür erwarten lassen, warum dennoch in diesem Fall darauf zurückgegriffen wurde. Zudem ist gerade in der Frage der Abgrenzung von straflosem zu strafbarem Bereich diese Reichsgerichtsentscheidung — wie bereits dargelegt — auch gegenüber der sonstigen Rechtsprechung besonders weitgehend.

(13) Für diese beiden letzten Zitate gilt das gleiche wie für die kommentarlose Heranziehung der Reichsgerichtsentscheidung.

Mit dieser Entscheidung[97] hat der Bundesgerichtshof die in dem ersten Urteil enthaltene Auslegung aufgenommen und weitergeführt.

[97] Diese Entscheidung ist hinsichtlich der Auslegung zum Beginn der Strafbarkeit in der Literatur mehrfach als zu weitgehend kritisiert worden; vgl. *Jescheck* in GA 55, 97, 102; ders. in GA 56, 97, 104; *Niese*, S. 664; *Maurach* BT, S. 259; *Welzel*, S. 467; *Mezger / Blei* BT § 78 d II 2; *Kohlrausch / Lange* § 316 a Anm. III.

Dies läßt darauf schließen, daß sich hier bereits gefestigte Rechtsprechung bildet[98], die bisher im wesentlichen mit der Rechtsprechung zum AutofG übereinstimmt[99].

Allerdings übernimmt vor allem die zweite Entscheidung ausdrücklich die Vorstellungen des Gesetzgebers über das neue Rechtsgut „Straßenverkehr" und über die Gemeingefährlichkeit der zu erfassenden Handlungen. Neben diesen Übereinstimmungen mit dem Gesetzgeber zeigen sich jedoch sogleich dieselben Unklarheiten und Widersprüche, wie sie für die Gesetzesmaterialien aufgezeigt wurden[100]: Bei der Subsumtion des Sachverhaltes nämlich kommt es auf Gemeingefährlichkeit nicht mehr an. Sie wird für den konkreten Fall weder festgestellt noch als ausnahmsweise entbehrlich erörtert. Die Vernachlässigung der neuen Schutzrichtung bei der Anwendung auf den Einzelfall zeigt sich auch in der fast selbstverständlichen Vermengung und Verwechslung von Raubhandlung und des „Angriffs auf Leib, Leben oder Entschlußfreiheit".

Dies läßt vermuten, daß für die festgestellten Mängel nicht allein der Bundesgerichtshof die Verantwortung trägt. Vielmehr weist dies auch darauf hin, daß der Tatbestand selbst eine Neuorientierung, exakte Abgrenzung zu anderen Tatbeständen und eine sinnvolle Auslegung erschwert[101]. War aus diesen Gründen bereits bei Durchsicht der Gesetzesmaterialien bezweifelt worden, ob der neue Tatbestand die erstrebte klare Abgrenzung ermöglichen könnte, so wurde dieser Eindruck durch beide Entscheidungen des Bundesgerichtshofs bestätigt.

Bisher also kann für den neuen § 316 a StGB sinnvolle Integration in das Tatbestandssystem des Strafgesetzbuches nicht festgestellt werden.

2. Die ältere Rechtsprechung

a) Höchstrichterliche Judikatur bis zum Jahre 1968

Die in den ersten beiden Entscheidungen verfolgte Rechtsprechung führte der Bundesgerichtshof in der weiteren Judikatur fort. Der gerade im zweiten Urteil noch hervorgehobene Schutz des Kraftver-

---

[98] Dies zeigt sich auch darin, daß Kommentare und Lehrbücher weitgehend bedenkenlos die von der Rechtsprechung entwickelten Formulierungen übernehmen; vgl. 2. Teil B. Fn. 93 sowie Fn. 97.

[99] So insbes. zur Versuchsrechtsprechung *Welzel,* S. 467; auch *Dreher* § 316 a Anm. 1, der zur Kommentierung des § 316 a StGB ohne weiteres auch die zum AutofG ergangene Entscheidung RGSt 73, 71 ff. heranzieht; *Rusam,* S. 13 ff., 37.

[100] Vgl. S. 41 ff., 44 f., 46 f.

[101] So auch *Grünauer,* S. 44 ff., 51; *Rusam,* S. 68 ff.; ferner *Fränkel; Maurach* BT, S. 257.

kehrs vor *gemeingefährlichen* Überfällen wird allerdings nicht einmal mehr erwähnt. Der Tatbestand wird vielmehr wieder als Norm zum Schutz vor *räuberischen*[102] Überfällen angesehen.

In einer Beziehung wird sogar der Anwendungsbereich des § 316 a StGB gegenüber dem AutofG erweitert: Dieses erfaßte nur solche Angriffe, die von Beifahrern oder Außenstehenden auf das Kraftfahrzeug und dessen Fahrer verübt wurden[103]. Der Bundesgerichtshof jedoch subsumiert unter § 316 a StGB auch Fälle, in denen der *Fahrer* des Wagens die besonderen Verhältnisse des Straßenverkehrs zu einem Angriff auf Mitfahrer ausnützt[104]. Diese Rechtsprechung macht besonders deutlich, daß es auf die Gefährdung des Straßenverkehrs und seiner Teilnehmer vor gemeingefährlichen Angriffen nicht ankommt. Der Fahrer des Wagens wird nämlich im eigenen Interesse einen Angriff nur dann durchführen, wenn für ihn selbst und sein Fahrzeug keine Gefahr droht. Dann aber können auch die übrigen Verkehrsteilnehmer kaum gefährdet sein[105].

Im übrigen aber weicht die Rechtsprechung nicht wesentlich von den ersten beiden Entscheidungen des Bundesgerichtshofs ab. Als „besondere Verhältnisse des Straßenverkehrs“ wurden z. B. angesehen: Trennung vom Schutz der Rechtsgemeinschaft[106], Fortbewegung des Kraftfahrzeuges, die schnelles Verbringen des Opfers an einen einsamen Ort ermöglicht[107], Erschwerung von Gegenwehr und Flucht infolge der Enge und der besonderen Sitzanordnung im Auto[108], Möglichkeit, mit Hilfe des Fahrzeugs unerkannt zu entkommen[109, 110]. Diese Aufzählung

---

102 So ausdrücklich BGH VRS 7, 125, 127; vgl. aber auch BGHSt 13, 27 ff.; 14, 386 ff.; 15, 322 ff.; 18, 170 ff.; 19, 191 f.; VRS 21, 206 ff.; 29, 198 f.; NJW 1964, 1630.

103 Vgl. RGSt 73, 71, 72 f.

104 Grundlegend BGHSt 13, 27, 28 ff.; vgl. auch BGHSt 15, 322, 323 f.; kritisch dazu vgl. *Grünauer*, S. 42 ff.; *Beyer*, Auslegung, S. 873; zustimmend wohl *Geier* in LM § 316 a StGB Nr. 7/8; *Krumme* in LM § 316 a StGB Nr. 6.

105 Vgl. z. B. *Beyer*, Auslegung, S. 873; BGH VRS 7, 125, 127.

106 So BGHSt 13, 27, 30 mit Anmerkung *Krumme* in LM § 316 a StGB Nr. 6; ähnlich BGHSt 15, 322, 324 mit Anmerkung *Geier* in LM § 316 a StGB Nr. 7/8.

107 BGHSt 13, 27, 30; 15, 322, 324 f.; auch BGHSt 18, 170, 172 f. mit Anmerkung *Geier* in LM § 316 a StGB Nr. 9; sinngemäß BGHSt 19, 191, 192 mit Anmerkung *Willms* in LM § 316 a StGB Nr. 11; BGH VRS 7, 125, 127; 29, 198, 199.

108 BGHSt 15, 322, 324; BGH VRS 7, 125, 127; infolge der Inanspruchnahme durch die Lenkung: BGH VRS 29, 198, 199; vgl. auch BGHSt 18, 170, 173.

109 BGHSt 13, 27, 31; 18, 170, 172; 19, 191, 192.

110 Die Literatur begnügt sich weitgehend damit, diese von der Rechtsprechung anstelle allgemeingültiger Kriterien entwickelten Formulierungen zu übernehmen; vgl. z. B. *Müller* § 316 a, S. 469; *Lütkes* § 316 a Anm. 2; *Schönke / Schröder* § 316 a Rdn. 6; *Jagusch* § 316 a Anm. 4; *Dreher* § 316 a

zeigt, daß es nicht darauf ankommt, ob von außen her auf Fahrer oder Beifahrer eingewirkt wird; in allen diesen Fällen hatte sich vielmehr der Täter mit dem Opfer zusammen im gleichen Wagen befunden. Nur in zwei Fällen hatten die Täter *von außen* versucht, einen PKW zum Halten zu veranlassen[111].

Auch ist gleichgültig, ob der Angriff noch während der Fortbewegung des Kraftfahrzeuges durchgeführt wird oder ob der Wagen bereits abgestellt ist[112]. Auf die in der Beratung des Tatbestandes vermutete Gefährlichkeit von Angriffen im fahrenden Wagen kommt es nicht an; ein Handeln des Täters während der Fahrt wird für wenig wahrscheinlich gehalten[113].

Die Frage nach dem Beginn der Strafbarkeit, die zum ersten Mal in der analysierten Entscheidung im 6. Bande behandelt worden war[114], wurde in den folgenden Entscheidungen im gleichen Sinne beantwortet[115]. Die Grenze der Strafbarkeit wird sogar noch weiter vorverlegt. War in BGHSt 6, 82 ff. ausgeführt worden, mit *Beginn der Fahrt* mache sich der Täter bei entsprechendem Plan eines Verbrechens nach § 316 a StGB schuldig, so heißt es in einer späteren Entscheidung[116] im Leitsatz[117]:

„Nimmt der Täter in einem an einem Parkplatz für Mietautos stehenden Kraftwagen (Taxe) Platz und gibt dem Fahrer ein Fahrtziel an mit dem Willen, diesen zum sofortigen Abfahren zu veranlassen und alsdann während der Fahrt an geeigneter Stelle zu überfallen und zu berauben, so verwirklicht er den Tatbestand des § 316 a StGB."

Begründet wird dies unter anderem so:

„Ein solches ... Gesamtverhalten stellte einen unmittelbaren Angriff auf das geschützte Rechtsgut dar, so daß es dadurch bereits ernstlich gefährdet und die nach dem Gesamtplan unmittelbar sich anschließende Herbeiführung des Enderfolges nahegerückt war. Es kann daher nicht darauf an-

---

Anm. A; *Lackner / Maassen* § 316 a Anm. 3 b; *Maurach* BT, S. 258; vgl. dazu auch *Grünauer*, S. 50 f.; *Fränkel* in LM § 316 a StGB Nr. 1.
StGB Nr. 1.

111 Einmal, indem sie auf die Fahrbahn traten und den Fahrer mit einer Pistole bedrohten: BGH GA 1965, 150; in dem anderen Fall, indem sie einen Unfall vortäuschten: BGHSt 10, 320 ff. mit zustimmender Anmerkung *Busch* in LM § 316 a StGB Nr. 5.

112 *Im* stehenden Wagen: BGHSt 15, 322 ff.; 18, 170 ff.; BGH VRS 7, 125 ff.; 21, 206 ff.; BGH NJW 1964, 1630; *neben* dem Fahrzeug: BGHSt 13, 27 ff.

113 VRS 7, 125, 127.

114 BGHSt 6, 82, 84; vgl. Text und Analyse, S. 53 ff.; zum Beginn der Strafbarkeit vgl. S. 54 ff.

115 BGHSt 18, 170, 173; BGH VRS 7, 125, 127 f.; 21, 206, 208; BGH JZ 1957, 226 f.; zum untauglichen Versuch vgl. BGH GA 1965, 150; zu den Voraussetzungen des Rücktritts nach § 316 a Abs. 2 StGB vgl. BGH VRS 21, 206 ff.

116 BGH JZ 1957, 226 f.

117 BGH JZ 1957, 226.

kommen, ob der Motor der Taxe angelassen oder ob der Beförderungsvertrag nach bürgerlich-rechtlichen Gesichtspunkten rechtswirksam abgeschlossen war[118], [119]."

b) *Kursorische Analyse zweier Entscheidungen*

In dieser Rechtsprechung bilden zwei Entscheidungen eine Zäsur, die die bisherige Auslegung teilweise einschränken und zurücknehmen. Sie sollen deshalb in ihren wesentlichen Aussagen wiedergegeben und kurz kommentiert werden.

aa) BGHSt 22, 114 ff. (9. April 1968)

„Ein Raubüberfall, der zwar planmäßig an einsamer Stelle, jedoch, nach längerem Fußmarsch, weit ab vom allgemeinen Straßenverkehr ausgeführt wird, ist kein Autostraßenraub, selbst wenn der Täter das Opfer im Kraftwagen fortgelockt hatte und sich in diesem nach vollbrachter Tat in Sicherheit bringt (teilweise abweichend von BGHSt 18, 170, 173).
Gründe:

I. Der Angeklagte Z. und der Mitverurteilte G., die nicht wußten, was sie mit ihrer Freizeit anfangen sollten, kamen bei einem Besuch der Stuttgarter Altstadt nach Alkoholgenuß überein, jemanden unter einem Vorwand mit dem Wagen des Angeklagten an einen abgelegenen Ort zu fahren, ihn von dort aus in die Weinberge zu locken und ihn, notfalls mit Gewalt, „auszunehmen". So geschah es denn auch. Vor einer Wirtschaft sprachen sie den Zimmermann S. an. Sie sagten ihm, sie wüßten in der Umgebung der Stadt noch andere Lokale, wo es nicht so teuer sei und wohin sie ihn mitnehmen könnten. Sie würden ihn später wieder zurückfahren. Durch diese Vorspiegelungen brachten sie S. dazu, mitzufahren. Nach rund 10 km Fahrt verließen die drei an einer für den allgemeinen Fahrzeugverkehr gesperrten Wegabzweigung den Wagen. Sie gingen noch etwa 750 m zu Fuß auf einem einsamen Feldweg in den Weinbergen weiter. Dort überfielen die Angeklagten ihren Begleiter und nötigten ihn durch Schläge und drohende Haltung, seinen Geldbeutel und seine Uhr herzugeben. Dann ließen sie ihn weitergehen, wobei sie ihm unter Drohungen verboten, ihnen zu folgen. Sie selbst kehrten unterdessen zu dem abgestellten Wagen zurück und fuhren davon.

Das Landgericht hat die Angeklagten wegen Autostraßenraubs in Tateinheit mit schwerer räuberischer Erpressung und gefährlicher Körperverletzung unter Anwendung des § 51 Abs. 2 StGB zu je drei Jahren Zuchthaus verurteilt.

Hiergegen hat der Angeklagte mit der Sachbeschwerde Revision eingelegt.

---

[118] BGH JZ 1957, 226.

[119] Zustimmend BGHSt 18, 170, 173; BGH VRS 21, 206, 208; aus der Literatur vgl. zustimmend bzw. kommentarlos *Jagusch* § 316 a Anm. 5; *F. Müller* § 316 a, S. 469; *Lütkes* § 316 a Anm. 3; *Werner* in LK, 8. Aufl., § 316 a Anm. II; *Schönke / Schröder* § 316 a Rdn. 3; *Dalcke* § 316 a Anm. 7; *Dreher* § 316 a Anm. 1 C; *Lackner / Maassen* § 316 a Anm. 4; zur Kritik an dieser Rechtsprechung vgl. Nachweise, S. 57 Fn. 97; ferner *Grünauer*, S. 32 ff.

Das Rechtsmittel hat zum Teil Erfolg.

II. Zum Schuldspruch aus § 316 a Abs. 1 StGB ...

1. ...

2. Legt man diese Maßstäbe zugrunde, so ergibt sich, daß das Landgericht die Grenzen der Anwendbarkeit des § 316 a StGB überdehnt hat. Schon die genannte Entscheidung des Senats BGHSt 5, 282 ging weit, insofern sie bei einer Entfernung von immerhin 100 m die Beziehung zum Straßenverkehr noch als fortbestehend angesehen hat. Nach den Feststellungen im vorliegenden Fall war der Kraftwagen nicht einmal das Transportmittel zum Tatort, sondern nur zu dem *Haltepunkt*, von dem aus plangemäß *erst nach längerem Fußmarsch* die *Stelle des Überfalls* in den Weinbergen erreicht wurde. Die besondere Einsamkeit des vom Abstellplatz weit entfernten Tatorts war keine Gefahrenlage mehr, die „dem fließenden Straßenverkehr eigentümlich ist und gerade deshalb so für Teilnehmer am Kraftfahrzeugverkehr entsteht" (BGHSt 18, 171). Mit anderen Worten: die Tat stand nicht mehr „in *naher* Beziehung zur Benutzung des Fahrzeugs als *Verkehrsmittel*" (BGHSt 19, 192 unter Bezugnahme auf Schönke / Schröder, 13. Aufl., § 316 a Rdn. 6). Der räumliche Zusammenhang zu dem in ziemlicher Entfernung zurückgelassenen Fahrzeug war unterbrochen. Eine andere Auffassung würde zu einer ausdehnenden Auslegung des § 316 a Abs. 1 StGB führen, die, zumal angesichts der sehr hohen Strafdrohung dieser Vorschrift, nicht vertretbar erscheint. Es ist dabei auch zu berücksichtigen, daß der Autostraßenraub letztlich zu den *Verkehrs*-Straftaten gehört (vgl. die Einordnung des entsprechenden § 348 des Entwurfs 1962 und S. 534 der Begründung)."

Erstmals wird hier vor extensiver Auslegung gewarnt. Vorsichtig distanziert sich der Bundesgerichtshof von der ersten Entscheidung im 5. Bande[120]: War es damals *nicht zweifelhaft* gewesen, bei einer Entfernung von *nur* rund 100 m vom Fahrzeug noch § 316 a StGB anzunehmen, so wird jetzt die gleiche Entscheidung als sehr weitgehend bezeichnet: die Entfernung habe *immerhin* 100 m betragen.

Auffallen muß auch, daß wieder an die gesetzgeberischen Vorstellungen angeknüpft wird und daraus sogar für die Auslegung Konsequenzen gezogen werden: Die nur für besonders schwere Fälle gedachte hohe Strafdrohung hatte bisher keinerlei Indizwert für eine eventuell notwendige Tatbestandsbeschränkung gehabt[121]. Auch die systematische Zugehörigkeit zu den Verkehrs-Straftaten war in den Hintergrund getreten.

„Allerdings hat der Senat in BGHSt 18, 170 (Leitsatz Nr. 1, letzter Satz) und S. 173 — übrigens im Anschluß an einen Gedanken in BGHSt 13, 27, 31 — ausgesprochen, es könne auch eine Ausnutzung der besonderen Ver-

[120] BGHSt 5, 280 ff.; vgl. Text und Analyse 2. Teil B. II. 1. a).

[121] Nur einmal findet sich in einer früheren Entscheidung ein Hinweis dafür, daß für den zu beurteilenden Fall die Strafdrohung zu hoch erscheine; vgl. BGHSt 15, 322, 325; zur Heranziehung der Strafdrohung für die Auslegung, insbesondere der Höhe der Strafdrohung zur Beschränkung der Anwendung vgl. z. B. BGHSt 17, 280, 288 zu § 176 Abs. 1 Nr. 3 StGB; BGHSt 22, 178, 179 zu § 236 StGB a. F.

hältnisse des Straßenverkehrs sein, wenn der Täter mit Hilfe des Fahrzeugs unerkannt entkommen will. Diese Formulierungen sind, wie der 5. Strafsenat in BGHSt 19, 191, 192 zutreffend bemerkt, aus der speziellen Gestaltung des dort entschiedenen Falls zu erklären. In der Allgemeinheit des Leitsatzes, losgelöst von der Sachlage des damaligen Falls, hält der Senat an dieser Ansicht nicht fest, gegen die übrigens der 2. Strafsenat (Urt. vom 13. Januar 1965 — 2 StR 539/64) Bedenken geäußert hat. Das Vorhaben, nach dem Überfall den Wagen als Fluchtmittel zu benutzen, kann allenfalls als zusätzlicher Gesichtspunkt verwendet werden, z. B. wenn das Fahrzeug in geringer Entfernung abfahrbereit steht (BGH Urt. vom 10. Mai 1963 — 4 StR 115/63) oder gar einer der Tatbeteiligten seinen Wagen *am Tatort* für die alsbaldige Flucht des Haupttäters bereit hält (BGHSt 13, 31). So war der Sachverhalt hier jedoch nicht. Vielmehr hatten die Täter nach dem Überfall dieselbe lange Strecke zu dem abgestellten Fahrzeug zurückzulegen, die sie vorher zum Tatort gegangen waren, und der Fahrer mußte den Wagen erst wieder in Gang setzen. Es fehlte also auch insoweit an der nahen Beziehung zum Straßenverkehr."

Auch hier zeigt sich deutlich die Tendenz, die Grenzen dessen, was unter das Merkmal „Ausnutzung der besonderen Verhältnisse des Straßenverkehrs" subsumiert werden kann, enger zu fassen. Die Möglichkeit, bereits wegen § 316 a StGB zu verurteilen, wenn ein Kraftfahrzeug zur Flucht benutzt werden soll, hätte den Anwendungsbereich der Vorschrift sehr erweitert. Diese Entwicklung hat der Bundesgerichtshof mit der vorliegenden Entscheidung unterbrochen[122].

bb) BGH NJW 1969, 1679 (8. Juli 1969)

In einer weiteren veröffentlichten Entscheidung wird diese restriktive Rechtsprechung fortgesetzt. Hier zweifelt der Bundesgerichtshof zusätzlich sogar an, ob die „Enge des Fahrzeugs" als solche bereits die Annahme von Autostraßenraub rechtfertigt[123]. Das Gericht läßt die Frage unbeantwortet, da eine Behinderung des Opfers durch die Enge des Wagens nicht festgestellt werden konnte[124]. Weiterhin führt der Bundesgerichtshof aus:

„Schließlich macht der Umstand allein, daß der Gegenstand des Raubes ein auf der Straße haltendes Kraftfahrzeug ist, die Tat noch nicht zum Autostraßenraub . . ."

---

[122] Zustimmend vgl. *Hübner* in LM § 316 a StGB Nr. 12; *Roth-Stielow*, S. 304; im übrigen wird auch diese Entscheidung in Kommentaren und Lehrbüchern kritiklos wiedergegeben; vgl. Nachweise 2. Teil B. Fn. 110.

[123] In einer sehr viel früheren, jedoch unveröffentlichten Entscheidung war dies auch bereits kritisiert worden, vgl. BGH Urt. v. 13. 1. 1965 — 2 StR 539/64; der BGH hatte die Frage offengelassen, da bereits andere Gründe zu einer Verurteilung nach § 316 a StGB ausreichten.

[124] Obwohl das Opfer zur Zeit des Angriffs gerade erst im Begriff stand, den PKW zu verlassen!

3. Die neuere Rechtsprechung

Bei der weiteren Untersuchung der Rechtsprechung ist zu berücksichtigen, daß im Dezember 1971 durch das 11. StrÄG die Strafdrohung des § 316 a StGB eine Änderung erfahren hat: Die Mindeststrafe von 5 Jahren kann nunmehr bei minder schweren Fällen bis auf 1 Jahr Freiheitsstrafe gesenkt werden[125].

a) *Rechtsprechungsentwicklung bis zum 11. StÄG*

Hätte der Bundesgerichtshof die in den beiden zuletzt besprochenen Entscheidungen begonnene restriktive Rechtsprechung fortgesetzt und auch weiterhin den Straßenverkehrscharakter der Norm und die sehr hohe Strafdrohung bei der Auslegung beachtet, so hätte dies zu einer Einschränkung des Anwendungsbereichs des § 316 a StGB führen können. Jedoch haben diese beiden Entscheidungen auf die weitere Rechtsprechung nur begrenzte Auswirkung gehabt.

Vor allem hat der Hinweis, § 316 a StGB sei letztlich ein Straßenverkehrsdelikt, in den weiteren Entscheidungen des Bundesgerichtshofs keine Beachtung mehr gefunden und demgemäß auch nicht zu einer Änderung des Anwendungsbereichs der Vorschrift geführt. Zwar hat ein Landgericht[126] entsprechende Tatbestandsbeschränkung versucht. Jedoch ist dieses Urteil vom Bundesgerichtshof unter Heranziehung der seit BGHSt 5, 280 ff. entwickelten Rechtsprechung aufgehoben worden. In dieser Entscheidung wird noch einmal die gesamte bisherige Rechtsprechung zusammengefaßt und bestätigt. Es wird hier auch noch einmal besonders deutlich, daß sich der Tatbestand immer mehr von einem Straßenverkehrsdelikt hin zu einem Raubtatbestand entwickelt[127]. So führt der Bundesgerichtshof beispielsweise aus:

> „Daß auch andere, nicht am Kraftfahrzeugverkehr beteiligte Personen, wie die von dem LG beispielsweise angeführten Fußgänger, in eine gleiche Lage kommen können, ändert daran nichts. Der Autostraßenraub hat insoweit gegenüber dem Raub und der räuberischen Erpressung, deren Begehung er dient, eine eigene tatbestandliche Ausgestaltung erfahren ...[128, 129]."

[125] Vgl. 2. Teil B. I. 3. b).

[126] Möglicherweise mehrere; jedoch ist — mangels Veröffentlichungen — nur diese nachzuweisen; vgl. bei BGH NJW 1971, 765 f.

[127] Kritisch zu dieser Entscheidung sowie zu der bisherigen Rechtsprechung *Beyer*, Auslegung, S. 872 f.; der der Entscheidung des Landgerichts zustimmt; ohne Stellungnahme zumeist Kommentare und Lehrbücher, vgl. Nachweise Fn. 110.

[128] BGH NJW 1971, 765, 766 l. Sp.

[129] Die übrigen Entscheidungen gehen von der bisherigen Rechtsprechung als selbstverständlich aus und entscheiden jeweils zu Randproblemen; vgl. BGHSt 24, 173 ff.: zum Strafmaß; 24, 198 ff.: Berücksichtigung von Vorstrafen; BGH VRS 35, 442: zur inneren Tatseite; ebenso VRS 40, 39 f.; vgl. auch Zusammenstellung bei BGHSt 24, 173, 176 f.

Größere Bedeutung hat für die Rechtsprechung die hohe Strafdrohung erlangt. Allerdings führte dies kaum noch dazu, aus diesem Grunde den Tatbestand restriktiv auszulegen[130]. Vielmehr hatte der Bundesgerichtshof sich mehrfach auseinanderzusetzen mit Versuchen der Untergerichte oder der Verteidigung, die Auswirkungen der hohen Strafdrohung auf andere Weise als mittels Tatbestandsauslegung[131] zu vermeiden. Vor allem wurde geltend gemacht, die hohe Strafdrohung des § 316 a StGB sei verfassungswidrig[132]. Der Bundesgerichtshof hielt die damalige Mindeststrafe des § 316 a StGB mit dem Grundgesetz und der Menschenrechtskonvention für vereinbar[133], da der Gesetzgeber sich noch innerhalb des ihm von der Verfassung gegebenen Ermessensspielraums gehalten habe[134]. Jedoch hat der Bundesgerichtshof zugleich deutlich gemacht, daß er eine diesbezügliche Gesetzesänderung ebenfalls für wünschenswert hält[135]. In einem anderen Fall hatte das Landgericht[136] — um an der unteren Grenze des Strafrahmens bleiben zu

[130] Vgl. nur noch BGH VRS 40, 39, 40; vgl. ferner *Beyer*, Auslegung, S. 873 sowie ders. in NJW 1971, 2034.

[131] Das der Entscheidung BGH NJW 1971, 765 f. zugrunde liegende erstinstanzliche Urteil (vgl. S. 64) hatte eine Verurteilung wegen räuberischer Erpressung zu einem Jahr und sechs Monaten enthalten. Die versuchte restriktive Auslegung hatte also offensichtlich allein das Ziel, die Strafdrohung des § 316 a StGB von fünf Jahren Freiheitsstrafe auf diese Weise umgehen zu können. Vgl. dazu auch *Beyer*, Auslegung, S. 872 f.

[132] So vor allem durch die Revision des Angeklagten, die zu der Entscheidung BGHSt 24, 173 ff. führte. Die Verteidigung hatte offensichtlich sogar den Antrag gestellt, die Sache dem BVerfG vorzulegen. Dieser Antrag war zwar von der Strafkammer zurückgewiesen worden, jedoch hatte das Gericht selbst in den Gründen ausgeführt, daß „die Strafe hier nach den Vorstellungen der Kammer nicht angemessen ist ..."; zit. nach BGHSt 24, 173, 174; vgl. dazu auch *Beyer* in einer Anmerkung zu dieser Entscheidung in NJW 1971, 2034; auch in der zitierten Entscheidung des Landgerichts, die BGH NJW 1971, 765 f. zugrundelag, war zur Begründung auf das „Übermaßverbot" hingewiesen worden; vgl. BGH NJW 1971, 766.

[133] Obwohl generell die Möglichkeit zugegeben wird, daß eine Strafdrohung gegen das Grundgesetz verstoßen kann, vgl. BGHSt 24, 173, 175 m. w. Nachw.; Verfassungswidrigkeit der bisherigen Strafdrohung des § 316 a wird vermutet von *Th. Raiser*, S. 663; vgl. dazu die kritische Entgegnung von *Seibert*, Entgegnung, S. 749.

[134] Unter anderem weist der BGH auch darauf hin, der Gesetzgeber habe die Mindeststrafe ausdrücklich bestätigt, indem § 316 a redaktionell an das 1. und 2. StrRG angepaßt wurde, ohne daß zugleich eine Änderung der Strafdrohung erfolgte. In den Materialien dagegen heißt es hierzu, man habe bei den entsprechenden Normen nicht jeweils die gesamte Tatbestandsformulierung in das Reformgesetz aufgenommen, damit nicht der Eindruck entstünde, man habe die Tatbestände durch diese weitgehend redaktionellen Änderungen *mitgebilligt;* vgl. Sonderausschuß 1969, 129. Sitzung, S. 2617.

[135] BGHSt 24; 173, 176; dieser Standpunkt wird auch — vor dem 11. StÄG — vielfach in der Literatur vertreten; vgl. *Seibert*, Autostraßenraub, S. 781; *Beyer*, Auslegung, S. 873; ders. in NJW 1971, 2034; *Tröndle* in GA 1962, 225, 243; *Grünauer*, S. 114 ff.; *Rusam*, S. 87 f.; *Maurach* BT, S. 259.

[136] LG Köln bei BGHSt 24, 198 ff.; vgl. zur Entscheidung des BGH die kritische Anmerkung von *Maurach* in JZ 1972, 130 ff.

können — Vorstrafen des Angeklagten unbeachtet gelassen. Der Bundesgerichtshof hielt dies aus prinzipiellen Erwägungen für unzulässig[137].

b) Die Rechtsprechung nach dem 11. StÄG

Da das 11. StÄG ausschließlich eine Milderung der Strafdrohung zur Folge hatte, war für die Auslegung des Tatbestandes von dieser Änderung nicht viel zu erwarten. Diese Annahme wird von den nach dem 16. 12. 1971 ergangenen BGH-Entscheidungen bestätigt[138]. In einer Entscheidung nur wirkt die frühere hohe Mindeststrafe nach: Der Bundesgerichtshof hob gemäß § 354 a StPO eine vor dem 11. StÄG gegen einen heranwachsenden Täter verhängte Jugendstrafe mit Rücksicht auf das inzwischen geltende mildere Recht auf[139].

4. Zusammenfassung und Ergebnis

Die Untersuchung der Rechtsprechung hat ergeben, daß der Bundesgerichtshof weitgehend an die Entscheidungen des Reichsgerichts und der Sondergerichte zum AutofG anknüpft und diese Rechtsprechung fortführt. Das Ziel des Gesetzgebers, den Raubtatbestand AutofG in einen Straßenverkehrsgefährdungstatbestand § 316 a StGB umzugestalten, ist nicht erreicht worden[140]. Der Bundesgerichtshof ist sogar noch über diese Rechtsprechung hinausgegangen: Auch der Fahrer eines Kraftwagens kann Täter eines Verbrechens gemäß § 316 a StGB sein[141].

Diese Ausgestaltung des § 316 a StGB beruht auf der Interpretation des Tatbestandsmerkmals „Ausnutzung der besonderen Verhältnisse des Straßenverkehrs". Die Rechtsprechung stützt sich hauptsächlich

---

[137] In der Literatur wird auf weitere von den Landgerichten praktizierte Möglichkeiten hingewiesen, die Mindeststrafe zu unterschreiten: vgl. *Beyer*, Auslegung, S. 873: großzügige Anwendung von § 51 Abs. 2 StGB, u. U. gegen das Gutachten des Sachverständigen; Verhängung der Mindeststrafe, jedoch in den Urteilsgründen Empfehlung, den Angeklagten nach einer festgesetzten Zeit der Strafverbüßung zu begnadigen; zu dem Versuch der Erleichterung des Gnadenerweises durch die Gründe einer BGH-Entscheidung vgl. *Seibert*, Autostraßenraub; im Sonderausschuß wird großzügige Anwendung von § 316 a Abs. 2 StGB (Rücktritt) vermutet; vgl. Sonderausschuß 1971, 51. Sitzung, S. 1585; vgl. auch *Maurach*, S. 130 f.

[138] Vgl. BGHSt 24, 284 ff.: Leitsatz, S. 284: „§ 316 a StGB setzt im Falle der Raubalternative beim Täter die Absicht voraus, die Beute sich selbst zuzueignen." BGHSt 24, 320 ff.: Leitsatz, S. 320: „Der Raub eines Kraftwagens auf der Straße ist nicht stets nach § 316 a StGB strafbar." Beide Entscheidungen lassen allenfalls eine *Tendenz* zu restriktiver Auslegung erkennen. Vgl. ferner BGH MDR 1974, 679 f.

[139] BGH NJW 1972, 693; vgl. auch *Beyer*, Verkehrsstrafsachen, S. 161, der auf drei weitere unveröffentlichte Entscheidungen hinweist, durch die aus dem gleichen Grund der Strafausspruch aufgehoben wurde.

[140] Vgl. S. 52 f., 57 f., 58 ff., 64 ff.

[141] Vgl. S. 59.

auf die beiden ersten hierzu ergangenen Entscheidungen des Bundesgerichtshofs, die erste wichtige Grundlagen entwickelt hatten. Eine Analyse dieser Urteile hat allerdings ergeben, daß die Gründe beider Entscheidungen widersprüchlich und unklar sind. Plausible Begründung konnte ihnen nicht entnommen werden[142].

In Fortsetzung dieser ersten Rechtsprechung bemühten sich auch die weiteren Entscheidungen nicht mehr um eine Begründung. Sie beschränkten sich im wesentlichen darauf, neue vom Straßenverkehr ausgehende „Gefahrenlagen" zu formulieren. Unter die „aufgestellte Kasuistik", nicht unter das Merkmal „Ausnutzung der besonderen Verhältnisse des Straßenverkehrs" wurde dann subsumiert[143]. Der Versuch, den ursprünglich der Norm vom Gesetzgeber beigelegten Straßenverkehrscharakter mehr zur Geltung zu bringen[144], blieb folgenlos[145].

Auch die Rechtsprechung zu der Frage, *wann* das „Unternehmen" i. S. des § 316 a StGB begonnen hat, gab Anlaß zu Kritik. Wie bereits die Rechtsprechung zum AutofG so hat auch der Bundesgerichtshof den Beginn der Strafbarkeit weit vorverlegt. In den zu entscheidenden Fällen hatte der Täter noch keine nach außen hin als verbrecherisch zu erkennende Handlung durchgeführt; diese sollte erst einige Zeit später erfolgen[146].

Darüber hinaus hat die Durchsicht der Rechtsprechung deutlich gemacht, daß — jedenfalls bis zum 11. StÄG — Landgerichte, aber auch der Bundesgerichtshof die Mindeststrafe von fünf Jahren für viele Sachverhalte als unangemessen hoch ansahen. Das führte in der Praxis der Landgerichte zu vielfältigen Versuchen, die eindeutige Rechtsfolge zu umgehen[147]. *Maurach* spricht von einem „permanenten Aufstand" der Gerichte[148].

Die vom Gesetzgeber mit der Tatbestandsfassung angestrebten Ziele sind von der Rechtsprechung nicht erreicht worden. Die Problematik des Rechtsgutes, der hohen Strafdrohung und der Häufung subjektiver Tatbestandselemente zeigt sich gerade nach Analyse der Rechtsprechung besonders deutlich. Die durch den Bundesgerichtshof jeweils gefundene Lösung kann weder in der Begründung noch im Ergebnis überzeugen.

---

[142] Vgl. Analysen 2. Teil B. II. 1. a), 2. Teil B. II. 1. b).

[143] Vgl. 2. Teil B. II. 2. a).

[144] Vgl. 2. Teil B. II. 2. b).

[145] Vgl. 2. Teil B. II. 3.

[146] Vgl. S. 53 ff., . . .

[147] Vgl. S. 64 ff.

[148] *Maurach*, S. 131.

Es ist zu vermuten, daß die Ursachen hierfür nicht nur in der widersprüchlichen und unklaren Auslegung durch den Bundesgerichtshof liegen, sondern zugleich in der Tatbestandsfassung des § 316 a StGB begründet sind, die bereits nach Durchsicht der Gesetzesmaterialien sinnvolle Integration ins Strafgesetzbuch als fraglich erscheinen ließ[149].

III. Raub (§§ 249 ff. StGB), räuberischer Angriff auf Kraftfahrer (§ 316 a StGB) und „Bereiten von Hindernissen" (§ 315 b Abs. 3 i. V. mit § 315 Abs. 3 Ziff. 2 StGB)

Ein weiteres Problem ist im Verlaufe der Rechtsprechungsuntersuchung bedeutsam geworden. Durch die fortwährende Verknüpfung von Raubtatbeständen und § 316 a StGB ist der Eindruck einer engen tatbestandlichen Zusammengehörigkeit der Deliktsgruppen entstanden[150]. Das Verhältnis beider Vorschriften zueinander, Kongruenz und Inkongruenz des durch sie erfaßten strafbaren Verhaltens, bedarf daher kurzer Untersuchung.

In diesem Zusammenhang kann vorab festgestellt werden, daß bei Durchführung des räuberischen Angriffs auf Kraftfahrer in den allermeisten Fällen zugleich das qualifizierende Merkmal des § 250 Abs. 1 Ziff. 3 StGB: „auf einem öffentlichen Weg, einer Straße ... oder einem öffentlichen Platz" vorliegt. Eine Ausnutzung der besonderen Verhältnisse des *Straßenverkehrs* wird nämlich in aller Regel nur auf öffentlichen Straßen möglich sein, zumal es für § 250 Abs. 1 Ziff. 3 StGB nicht auf die Widmung im öffentlich-rechtlichen Sinne, sondern nur auf die *tatsächliche Benutzungsart* ankommt[151]. Auch das an den Weg bzw. an die Straße unmittelbar angrenzende Gelände unterfällt noch dieser Qualifizierung des Raubes[152]. In den Fällen, in denen der Autostraßenraub in geringem Abstand von der Straße oder auf Feldwegen begangen wird, ist somit § 250 Abs. 1 Ziff. 3 StGB zu bejahen. Die weiteren Untersuchungen können daher, soweit sie den Raub betreffen, auf den Vergleich von § 316 a StGB und Straßenraub bzw. räuberische Erpressung auf öffentlichem Wege beschränkt werden.

---

[149] Vgl. 2. Teil B. I. 1. c).

[150] Bereits im Rechtsausschuß war kurz die Frage gestellt worden, ob nicht die allgemeinen Raubvorschriften ausreichten; vgl. *Weber*, Rechtsausschuß, S. 12; man hatte aber damals auf die allgemeine Verkehrsgefährdung hingewiesen, die von den zu erfassenden Handlungen ausgehe; vgl. Rechtsausschuß, S. 12.

[151] Herrschende Rechtsprechung; vgl. z. B. RGSt 21, 370 ff.; BGHSt 4, 188, 189; 13, 12 f.; 14, 383, 384 ff.; 17, 159 ff.; vgl. z. B. auch *Baldus* in LK § 250 Rdn. 9; *Schönke / Schröder* § 250 Rdn. 5 a.

[152] BGHSt 14, 383, 384 ff.; NJW 1956, 1807; GA 1961, 277; ebenso auf Parkwegen, auch wenn für ihr Betreten eine Gebühr verlangt wird, vgl. BGHSt 22, 209, 211 ff.; vgl. auch *Baldus* in LK § 250 Rdn. 9; *Schönke / Schröder* § 250 Rdn. 5 a.

1. Abgrenzung der Tathandlungen nach der höchstrichterlichen Rechtsprechung

Tatbestandsmäßige Handlung des § 316 a StGB ist „Angriff auf Leib, Leben oder Entschlußfreiheit", Tathandlung des Raubes[153] „Gewalt gegen eine Person oder Anwendung von Drohungen mit gegenwärtiger Gefahr für Leib oder Leben".

„Angriff auf Leib oder Leben" erfüllt zugleich das Merkmal „*Gewalt* gegen eine Person".

Soweit der Angriff auf die Entschlußfreiheit durch *Drohungen* mit gegenwärtiger Gefahr für Leib oder Leben durchgeführt wird, decken sich auch diese Merkmale. Verwendet der Täter diese Mittel, liegt in der Regel versuchter Raub vor.

Die Fallkonstellation, daß zunächst mit Gewalt ein Angriff auf Leib oder Leben bzw. mittels Drohung auf die Entschlußfreiheit durchgeführt wird, ohne daß hieran unmittelbar die räuberische Wegnahme anschließt, kann als konstruiert und wenig lebensnah ausscheiden. Selbst in diesem Fall aber wäre die Angriffshandlung des § 316 a StGB zugleich *Versuchs*handlung zum Raub.

Ob sich die Tathandlungen des § 316 a StGB und des Straßenraubes auch dann decken, wenn der Angriff auf die Entschlußfreiheit durch *Täuschung* des Opfers begangen wird, ist schwieriger zu entscheiden. Diese Frage wird vor allem in den Fällen relevant, in denen Fahrer oder Beifahrer unter einem Vorwand an einsame zur Raubhandlung ausersehene Stellen gelockt werden. Hier liegt ein Angriff i. S. von § 316 a StGB nach der Rechtsprechung des Bundesgerichtshofs bereits zu dem Zeitpunkt vor, in dem der Handelnde alles getan hat, um das Opfer zu wunschgemäßer Reaktion zu veranlassen[154], konkret also bereits dann, wenn der Täter im Auto Platz genommen hat, spätestens aber bei Fahrtbeginn.

Ob diese Handlungen zugleich auch als Versuch des Raubes angesehen werden können, ist zweifelhaft. Zu berücksichtigen ist, daß Beginn der Strafbarkeit bejaht werden müßte, bevor äußerlich der Plan des Täters als verbrecherisch zu erkennen ist[155]. Andererseits ist jedoch auch beim Raub vermittels der subjektiven Versuchstheorie der Strafbarkeitsbereich weit ausgedehnt worden[156]. So sind Scheinverhandlun-

---

[153] Bzw. § 255 i. V. mit § 250 Abs. 1 Ziff. 3 StGB; der Einfachheit halber soll im folgenden nur § 249 bzw. § 250 StGB zitiert werden; § 255 StGB ist jedoch immer mitgemeint.

[154] Vgl. besonders BGHSt 6, 82, 84; JZ 1957, 22 f.

[155] Vgl. dazu Darstellung, S. 54 ff., 60 f.

[156] Vgl. zu dieser Rechtsprechung kritisch z. B. *Maurach* BT, S. 252 f.; auch *Welzel,* S. 360; *Baldus* in LK § 249 Rdn. 18; *Kohlrausch / Lange* § 249 Anm. V; *Mezger,* S. 514 f.

gen mit dem Opfer, um anschließend zu Drohungen überzugehen[157], bereits als Versuch gewertet worden; ferner das Klingeln an der verschlossenen Wohnungstür, um unter falschem Vorwand Einlaß zu erhalten[158]. Versuch ist sogar angenommen worden, wenn der Täter angriffsbereit am Tatort lauert, wo das Opfer nach seiner Berechnung zu diesem Zeitpunkt eintreffen muß, auch wenn dieses nicht erscheint[159].

Begründet wird dies im Anschluß an die allgemeine Versuchsrechtsprechung damit, daß das Opfer bereits — jedenfalls nach der Vorstellung des Täters — unmittelbar gefährdet gewesen sei; allerdings wird vorausgesetzt, daß im Anschluß an die jeweilige Handlung sogleich die weitere Ausführung der Tat erstrebt wird[160].

Nun ist ein genauer Vergleich dieser für beide Tatbestände gesondert aufgezeigten Rechtsprechung nicht möglich: Es hängt zu sehr vom jeweiligen Einzelfall ab, ob bereits ein Versuch anzunehmen ist oder nicht. Grundsätzlich zeigt die Gegenüberstellung jedoch, daß die Bejahung des § 316 a StGB auch bei einem Angriff auf die Entschlußfreiheit mittels Täuschung gleichzeitig Versuch des Raubes impliziert. Allenfalls kann in dem Zeitraum, in dem der Täter sich in Raubabsicht durch das arglose Opfer an eine einsame Stelle fahren läßt oder auch das Opfer selbst fährt, eine *Vorbereitungshandlung zum Raub* bejaht werden[161]. In den meisten Fällen wird aber auch hier — unter Zugrundelegung der subjektiven Theorie — bereits *Versuch des Raubes* anzunehmen sein, denn das Opfer ist in der Regel ebenso gefährdet wie etwa bei Scheinverhandlungen oder bei Gesprächen durch die verschlossene Tür[162].

---

[157] RGSt 69, 327 ff.

[158] OLG Frankfurt HESt 2, 306 ff.

[159] BGH NJW 1952, 514 f. mit kritischer Anmerkung von *Mezger* in NJW 1952, 514 f.; etwas einschränkend BGH NJW 1954, 567.

[160] Vgl. aus der Versuchsrechtsprechung des Bundesgerichtshofs z. B. BGHSt 1, 115 ff.; 2, 380, 381; 6, 98 ff.; 6, 302 ff.; 7, 291 ff.; 9, 62 ff.; zum Raub z. B. RGSt 69, 327, 328 f.; BGH NJW 1952, 514, 515; 1954, 567; OLG Frankfurt HESt 2, 306, 307 f.; vgl. z. B. auch die Übersicht über die Rechtsprechung von Reichsgericht und Bundesgerichtshof sowie die Literatur zur Abgrenzung des Versuchs von der Vorbereitung bei *Schönke / Schröder* § 43 Rdn. 6 ff.; *Maurach* AT, S. 495 ff.; jeweils m. w. Nachw.

[161] So findet sich in der Literatur verschiedentlich der Hinweis, § 316 a StGB diene vor allem zur Erfassung von *Vorbereitungs*handlungen; vgl. *Dalcke* § 316 a Anm. 2, 8; *Lackner / Maassen* § 316 a Anm. 2; *Mezger / Blei* BT, S. 266; vgl. ferner *Jagusch* § 316 a Anm. 5, 8; diese Ansicht wurde auch in der Großen Strafrechtskommission vertreten; vgl. Niederschriften IX, S. 366.

[162] Ebenso vor allem *Rusam,* S. 31 ff. mit ausführlicher Darstellung; auch *Grünauer,* S. 120 f.; vgl. ferner *Welzel,* S. 467; *Schönke / Schröder* § 316 a Rdn. 15.

Nicht berücksichtigt sind bei der bisherigen Untersuchung die Sachverhalte, bei denen mittels *mechanischer Hindernisse* (Drahtseile, Baumstämme) „Leib, Leben oder Entschlußfreiheit" angegriffen werden. Zu welchem Zeitpunkt hier bereits Beginn der Ausführung des „Angriffs" vorliegt, ist in der Rechtsprechung bislang nicht entschieden worden.

Legt man die Literaturmeinung zugrunde, die den Strafbarkeitsbereich am weitesten vorverlegt, so ist § 316 a StGB bereits beim „ersten Spatenstich zur Autogrube"[163] verwirklicht. Diese Ansicht erscheint allerdings allzu weitgehend, da eine unmittelbare Gefährdung eines Verkehrsteilnehmers zu diesem Zeitpunkt objektiv nach der Sachlage wie subjektiv nach dem Täterplan noch nicht eintreten kann[164]. Sowie jedoch das Hindernis errichtet, also etwa das Seil über die Straße gespannt ist, müßte unter Berücksichtigung der Versuchsrechtsprechung des Bundesgerichtshofes bereits eine Angriffshandlung angenommen werden[165]. Der Täter also, der neben dem gespannten Seil, dem über die Straße gelegten Baumstamm Kraftfahrern auflauert, kann ebenso wegen versuchten Raubes belangt werden wie der Täter, der vergeblich mit einer Pfeffertüte auf sein Opfer wartet. Soweit man allerdings — darin *Dreher* folgend — den Beginn der Strafbarkeit solcher Handlungen noch weiter vorverlegt, liegen lediglich *Vorbereitungshandlungen zum Raub* (aber Vollendung des § 316 a StGB) vor.

Hier liegt ein wesentlicher Unterschied zu den zuvor untersuchten Fällen der *„psychischen Fallen"*. Während mittels List durchgeführte Vorbereitungshandlungen ohne § 316 a StGB straflos wären, greift für die beschriebenen Sachverhalte der *„mechanischen Fallen"* neben § 316 a StGB auch dann ein weiterer Tatbestand ein, wenn der Raub noch nicht versucht ist: Bis zum 2. StVSichG[166] § 315 a Abs. 1 Ziff. 1 StGB, danach § 315 b Abs. 3 i. V. mit § 315 Abs. 3 Ziff. 2 StGB[167, 168].

---

[163] *Dreher* § 316 a Anm. 1 C; ebenso im Ergebnis wohl — wenn auch mißverständlich — *Jagusch* § 316 a Anm. 5.

[164] Vgl. *Grünauer*, S. 37 ff.; ferner *Rusam*, S. 36 f.

[165] Zutreffend vor allem *Grünauer*, S. 37 ff.; vgl. ferner *Arndt / Guelde* § 316 a Anm. 3 a; *Lackner / Maassen* § 316 a Anm. 4; *Floegel / Hartung* bis zur 16. Aufl. § 316 a Anm. 6; nicht eindeutig *Jagusch* § 316 a Anm. 5.

[166] Zweites Gesetz zur Sicherung des Straßenverkehrs vom 26. 11. 1964, BGBl. I, S. 921.

[167] In der Begründung der Neueinführung dieser Norm fehlt jedoch jeder Hinweis auf das Verhältnis zu § 316 a; vgl. Begründung des Entwurfs eines Zweiten Gesetzes zur Sicherung des Straßenverkehrs, Bundestags-Drucksache IV/651, S. 24 ff.; vgl. auch *Hartung* mit Wiedergabe weiterer Materialien sowie eigenen Anmerkungen.

[168] Zum Verhältnis von § 315 a Abs. 1 Ziff. 1 StGB a. F. bzw. § 315 b Abs. 3 i. V. mit § 315 Abs. 3 Ziff. 2 StGB vgl. *Rusam*, S. 67 f.; *Grünauer*, S. 124.

Ohne Einfügung des § 316 a StGB würde eine *tatbestandliche* Lücke mithin nur für die Fälle bestehen, in denen eine „psychische Falle" noch nicht so weit vorbereitet ist, daß bereits Versuch des Raubes vorliegt. Insoweit erfaßt § 316 a StGB auch Vorbereitungshandlungen zum Raub. Diese werden ebenfalls erfaßt, soweit die Verwendung mechanischer Hindernisse zwar schon nach § 316 a StGB, nicht jedoch nach §§ 249, 250 Abs. 1 Ziff. 3 i. V. mit § 43 StGB strafbar ist. Jedoch greift dann zugleich § 315 b Abs. 3 i. V. mit § 315 Abs. 3 Ziff. 2 StGB ein.

2. Unternehmen und Versuch

Im Gegensatz zu den Raubtatbeständen ist § 316 a StGB als *Unternehmensdelikt* ausgestaltet. Hieraus resultieren für beide Tatbestände in zweierlei Hinsicht unterschiedliche Folgen:

(1) Für §§ 249, 250 StGB kann gemäß § 44 StGB bei Vorliegen eines Versuchs die Strafe gemildert werden. Bei § 316 a StGB dagegen ist dies gemäß § 46 a StGB ausgeschlossen, da der Versuch bereits als Vollendung zu behandeln ist[169].

So wird durch § 316 a StGB gegenüber den §§ 249, 250 StGB bei *gleicher Strafdrohung* eine *Strafverschärfung* herbeigeführt. Ist nämlich die Versuchshandlung eines Raubes zugleich als Autostraßenraub i. S. von § 316 a StGB zu bewerten, so ist die ohne § 316 a StGB mögliche Strafmilderung ausgeschlossen.

(2) Gemäß § 46 StGB bleibt der Täter bei freiwilligem Rücktritt von einem Raubversuch straffrei. Für § 316 a StGB dagegen ist durch den Unternehmenscharakter der Norm die Anwendung von § 46 StGB ausgeschlossen[170].

---

[169] Daß § 46 a StGB bzw. § 87 StGB a. F. die Möglichkeit der Strafmilderung gemäß § 44 StGB ausschließt, entspricht einhelliger Meinung; vgl. *Schröder*, Unternehmensdelikte, S. 459; *Jescheck* § 26 II 7; *Kohlrausch / Lange* § 87 Anm. III 1; *Schönke / Schröder* § 46 a Rdn. 3, die jedoch bei der Strafzumessung berücksichtigen wollen, daß die Tat nicht zur Vollendung gelangt ist; vgl. auch die kritische Untersuchung von *Burkhardt*, der jedoch hinsichtlich des Ausschlusses von § 44 weitgehend mit der herrschenden Ansicht übereinstimmt, vor allem S. 357 f.

[170] Der Ausschluß von § 46 StGB entspricht herrschender Lehre; vgl. *Maurach* AT, S. 526; *Jescheck* § 26 II 7; *Schmidhäuser*, S. 512; *Schönke / Schröder* § 46 a Rdn. 6; *Schröder*, Unternehmensdelikte, S. 462 f.; anders *Kohlrausch / Lange* § 46 Anm. IV 1, die § 46 nur dann nicht anwenden wollen, wenn gesetzliche Sonderregelungen eingreifen; für § 316 a ergibt sich aus dieser Ansicht jedoch wegen der Sonderregelung in § 316 a Abs. 2 StGB keine Änderung; vgl. jedoch entsprechend der herrschenden Ansicht *Kohlrausch / Lange* § 87 Anm. III 2; kritisch ferner *Burkhardt*, S. 357 f.; die Ansicht, die die in §§ 81, 82, 316 a Abs. 2 enthaltenen Sonderregelungen analog auf alle anderen Unternehmensdelikte anwenden will, hat für § 316 a Abs. 1 wegen der in Abs. 2 enthaltenen besonderen Regelung keine Bedeutung; vgl. zu dieser Ansicht z. B. *Schröder*, Unternehmensdelikte, S. 462 f.; *Burkhardt*, S. 357 f.; *Jescheck* § 51 V 3.

Die fehlende Rücktrittsmöglichkeit versuchte man bei § 316 a StGB dadurch auszugleichen, daß man in Abs. 2 eine Vorschrift über die tätige Reue aufnahm[171]. Jedoch ist diese Sonderregelung in der Wirkung geringer als der nach allgemeinen Vorschriften mögliche Rücktritt vom Versuch: § 316 a Abs. 2 StGB sieht nur *fakultativ* Strafmilderung bzw. Straffreiheit vor; die Anwendung des § 46 StGB hat dagegen zwingend Straffreiheit zur Folge.

Zudem ist der Anwendungsbereich des § 316 a *Abs. 2* StGB beschränkt. Der Bundesgerichtshof[172] nämlich versteht — in Übereinstimmung mit der herrschenden Meinung in der Literatur[173] — unter dem gemäß § 316 a Abs. 2 StGB abzuwendenden Erfolg den *Angriff, der bereits zu einer Einwirkung auf Leib, Leben oder Entschlußfreiheit geführt hat.* Nur in der kurzen Frist, bis das Opfer wunschgemäß auf den listigen Angriff reagiert hat, kann der Täter sich noch Straffreiheit verschaffen. Zu einem Zeitpunkt, in dem der Täter noch vom versuchten *Raub* zurücktreten kann, ist diese Möglichkeit bei § 316 a StGB ausgeschlossen.

Diese Diskrepanz vermeidet eine Mindermeinung, die unter Erfolg i. S. von § 316 a Abs. 2 StGB die *Durchführung des geplanten Raubes bzw. der räuberischen Erpressung* versteht[174]. Jedoch spricht gegen diese Ansicht der eindeutige Gesetzeswortlaut. Die Ausführung des Raubes nämlich gehört nicht zu den objektiven Merkmalen des § 316 a Abs. 1 StGB, Tatbestandshandlung ist vielmehr allein der in Raubabsicht verübte Angriff auf Leib, Leben oder Entschlußfreiheit. Mit dessen Abschluß muß der Erfolg als eingetreten gelten[175].

So bedeutet § 316 a StGB in dieser Hinsicht eine Strafverschärfung für jeden Täter, der zwar noch gemäß § 46 StGB von der begonnenen Raubhandlung, nicht mehr jedoch von § 316 a StGB zurücktreten kann. Diese besondere Folge des § 316 a StGB erfaßt einen nicht geringen Handlungsabschnitt, da von der ersten listigen Einwirkung auf das

---

[171] Vgl. Text der bis zum 1. und 2. StrRG geltenden alten Fassung, S. 35 f.; Text der neuen an das 1. und 2. StrRG angepaßten Fassung, S. 45 f.

[172] BGHSt 10, 320, 322 f.; VRS 21, 206, 207 ff.

[173] *Busch* in LM § 316 a StGB Nr. 5; *Maurach* BT, S. 260; *Jagusch* § 316 a StGB Anm. 9; *Kohlrausch / Lange* § 316 a Anm. V; *Lackner / Maassen* § 316 a Anm. 6; *Dreher* § 316 a Anm. 2 B b; vgl. auch *Grünauer,* S. 126 ff.; *Rusam,* S. 44 ff.

[174] *Schönke / Schröder* § 316 a Rdn. 11; *Mezger / Blei* BT, S. 268; auch die Vertreter der herrschenden Meinung finden diese Ansicht teilweise aus kriminalpolitischen Gründen wünschenswert, jedoch mit dem Gesetzeswortlaut nicht vereinbar; vgl. *Maurach* BT, S. 260; *Rusam,* S. 44 ff., insbes. 46 f.; *Grünauer,* S. 128.

[175] Vgl. ebenso die Begründung bei Busch in LM § 316 a StGB Nr. 5; *Maurach* BT, S. 260; *Grünauer,* S. 128; *Rusam,* S. 47 ff.

Opfer noch längere Zeit vergehen kann, bis der Täter — etwa nach längerer Fahrt an einsamer Stelle angekommen — schließlich die Raubhandlung durchführt. Ein freiwilliges Aufgeben des einmal gefaßten Planes ist dann für § 316 a StGB unerheblich.

3. Vergleich der Rechtsfolgen

Beim Vergleich der Rechtsfolgen ist zu berücksichtigen, daß der Strafrahmen des § 316 a StGB durch das 11. StÄG gemildert wurde[176]. Es ist daher getrennte Darstellung für die Rechtslage vor und nach dem 11. StÄG erforderlich.

Der Vergleich erstreckt sich einmal auf die Strafdrohung des § 250 Abs. 1 Ziff. 3 StGB. Zum anderen wird § 315 a Abs. 1 Ziff. 1 a. F. bzw. § 315 b Abs. 3 i. V. mit § 315 Abs. 3 Ziff. 2 StGB in die Untersuchung einbezogen.

a) Strafrahmen vor dem 11. StÄG

Bis zu diesem Zeitpunkt sah § 316 a StGB eine Mindeststrafe von 5 Jahren Freiheitsstrafe vor[177], die außer bei Bejahung der Voraussetzungen von § 51 Abs. 2 StGB, § 316 a Abs. 2 StGB und § 49 StGB nicht unterschritten werden konnte. Für besonders schwere Fälle war als Sonderregelung lebenslange Freiheitsstrafe vorgesehen.

Darin liegt gegenüber § 315 b Abs. 3 i. V. mit § 315 Abs. 3 Ziff. 2 StGB eine erhebliche Strafverschärfung. Diese Vorschrift sieht einen Strafrahmen von 1 Jahr bis zu 10 Jahren, in minder schweren Fällen von 6 Monaten bis zu fünf Jahren Freiheitsstrafe[178] vor. Erst recht bestand eine Strafverschärfung gegenüber der bis zum 2. StVSichG allein anwendbaren Vorschrift des § 315 a Abs. 1 Ziff. 1 a. F. StGB (Hindernisse bereiten); hier war die Straffolge Gefängnis (§ 315 a Abs. 1 StGB), in besonders schweren Fällen Zuchthaus bis zu 10 Jahren (§ 315 a Abs. 3 a. F. StGB).

Aber auch im Verhältnis zu § 250 Abs. 1 Ziff. 3 StGB wird durch § 316 a StGB eine nicht unerhebliche Strafverschärfung bewirkt. Zwar beträgt bei beiden Normen der Grundstrafrahmen 5 Jahre Freiheitsstrafe. Soweit neben § 316 a StGB ein vollendeter Straßenraub vorliegt,

---

[176] Vgl. 2. Teil B. I. 3. b).

[177] Bzw. bis zum 1. und 2. StrRG Zuchthaus; im folgenden soll begrifflich von der neuen Fassung ausgegangen werden, da sachliche Änderung gegenüber der früheren Fassung des § 316 a hierdurch nicht bewirkt wurde; vgl. 2. Teil B. Fn. 80.

[178] Bis zum 1. und 2. StrRG Zuchthaus bis zu 10 Jahren bzw. Gefängnis nicht unter sechs Monaten.

ist die Rechtsfolge also grundsätzlich gleich. Jedoch sieht § 250 Abs. 2 StGB bei Vorliegen mildernder Umstände eine Freiheitsstrafe von nur einem Jahr bis zu fünf Jahren[179] vor, während bei § 316 a StGB eine entsprechende Milderungsmöglichkeit bis zum 11. StÄG fehlte. Selbst gegenüber vollendetem Straßenraub also bewirkte § 316 a a. F. StGB insoweit eine Strafverschärfung. Dies wird besonders deutlich, wenn eine Handlung gemäß § 316 a StGB nur als versuchter Straßenraub oder gar erst als Vorbereitungshandlung zum Raub bewertet werden kann. Ist für den versuchten Raub gemäß § 44 StGB eine Milderung auf ein Viertel der Mindeststrafdrohung möglich oder — für die Vorbereitungshandlung — noch keinerlei Strafe verwirkt, so sind in § 316 a StGB von den aufgezeigten Ausnahmen abgesehen auch hierfür mindestens fünf Jahre Freiheitsstrafe verwirkt.

b) Strafrahmen nach dem 11. StÄG

*Durch das 11. StÄG ist nunmehr bei § 316 a StGB wie beim Straßen*raub für minder schwere Fälle eine Freiheitsstrafe nicht unter einem Jahr vorgesehen.

Dies ändert wenig daran, daß gegenüber § 315 b Abs. 3 i. V. mit § 315 Abs. 3 Ziff. 2 StGB[180] eine erhebliche Strafverschärfung bewirkt wird. Der Unterschied zu den Strafdrohungen des Straßenraubs ist jedoch geringer: Liegt neben § 316 a StGB zugleich *vollendeter* Straßenraub vor, so bewirkt § 316 a StGB keinerlei Änderung, die Strafrahmen sind nunmehr — abgesehen von der Regelung für besonders schwere Fälle in § 316 a StGB — gleich. Nur gegenüber räuberischen Vorbereitungshandlungen ist noch eine Verschärfung festzustellen, denn für § 316 a StGB bleibt als Folge des Unternehmenscharakters der Norm § 44 StGB weiterhin ausgeschlossen.

4. Zusammenfassung und Ergebnis

Die vergleichende Untersuchung hat folgendes ergeben:

(1) Tatbestandlich hat § 316 a StGB gegenüber §§ 249, 250 StGB kaum eigene Funktion. Lediglich soweit *Vorbereitungshandlungen zum Raub* erfaßt werden, füllt der Tatbestand eine Lücke aus. Sofern allerdings diese Vorbereitungshandlungen darin bestehen, ein mechanisches Hindernis zu bereiten, greift zugleich § 315 b Abs. 3 i. V. mit § 315 Abs. 3 Ziff. 2 StGB bzw. bis zum 2. StVSichG § 315 a. F. ein.

---

[179] Bis zum 1. und 2. StrRG Gefängnis nicht unter 1 Jahr.

[180] § 315 a Abs. 1 Ziff. 1 a. F. StGB kann nunmehr außer Betracht bleiben.

(2) Eine Besonderheit besteht in dem *Unternehmenscharakter* der Norm. Abweichend von § 250 StGB ist bei § 316 a StGB gemäß § 46 a StGB Strafmilderung oder strafbefreiender Rücktritt — abgesehen von der begrenzten Möglichkeit des § 316 a Abs. 2 StGB — bei Annahme eines Versuchs ausgeschlossen.

(3) Bis zum 11. StÄG bewirkte § 316 a StGB sowohl gegenüber vollendetem als auch gegenüber versuchtem Raub eine erhebliche *Strafverschärfung*. Seit dem 11. StÄG besteht gegenüber vollendetem Raub keinerlei Abweichung mehr. Eine Strafverschärfung wird nur noch gegenüber versuchtem Straßenraub bewirkt. Sowohl vor als nach dem 11. StÄG wird die Strafe gegenüber § 315 a a. F. StGB bzw. § 315 b Abs. 3 i. V. mit § 315 Abs. 3 Ziff. 2 StGB erheblich verschärft.

(4) Nach allem kann die Bedeutung des § 316 a StGB nicht darin liegen, bisher straflose aber für strafwürdig gehaltene Sachverhalte zu erfassen[181]. Eigene Funktionen kann der Tatbestand — jedenfalls in seiner Ausprägung durch die Rechtsprechung — nur im Bereich der Rechtsfolgen haben. Diese könnten in einer *Hervorhebung* auch nach bisherigem Recht strafbarer Handlungen durch eine schwere Strafe liegen. Hierzu soll später Stellung genommen werden.

IV. Empirische Daten

Die bisherige Untersuchung von Gesetzgebung und Rechtsprechung zu § 316 a StGB hat nicht plausibel machen können, ob überhaupt und inwieweit der 1953 eingefügte Tatbestand zusätzlich zu den bisherigen Normen notwendig ist.

In den Materialien zu Gesetzgebung und Strafrechtsreform wird der Tatbestand mit besonderer Gefährlichkeit der sich im Straßenverkehr ereignenden Verbrechen begründet. Die Rechtsprechung hat hingegen § 316 a StGB in Fortsetzung der Auslegung des AutofG im wesentlichen als spezielles Raubdelikt behandelt, für dessen Hervorhebung einsichtige Begründung jedoch nicht gegeben werden konnte. Diese und auch die übrigen bereits nach Durchsicht der Gesetzesmaterialien offengebliebenen Fragen[182] sind durch die Rechtsprechung und die weitere Gesetzgebungsarbeit nicht geklärt worden[183].

Andererseits kann aber aus der Kenntnis dogmatischer Überlegungen allein nicht über Notwendigkeit oder Fehlerhaftigkeit einer Straf-

---

[181] Wie dies oft bei Neueinfügungen angestrebt wird; vgl. z. B. §§ 248 b, 248 c, 265, 265 a, 268 StGB.

[182] Vgl. 2. Teil B. I. 1. c).

[183] Zur Rechtsprechung vgl. S. 52 f., 57 f., 66 ff.; zur Gesetzgebung vgl. S. 45 f., 47 f.

vorschrift entschieden werden. Ob der durch die Rechtsprechung in kontrollierendem Zusammenwirken mit der Literatur entwickelte Anwendungsbereich einer Norm nur Handlungen pönalisiert, die strafwürdig sind, oder ob weniger strafwürdige Fälle erfaßt bzw. typ- und unrechtmäßig vergleichbare Sachverhalte nicht sanktioniert werden, dies alles ist auf technisch-begrifflichem Wege nicht zu klären. Vielmehr muß zugleich bewertet werden, was sich in der Lebenswirklichkeit tatsächlich ereignet. Dies erfordert die Einbeziehung kriminologischer Daten in dogmatische Überlegungen[184]. Vor allem eine Untersuchung der Erscheinungsformen des jeweils zur Diskussion stehenden Delikts kann für dessen bewertende Betrachtung wichtige Aufschlüsse geben[185]; aber auch statistisches Zahlenmaterial ist wertvoll.

Diese und andere Grundlagen müssen für § 316 a StGB erarbeitet werden, um daraus ein Bild der Lebenswirklichkeit des Tattypus[185a] ‚Autostraßenraub' zu gewinnen. Erst unter Heranziehung dieser Daten kann eine Würdigung der bisher aufgezeigten dogmatischen Ergebnisse erfolgen[186].

1. Statistik

§ 316 a StGB wird nur in der Rechtspflegestatistik gesondert aufgeführt; in der polizeilichen Kriminalstatistik sind die entsprechenden Zahlen in der Gruppe „Raub, räuberische Erpressung, Auto-Straßenraub" mitenthalten[187]. Im folgenden können daher nur die in der Strafverfolgungsstatistik des Statistischen Bundesamtes aufgeführten Zahlen wiedergegeben werden.

Verwendet wird die Verurteilten- und die Strafmaßstatistik.

---

[184] Vgl. dazu vor allem *Naucke*, Betrug, insbes. S. 36 ff., 44 ff.; ferner z. B. *Göppinger*, S. 16 f.; *Würtenberger*, Kunstfälschertum, Vorwort; ders., Situation, S. 9 ff.; *R. Lange*, Literaturbericht, S. 75; *Sauer*, Kriminalsoziologie, z. B. S. VI, VII; *H. v. Weber*, Kriminologie, S. 14 ff.; *Exner*, S. 281 ff.; zur Verwendung kriminologischer Daten in strafrechtlichen Arbeiten vgl. z. B. auch *Geerds*, Bestechungsdelikte.

[185] Dazu z. B. *Naucke*, Betrug, S. 48, 141 ff.; *Geerds*, insbes. S. 623 ff.; jeweils m. w. Nachw.; auch *Geerds*, Bestechungsdelikte, S. 18 f.; *R. Lange*, Literaturbericht, S. 75; *Würtenberger*, Kunstfälschertum, Vorwort; *H. v. Weber*, Einzelforschungen, S. 15 ff.; ders., Kriminologie, S. 20 ff.

[185a] Zur Bedeutung kriminologischer Tattypen für die Fassung von Strafgesetzen vgl. z. B. *Schmidhäuser*, Tattypen.

[186] z. B. *Naucke*, Betrug, S. 49; *Göppinger*, S. 76 f.; *Mergen*, S. 181 ff.; *Mezger*, Kriminologie, S. 11 ff.; *Christiansen*, S. 216 ff.; auch *Sauer*, Kriminalsoziologie, S. 39 ff.; vgl. ferner z. B. bei *Geerds*, Bestechungsdelikte, S. 10 ff.

[187] Eine gesonderte Aufstellung für § 316 a StGB setzte eine einigermaßen exakte Abgrenzung zwischen § 316 a StGB und § 250 Abs. 1 Ziff. 3 StGB bereits auf der Ermittlungsseite voraus, die hier von den Polizeibeamten kaum durchgeführt werden könnte; vgl. dazu z. B. Polizeiliche Kriminalstatistik (1967), S. 1 ff.; auch *Göppinger*, S. 66 ff.

Die *Verurteiltenstatistik* kann deshalb aufschlußreich sein, weil nach Durchsicht der Gesetzesmaterialien der Eindruck entstanden ist, die besondere Gefahr, der man mit § 316 a StGB begegnen wollte, liege gerade in der Häufung der durch diesen Tatbestand erfaßten Taten. Anders ist nämlich die Befürchtung nicht zu erklären, man könne möglicherweise nicht „von Lübbecke nach Arnsberg fahren ... ohne unterwegs von Wegelagerern ausgeplündert zu werden"[188] oder der Kraftverkehr könne „durch solche Taten und die von ihnen ausgehende Unsicherheit geradezu lahmgelegt werden"[189].

Die *Strafmaßstatistik* kann Auskunft geben über die Bewertung der Norm und der die Norm verletzenden Taten und Täter durch die Praxis der Gerichte. In beschränktem Maß erlaubt sie auf diese Weise auch Rückschlüsse auf den durchschnittlichen kriminellen Unrechtsgehalt der Taten[190].

a) Verurteiltenstatistik

Angegeben wird die Zahl der Verurteilungen[191] für § 316 a StGB und zum Vergleich die Zahlen für §§ 249, 250 StGB.

Verurteiltenstatistik

Jahr	Raub pp.	§ 316 a StGB
1954	811	13
1955	1 003	11
1956	1 089	19
1957	1 414	15
1958	1 529	16
1959	1 478	24
1960	1 516	21
1961	1 674	18
1962	1 692	25
1963	1 861	30
1964	1 939	28
1965	1 754	34
1966	1 918	33

188 *Lackner*, Rechtsausschuß, S. 11.

189 So die Amtliche Begründung zu § 348 E 62 = § 316 a StGB, S. 534; ähnlich schon *Lackner* in den Beratungen der Großen Strafrechtskommission, Niederschriften IX, S. 366.

190 Vgl. z. B. Verwertung der Strafmaßstatistik bei *Naucke*, Betrug, S. 138 ff.; ähnlich auch z. B. *Sauer*, Kriminalsoziologie, S. 56 ff.

191 Die Zahlen der *Aburteilungen* sind wegen der darin enthaltenen Freisprüche weniger geeignet.

Jahr	Raub pp.	§ 316 a StGB
1967	2 285	65
	davon entfallen auf[a]	
	§ 249: 469	
	§ 250: 1 439[b]	
	§ 251: 11	
	§ 252:	
	§ 255: 366	
1968	2 399	48
	davon entfallen auf[a]	
	§ 249: 523	
	§ 250: 1 480[b]	
	§ 251: 12	
	§ 252:	
	§ 255: 384	
1969	2 516	66
	davon entfallen auf[a]	
	§ 249: 514	
	§ 250: 1 552[b]	
	§ 251: 7	
	§ 252:	
	§ 255: 443	
1970	2 754	65
	davon entfallen auf[a]	
	§ 249: 525	
	§ 250: 1 727	
	§ 251: 16	
	§ 252:	
	§ 255: 486	
1971	3 571	58
	davon entfallen auf[a]	
	§ 249: 702	
	§ 250: 2 182	
	§ 251: 20	
	§ 252:	
	§ 255: 667	

a) Aufschlüsselung erst ab 1967.
b) Ohne Abs. 1 Ziff. 5.

Im allgemeinen ist es nicht möglich, aus absoluten Zahlen aussagekräftige Schlüsse zu ziehen; um sinnvolle Aussagen zu machen, müßten Verhältniszahlen errechnet werden[192]. Jedoch läßt bereits ein oberflächlicher Blick auf die für § 316 a StGB aufgeführten Zahlen erkennen, daß es sich hierbei quantitativ um ein unbedeutendes Delikt handelt.

Die absoluten Zahlen für § 316 a StGB lassen ferner ein — unregelmäßiges — Ansteigen erkennen. Ob diese Zunahme der Verurteilungen

[192] Vgl. z. B. *Göppinger*, S. 73; *Mergen*, S. 182; *Mezger*, Kriminologie, S. 11 f.; *Christiansen*, S. 216 f.

nach § 316 a StGB aber parallel läuft mit der Zunahme der Raubdelikte, allgemein der Zunahme der Gewaltkriminalität[193], läßt sich anhand der absoluten Zahlen nur vermuten. Um Aussagen hierüber zu treffen, müßten Verhältniszahlen errechnet werden. Die in der Kriminalstatistik gebräuchlichen Methoden können jedoch nur dann zu verwendbaren Aussagen führen, wenn genügend statistisches Material vorhanden ist[194]. Die für § 316 a StGB jährlich ausgewiesenen Zahlen sind aber selbst für einen Vergleich mit den entsprechenden Raubzahlen zu niedrig. Ein Einzelfall bereits kann das Ergebnis verändern. So steigen die Zahlen auch nicht stetig an, sondern schwanken von Jahr zu Jahr[195].

Als Ergebnis kann daher nur die ausgesprochen niedrige Zahl der Verurteilungen festgehalten werden, allerdings auch ein — in den letzten Jahren geradezu sprunghaftes — Ansteigen der absoluten Zahlen.

b) *Strafmaßstatistik*

Wegen des im Jugendstrafrecht bestehenden eindeutigen Vorrangs der weitgehend am Täter orientierten Erziehungsfunktionen[196] sind für Aussagen über die *Tat*bewertung in erster Linie die Zahlen für die nach „Erwachsenenstrafrecht" Verurteilten geeignet. Es werden deshalb im folgenden nur diese Materialien benutzt, und zwar — hierin der Anordnung der verwendeten Rechtspflegestatistik folgend — bis 1968 ausschließlich der Täter über 21 Jahre. Von 1968 an werden die Zahlen der Kriminalität der Erwachsenen und der nach allgemeinem Strafrecht behandelten Heranwachsenden verwendet[197].

Bis Ende 1971 betrug die Mindeststrafe des § 316 a StGB 5 Jahre Zuchthaus bzw. Freiheitsstrafe. Sie konnte — jedenfalls nach allgemeinem Recht — nur unterschritten werden bei verminderter Zurechnungsfähigkeit des Täters, § 51 Abs. 2 StGB, bei tätiger Reue, § 316 a Abs. 2 StGB und für Gehilfen, § 49 Abs. 2 StGB. So könnte erwartet werden, daß die verhängte Strafe in der Mehrzahl der Fälle mehr als 5 Jahre Zuchthaus bzw. Freiheitsstrafe beträgt. Dies ist jedoch nicht der Fall, wie die Tabelle zeigt. Vielmehr ist die überwiegende Zahl

---

[193] Dazu z. B. *Lange*, Rätsel, S. 10 ff.; auch z. B. Polizeiliche Kriminalstatistik (1967), S. 53; *Göppinger*, S. 324 f.; für die Jugendkriminalität *G. Kaiser*, S. 70 f.

[194] Vgl. z. B. *Kellerer*, S. 260.

[195] Zu der allgemeinen Schwierigkeit, anhand der Strafverfolgungsstatistik Aussagen über die Kriminalitätsentwicklung zu treffen, vgl. etwa die Hinweise in Polizeiliche Kriminalstatistik (1967), S. 7.

[196] Vgl. z. B. *Maurach*, AT, S. 913 ff.; *R. Lange*, Erziehung, S. 44 ff.; insbes. S. 51 ff.; *Schaffstein*, S. 57 ff.; *Grethlein*, S. 1 ff.

[197] Dadurch steigen zwar die absoluten Zahlen, hier interessiert jedoch nur das Verhältnis der Zahlen zueinander.

Strafmaßstatistik

Jahr	Zahl d. Verurt.	Vollendung	Versuch	Täter	Anstifter	Gehilfen	§ 51 II	(Zuchthaus c) - 2	2 - 5	5 - 15	le)	(Gefängnis d) - 1 M	1 - 3 M	9 M - 1 J	1 - 2 J	2 - 5 J	5 - 15 J	Geld-Str.f)	Jahr
1954	5	—	—	nicht aufgeführt			—	—	1	—	1	—	1	—	—	—	—	2	1954
1955	7	—	—	—	—	—	3	4	2	1	—	—	—	—	—	—	—	—	1955
1956	7	—	—	—	—	—	—	—	6	—	—	—	1	—	—	—	—	—	1956
1957	5	—	—	—	—	—	—	—	1	3	—	—	1	—	—	—	—	—	1957
1958	7	—	—	—	—	—	3	1	4	1	—	—	—	—	—	—	—	1	1958
1959	8	—	—	—	—	—	1	1	5	1	—	1	—	—	—	—	—	—	1959
								- 2 | 2 - 3	3 - 5g)										
1960	9	—	—	9	—	—	2	— | 2	6	1	—	—	—	—	—	—	—	—	1960
1961	10	9	1a)	9	—	1	2	2 | 1	5	2	—	—	—	—	—	—	—	—	1961
1962	14	—	—	13	—	1	2	1 | —	6	5	—	—	—	2	—	—	—	—	1962
1963	18	16	2a)	17	—	1	3	4 | 1	7	4	—	—	1	1	—	—	—	—	1963
1964	17	Keine Einzelangaben für § 316 a StGB																	1964
1965	14																		1965
1966	26	24	2a)	23	—	3	6	4 | 3	8	10	—	—	—	—	1	—	—	—	1966
								-1/1 - 2g)	2 - 5g)					6-9 Mg)					
1967	43	—	—	40	3b)	—	16	1 | 11	15	14	—	1	—	1	—	—	—	—	1967
								- 2											
1968	24	—	—	23	1b)	—	4	4	11	6	—	—	—	—	—	2	1	—	1968
1969	48	47	1a)	47	1b)	—	4	3	15	7	—	16	2	—	1	3	—	1	1969
1970	32	—	—	32	—	—	3												
1971	37	36	1a)	37	—	—	8												

Freiheitsstrafe

1 - 6 M	6 - 9 M	1 - 2 J	2 - 5 J	5 - 15 J	le)	Geld-Str.f)	Jahr
1	1	6	12	11	—	1	1970
—	1	4	18	11	—	3	1971

a) § 316 a StGB ist Unternehmensdelikt!
b) Seit 1967 Zahlenangaben nur gemeinsam für Anstifter und Gehilfen;

c) in Jahren;
d) M = Monate / J = Jahre;
e) lebenslänglich;
f) Geldstrafe;
g) Neue Rubrik;

der Verurteilungen in der Rubrik ‚2 - 5‘ bzw. ‚3 - 5‘ Jahre zu finden, d. h. in diesen Fällen ist höchstens die Mindeststrafe verhängt worden.

Relativ häufig auch werden die zur Verfügung stehenden Strafmilderungsmöglichkeiten genutzt. Dabei hebt sich besonders das Jahr 1969 heraus: In diesem Jahr ist bei 48 Verurteilungen in 26 Fällen die Mindeststrafe unterschritten worden[198], in 4 Fällen wohl unter Anwendung von § 51 Abs. 2 StGB, in einem weiteren Fall unter Heranziehung des § 49 Abs. 2 StGB[199]. Wie die Milderung in den übrigen Fällen begründet wurde, kann aus der Statistik nicht geklärt werden. Es bleibt als Möglichkeit nur die Annahme von § 316 a Abs. 2 StGB, tätiger Reue[200], obwohl es zweifelhaft erscheint, ob wirklich in den 21 restlichen Fällen die eng begrenzten Voraussetzungen dieser Vorschrift[201] vorgelegen haben.

Im Jahre 1967 ist in 16 von 43 Fällen § 51 Abs. 2 StGB bejaht worden und in 12 Fällen hat hierdurch das Strafmaß im Bereich von 1 - 2 Jahren Zuchthaus gelegen[202]. In den übrigen Jahren sind die Zahlen nicht so auffallend, aber es ist durchgehend eine Tendenz erkennbar, die Mindeststrafe einzuhalten oder noch zu mildern.

Hingegen wurde nur einmal auf ‚lebenslänglich‘ erkannt. Es muß außerdem vermutet werden, daß die in der Rubrik ‚5 - 15‘ Jahre enthaltenen Urteile nur teilweise im oberen Bereich dieser Skala einzuordnen sind. Dabei ist allerdings zu berücksichtigen, daß in diesen Zahlen diejenigen Fälle nicht enthalten sind, die mit schwereren Delikten in Idealkonkurrenz stehen, da in der Strafverfolgungsstatistik der Täter immer nur mit der strafbaren Handlung erfaßt wird, die die nach Art und Höhe schwerwiegendste Strafdrohung enthält[203]. Dies wird vor allem Fälle betreffen, bei denen, wie etwa in den bekannten Fällen des Überfalls auf Taxifahrer, zugleich Mord oder wenigstens Mordversuch begangen wurde. Von diesen Fällen abgesehen zeigt die Tabelle jedoch das Bild einer sich eher an der unteren Grenze des Strafrahmens bewegenden Strafzumessungspraxis.

---

[198] Einmal wurde sogar nur auf Geldstrafe erkannt.

[199] Obwohl aus der Statistik nicht entnommen werden kann, ob Anstiftung — dann keine Milderungsmöglichkeit — oder Beihilfe vorlag.

[200] Zu diesem Ergebnis gelangte für dieselben Zahlen auch der Sonderausschuß; dort wurde allerdings die Möglichkeit der Anwendung von §§ 51 Abs. 2 und 49 Abs. 2 StGB außer acht gelassen; vgl. Sonderausschuß (1971) 51. Sitzung, S. 1585.

[201] Vgl. S. 73.

[202] Diese Zahlen erklärte der Sonderausschuß ebenfalls mit § 316 a Abs. 2 StGB; jedoch beruhen sie, wenigstens teilweise, wohl eher auf der Anwendung von § 51 Abs. 2 StGB.

[203] Über den Aufbau der Strafverfolgungsstatistik vgl. z. B. *Göppinger*, S. 69.

c) Ergebnis

Auch aus den statistischen Angaben läßt sich eine Begründung für die Notwendigkeit von § 316 a StGB nicht unmittelbar ableiten:

Die befürchtete Häufigkeit des Autostraßenraubes konnte nicht bestätigt werden, die Zahl erscheint im Gegenteil im Verhältnis etwa zum Raub relativ gering. Dies mag allerdings gerade Folge des § 316 a StGB sein. Ob nämlich von diesem Tatbestand und seiner hohen Strafdrohung eine derartig generalpräventive Wirkung ausgegangen ist, kann nicht ohne weiteres widerlegt werden. Daß andererseits ohne diese Norm die Raubtatbestände allein ein sprunghaftes Ansteigen nicht verhindern könnten, scheint ebenso zweifelhaft.

Ein Ansatz für die Berechtigung des Delikts könnte aber auch bei quantitativ geringer Zahl gefunden werden, wenn diesen Verbrechen besondere Strafwürdigkeit zukäme. Einen ersten Hinweis dafür hätte man bei der Strafmaßstatistik erwartet. Hier zeigte sich jedoch, daß die Gerichte eher im unteren Bereich des Strafrahmens bleiben und sogar alle Möglichkeiten ausschöpfen, die Mindeststrafe zu unterschreiten. Daß dieses Bestreben besteht, wird durch einen Blick auf die vor dem 11. StÄG sich häufenden entsprechenden Hinweise in Rechtsprechung und Literatur bestätigt[204]. Diese hier nur annähernd zahlenmäßig feststellbare Behandlung der durch § 316 a StGB zu erfassenden Verbrechen durch die Gerichte besagt allein allerdings noch nichts über deren ‚typischen' kriminellen Gehalt. Teilweise besteht nämlich der Eindruck, daß die gerichtliche Strafzumessungspraxis allzu milde sei[205]. Aber ein zwingendes Argument für die Notwendigkeit der Vorschrift kann auch hieraus nicht hergeleitet werden.

2. Aktenauswertung

Die statistischen Angaben haben eindeutige Ergebnisse nicht erbringen können. Genaue Kenntnis von Anzahl und Erscheinungsbild des Delikts „Autostraßenraub" könnte man aber andererseits nur nach Untersuchung aller in der BRD vorgekommenen Fälle gewinnen. Da dies von vornherein ausscheidet, nähere Kenntnis über die tatsächlichen Vorgänge aber wünschenswert ist, bleibt nur Beschränkung auf einen kleinen Ausschnitt von Verbrechen. Hierzu schien es zweckmäßig, Akten eines Gerichtsbezirks exemplarisch zu untersuchen[206]. Es sollen

[204] Vgl. S. 64 ff.

[205] Grundlegend *Exner*, Strafzumessungspraxis, S. 57 ff., 75 ff., 97 ff.; *Dreher*, Strafe, S. 127 ff., 140; *Bruns*, S. 7 ff., 98, 101; *Jagusch*, Strafzumessung, S. 97 ff.

[206] Zur Auswertung von Akten als zusätzliches Informationsmittel vgl. z. B. *Göppinger*, S. 78 ff.; auch *H. v. Weber*, Einzelforschungen, S. 6 f.

deshalb im folgenden die Ergebnisse der Auswertung von Akten aus dem Landgerichtsbezirk Köln dargestellt werden, bei denen entweder eine Verurteilung nach § 316 a StGB erfolgt ist oder aber eine solche möglich gewesen wäre.

Dabei interessieren keine statistischen Größen, vielmehr soll versucht werden, darzustellen a) die Erscheinungsformen (Phänomenologie), b) die Art und Weise, mit der Polizei, Staatsanwaltschaft und Gericht mit diesen Sachverhalten umgehen.

Von vornherein muß allerdings der fragmentarische Charakter eines solchen Unterfangens betont werden. Verallgemeinernde Aussagen, die übers Beispielhafte hinausgehen, sind kaum möglich[207]. Möglicherweise können jedoch im Zusammenhang mit anderen Daten Aussagen gemacht werden, die für die Untersuchung relevant sind.

a) Materialien

Als schnellster und einfachster Weg, entsprechende Akten aus der Fülle der Verfahren auszusortieren, bot sich folgender an:

Die Kriminalpolizei in Köln — Dezernat für Raub — führt in ihren Tagebüchern eine Rubrik der in Frage kommenden Delikte. Aus ihnen läßt sich das Aktenzeichen der Staatsanwaltschaft entnehmen. Die zuständigen Beamten waren mit den Problemen des § 316 a StGB vertraut und hatten entsprechende Sachverhalte als Autostraßenraub gekennzeichnet. Eine Auswahl der in Frage kommenden Akten aus diesen kriminalpolizeilichen Tagebüchern ersparte die Mühe, sämtliche allgemeinen Register der Staatsanwaltschaft durchzusehen; wegen der zu erwartenden geringen Anzahl von Verfahren hätten sonst die Register mehrerer Jahre überprüft werden müssen.

Die Auswahl aus polizeilichen Tagebüchern bedingt allerdings von vornherein Unvollständigkeit des Materials, denn die Subsumtion durch die Polizeibeamten im ersten Ermittlungsstadium kann nur eine oberflächliche und vorläufige sein. Andererseits hat diese Methode den Vorteil, auch die Sachverhalte zu erfassen, bei denen im weiteren Verfahren der Vorwurf des „Autostraßenraubes" fallengelassen wurde.

b) Darstellung

Durchgesehen wurden die polizeilichen Tagebücher von 1966 - 1970. Dabei konnten 39 Akten als relevant aussortiert werden. Diese geringe Zahl mag auf den ersten Blick verwundern; nimmt man jedoch zum

---

[207] Zu den Schwierigkeiten und möglichen Fehlerquellen bei der Aktenauswertung vgl. z. B. *Göppinger*, S. 80 f.

Vergleich die Zahlen aus der Bundesstatistik[208], so erscheint sie nicht unwahrscheinlich.

Nicht alle der so ausgesuchten Verfahren waren bereits abgeschlossen: Bei den Verfahren jüngeren Datums war oft erst Anklage erhoben; bei anderen lief ein Revisionsverfahren. Die zum Bundesgerichtshof versandten Akten waren der Auswertung entzogen; auch bei laufenden Verfahren konnten die Akten nicht alle ausgeliehen werden. Die Zahl der tatsächlich ausgewerteten Akten verringerte sich so auf 25.

In 11 dieser Fälle konnte ein Täter nicht ermittelt werden und das *Verfahren wurde eingestellt.* Die Darstellung des Tathergangs beruht daher fast ausschließlich auf Aussagen des jeweiligen Opfers.

Regelmäßig, d. h. in 8 der 11 Fälle, lief die — angebliche — Tat nach folgendem Schema ab: Das Opfer begibt sich freiwillig in den PKW des ihm zumeist bis dahin unbekannten Fahrers und Täters. An geeigneter Stelle hält der Täter den PKW an, beraubt das Opfer bzw. läßt sich das Geld aushändigen, drängt das Opfer aus dem Wagen und fährt eiligst davon.

In einem weiteren Fall wurde das Opfer, ein Rentner, in den Wagen gezerrt, dort nach Geld abgetastet und — nachdem dies erfolglos blieb — wieder freigelassen.

Einmal auch war Täter der Mitfahrer, den das Opfer, Fahrer des PKW, gegen 5.00 Uhr früh als Tramper mitgenommen hatte.

Für alle diese Verfahren fällt auf, daß die Ermittlungstätigkeit der Polizei weitgehend routinemäßig blieb. Da Nummernschilder in der Regel — wenn überhaupt — nur bruchstückhaft wiedergegeben werden konnten, beschränkte sich die Tätigkeit der Polizei in diesen Fällen meist auf einmalige Vernehmung der Opfer.

Eine Ausnahme sowohl nach dem Erscheinungsbild als auch der anschließenden Bemühungen der Polizei bildet das 11. der eingestellten Verfahren aus dem Jahre 1966:

Fall:

Das Opfer, eine PKW-Fahrerin, befuhr eine schmale einsame Straße. Am Tatort wurde sie durch ein quer auf der Straße liegendes Moped zum Anhalten gezwungen. 2 weitere Mopeds waren von den 3 Tätern seitlich aufgestellt, um diesen Fluchtweg auf der ohnehin schmalen Straße zu verbauen. Die Täter verschafften sich Zutritt zum Wagen, bedrohten die Fahrerin mit einer Pistole, raubten sie aus und fuhren unerkannt davon.

Hier handelt es sich regelrecht um eine Autofalle, wenngleich nicht, wie in den von den Gebrüdern *Götze* bekannten Taten durch Verwendung unbeweglicher Baumstämme u. ä. In diesem Fall verstärkten die

[208] Vgl. 2. Teil B. IV. 1. a).

Polizeibeamten ihre Nachforschungen. Es erfolgte eine Tatortbesichtigung, in der Umgebung wurden Vernehmungen durchgeführt, an verschiedenen möglichen Aufenthaltsorten der Täter nachgeforscht. Diese Maßnahmen blieben allerdings erfolglos.

Alle diese Fälle hätten unter Zugrundelegung der Rechtsprechung des Bundesgerichtshofs — Wahrheitsgehalt und Nachweisbarkeit der Zeugenaussagen unterstellt — unter § 316 a StGB subsumiert werden können mit der Folge einer Bestrafung des Täters mit wenigstens 5 Jahren Zuchthaus bzw. Freiheitsstrafe.

Die übrigen mit einem *Urteil abgeschlossenen Verfahren* enthalten nicht alle eine Verurteilung nach § 316 a StGB. Jedoch hat sich in nahezu allen Fällen die Anklage auch auf Autostraßenraub erstreckt. Sie wurden deshalb alle in die Untersuchung einbezogen, weil die Begründung, mit der die Anwendung des § 316 a StGB abgelehnt wurde, teilweise recht aufschlußreich ist. Diese Fälle sollen vorab dargestellt werden.

Fall:

In zwei etwa einen Monat auseinanderliegenden Fällen fuhr der bisher nur wegen eines Verkehrsdelikts vorbestrafte Täter mit einer Prostituierten an abseits gelegene Stellen, zahlte ihr 50.— DM und führte mit ihr den Geschlechtsverkehr aus. Anschließend bedrohte er sie mit einer Pistole und ließ sich die 50.— DM zurückgeben bzw. nahm das Geld selbst an sich. Der Täter bestritt bis zuletzt, diese Handlungen vorgenommen zu haben.

Obwohl hier nach der Rechtsprechung des Bundesgerichtshofs alle äußeren Merkmale eines Verbrechens nach § 316 a StGB vorlagen, wurde der Täter nur wegen schweren Raubes bzw. wegen räuberischer Erpressung jeweils in Tateinheit mit unbefugtem Waffenbesitz verurteilt. Vom Vorwurf des Autostraßenraubes sprach das Gericht den Täter mit der kurzen Begründung frei, es sei ihm für beide Fälle nicht nachzuweisen, daß er bereits vor dem Halten des PKW an den versteckten Stellen den Entschluß gefaßt habe, die beiden Prostituierten zu berauben. Unter Anwendung von § 250 Abs. 2 StGB erhielt er eine Gesamtstrafe von 2 Jahren Gefängnis. Es kann vermutet werden, daß die Begründung vom gewünschten Ergebnis her geprägt war, denn bei 2 kurz aufeinanderfolgenden Verbrechen mit ganz ähnlichem Tatablauf hätte hinsichtlich § 316 a StGB leicht das Gegenteil angenommen werden können[209]. Das Gericht wollte wohl die damals noch absolute Mindeststrafe von 5 Jahren vermeiden.

---

[209] Wäre ein entsprechender Entschluß festgestellt worden, hätten beide Sachverhalte nach der Rechtsprechung des Bundesgerichtshofs unter § 316 a StGB subsumiert werden können; vgl. schon die ersten beiden Entscheidungen BGHSt 5, 280 ff. und 6, 82 ff. sowie die weitere Rechtsprechung; vgl. die Darstellung 2. Teil B. II. 1. a) und b).

Fall:
Drei Täter, davon zwei Heranwachsende, planten, einen Homosexuellen zu berauben. Einer der Täter begab sich zum Hauptbahnhof, sprach dort einen Homosexuellen an und brachte ihn in seinem PKW an einen vorher bereits vereinbarten abseits vom Verkehr gelegenen Ort, wo bereits die beiden anderen Täter warteten. Hier wurde das Opfer unmittelbar nach Verlassen des Wagens niedergeschlagen und beraubt.

Alle drei Täter wurden nur wegen schweren Raubes verurteilt. Der erwachsene Täter, der an der abgelegenen Stelle gewartet hatte, wurde zu einer Gefängnisstrafe von 18 Monaten verurteilt. Im auf das Strafmaß beschränkten Berufungsverfahren wurde diese sogar auf 1 Jahr Gefängnisstrafe zur Bewährung und Zahlung von 2000,— DM Geldbuße herabgesetzt. In diesem einen Fall enthielten weder Anklage noch Urteil einen Hinweis auf § 316 a StGB. Dagegen wurden die beiden Heranwachsenden vor dem Jugendschöffengericht auch wegen § 316 a StGB angeklagt. Das Gericht lehnte jedoch — nunmehr in Übereinstimmung mit der Staatsanwaltschaft — die Anwendung dieses Tatbestandes mit der Begründung ab, es habe an einer Ausnutzung der besonderen Verhältnisse des Straßenverkehrs gefehlt, da das Auto nur ein Mittel gewesen sei, das Opfer an den Tatort zu fahren. Die Heranwachsenden wurden zu Jugendstrafen von 1 Jahr (für den Fahrer des PKW) bzw. 8 Monaten verurteilt, die zur Bewährung ausgesetzt wurden. Hier hätte ebensogut eine Verurteilung nach § 316 a StGB erfolgen können, da es nach ständiger Rechtsprechung des Bundesgerichtshofs ausreicht, wenn der Täter an der ‚einsamen Stelle' außerhalb des Wagens überfallen wird[210].

Fall:
Die beiden angetrunkenen Täter nahmen einen ihnen bis dahin unbekannten Trinkgenossen in ihrem PKW mit und verprügelten ihn während der Fahrt. Sie setzten die Tätlichkeiten sodann außerhalb des Autos fort. Dabei kam dem Opfer die Brieftasche abhanden, die später leer in einem nahen Gebüsch gefunden wurde.

Die Staatsanwaltschaft hatte angenommen, die Täter hätten die Brieftasche während der Schlägerei weggenommen. Das Gericht ging aus Beweisgründen vom Gegenteil aus, hauptsächlich, weil das Opfer, ein verwahrloster Trinker, nicht aufgefunden werden konnte und das Gericht sich nicht ausschließlich auf dessen erste Vernehmung bei der Polizei verlassen wollte. Die Täter wurden verurteilt gem. § 330 a i. V. mit § 223 a StGB zu 9 Monaten Gefängnis, ausgesetzt zur Bewährung, bzw. wegen § 223 a StGB zu 1 Jahr Gefängnis, ebenfalls zur Bewährung ausgesetzt. Hier waren wohl hauptsächlich Schwierigkeiten der Beweis-

---

[210] Vgl. grundlegend BGHSt 5, 280 ff.; Text und Analyse dieser Entscheidung 2. Teil B. II. 1. a).

führung dafür ursächlich, daß sowohl § 250 StGB als auch § 316 a StGB abgelehnt wurden.

Dagegen war in den beiden zunächst geschilderten Fällen für die Ablehnung der Anwendung des § 316 a StGB wohl die Vorstellung zum Teil maßgebend, ein Strafmaß von 5 Jahren Freiheitsstrafe sei unangemessen hoch. Dieser Eindruck ergibt sich jedenfalls nach Durchsicht der Akten und Sitzungsprotokolle sowie nach den dogmatisch nicht überzeugenden Urteilsbegründungen.

Auch in den meisten der übrigen Verfahren, die mit einer Verurteilung wegen § 316 a StGB abschlossen, fällt das Bemühen auf, an der unteren Grenze des Strafrahmens zu bleiben. Die zugrunde liegenden Sachverhalte ähneln den bei den eingestellten Verfahren bereits festgestellten Fallkonstellationen. Ein Fall einer regelrechten „Autofalle" i. S. der Verwendung eines äußeren Hindernisses allerdings ist nicht darunter.

In 4 der Fälle war das Opfer nach gemeinsamem Gaststättenbesuch, in dessen Verlauf mit Geld geprahlt und dieses sogar herumgezeigt wurde, freiwillig mit dem Täter in dessen PKW gestiegen und hatte dann unterwegs das gesamte Geld herausgeben müssen, wobei es sich um recht beträchtliche Summen handelte. In keinem Falle war es zu Gewaltanwendung gekommen.

Ein weiterer Fall spielte sich ähnlich ab; hier allerdings ging es nicht um Geld, vielmehr um den vom späteren Opfer, dem Beifahrer für eine angebliche Ausflugstour mit den beiden Tätern angemieteten Wagen, mit dem die beiden Täter sich später ins Ausland absetzten.

In allen 5 Fällen bemühten sich die Gerichte um Begründungen für eine gemessen an § 316 a StGB möglichst niedrige Verurteilung: 2 Täter wurden unter Anwendung von § 51 Abs. 2 StGB zu 4 Jahren bzw. 2 Jahren und 6 Monaten Freiheitsstrafe verurteilt, zwei weitere zu je 5 Jahren[211]. Die höchste in diesen Verfahren verhängte Strafe betrug 5½ Jahre Freiheitsstrafe. In allen Urteilen war die Bemühung maßgebend, die Mindeststrafe nicht oder kaum zu überschreiten, ja wenn irgend möglich zu unterschreiten. Dies geht einmal aus den Urteilsgründen hervor[212], aber auch aus einem Gerichtsbericht der Kölner Lokalpresse[213], weiterhin aus Berichten von Prozeßbeteiligten, die jeweils die außerordentlich schwere Strafdrohung hervorhoben und Milderungsmöglichkeiten vermißten.

---

[211] Eines der Urteile allerdings wurde auf die Revision der Staatsanwaltschaft hin aufgehoben, weil rechtsfehlerhaft Vorstrafen nicht berücksichtigt worden waren; dieses Revisionsurteil ist abgedruckt in BGHSt 24, 198 ff.

[212] Vgl. dazu BGHSt 24, 198, 199 ff.

[213] Kölner Stadt-Anzeiger vom 12. März 1971.

Vom Jugendschöffengericht war ein Fall zu beurteilen, der deutlich die Schwierigkeiten zeigt, die durch die Rechtsprechung des Bundesgerichtshofs zum Beginn der Strafbarkeit[214] entstehen.

Fall:

2 Jugendliche, die mit 100.— DM das Elternhaus verlassen hatten, beabsichtigten, einen Taxifahrer zu überfallen und ihm Wagen und Bargeld abzunehmen. Nachdem sie mehrfach mit Taxen von Gaststätte zu Gaststätte gefahren waren, ließen sie sich schließlich stadtauswärts chauffieren. Dabei geriet der Wagen in eine Polizeikontrolle. Die beiden Jugendlichen fielen der Polizei auf, weil sie sich hinter die Sitze duckten. Sie wurden zur Wache mitgenommen. Dort berichteten sie von ihrem Plan. Später allerdings gaben sie an, sie hätten nur in eine weitere Wirtschaft fahren wollen.

Beide wurden unter Anwendung des JGG wegen Verbrechens nach § 316 a StGB verurteilt, der eine, nicht vorbestrafte Täter zu 2 Wochen Jugendarrest, der andere, erheblich vorbestrafte zu 2 Jahren Jugendstrafe.

Gegenüber diesen Fällen, die in aller Regel nur zu finanziellen Einbußen des Opfers führten, hebt sich das letzte Verfahren durch die besondere Brutalität und Hartnäckigkeit der Tatausführung hervor.

Fall:

4 Täter hatten sich zur bandenmäßigen Begehung von Verbrechen, insbesondere Bankeinbrüchen, zusammengetan. In einem Fall setzten sie zur Tatausführung ein Kraftfahrzeug ein. Sie folgten abends nach Dienstschluß mit dem PKW dem gleichfalls im Wagen fahrenden Kassierer einer Bankfiliale, den sie im Besitz der Bank- und Tresorschlüssel wußten. Auf einem nur wenig befahrenen Straßenstück überholten sie ihn, hielten an und gaben ihm Zeichen, ebenfalls anzuhalten. Auf den Hinweis der Täter, aus dem Auspuff schlügen Flammen, verließ er den Wagen, um nachzuschauen. In diesem Augenblick wurde er ergriffen und gefesselt. Der Kassierer wurde nun solange mit einer Pistole bedroht, bis er die Zahlenkombination des Tresors preisgab. Anschließend warfen die Täter den Kassierer gefesselt in einen Straßengraben, wo dieser sich nach einiger Mühe selbst befreien konnte.

Hier wurden erheblich höhere Einzelstrafen festgesetzt[215], und zwar vom Schwurgericht für die beiden Haupttäter[216] 11 Jahre bzw. 10 Jahre Zuchthaus, für die beiden übrigen von einer Strafkammer jeweils 6 Jahre Zuchthaus. Dabei war für die zuletzt genannten Täter als mildernd berücksichtigt worden, daß beide noch sehr jung waren und aus ungünstigen häuslichen Verhältnissen stammten, sie zudem völlig unter dem überragenden Einfluß eines der Haupttäter gestanden hatten. Dies galt insbesondere für einen der beiden, den Bruder des

[214] Vgl. dazu S. 56 ff., 60 f.

[215] Es waren jeweils noch andere in Realkonkurrenz begangene Straftaten zu beurteilen.

[216] Diese hatten später noch einen Mord begangen.

Haupttäters. Einem Pressebericht zufolge hätte das Gericht hier gerne eine etwas geringere Strafe angesetzt, wollte sich aber andererseits nicht auf die Mindeststrafe beschränken[217].

c) Folgerungen

Die Zahl der dargestellten Verfahren ist zu gering, um endgültige Aussagen zu machen, andererseits aber können zusammen mit bisher schon aufgezeigten Faktoren vorläufige Folgerungen gezogen werden.

Gemeinsam ist bis auf eine Ausnahme allen ausgewerteten Verfahren, daß äußere Hindernisse als Tatmittel nicht verwendet wurden. In aller Regel auch ist es der *Fahrer,* der — teilweise mit einem Beifahrer — den Angriff ausführt. Die Gefahr, daß der Wagen außer Kontrolle gerät[218], ist in allen diesen Fällen nur gering.

Diesem hier dargestellten Tatverlauf entsprechen nahezu alle Sachverhalte der veröffentlichten BGH-Entscheidungen; diese bestätigen das aus den Akten gewonnene Erscheinungsbild des § 316 a StGB. Gleiches gilt für unveröffentlichte Entscheidungen des Bundesgerichtshofs, soweit diese zugänglich waren[219]. Eine außergewöhnliche „Gemeingefahr für alle Verkehrsteilnehmer“[220], „Gefahr der Lahmlegung des Kraftverkehrs“[221] geht prima facie von diesen Handlungen nicht aus. Eine solche Gefährdung ist auch in keinem der durchgesehenen Urteile festgestellt worden. Insoweit also haben sich die in den Gesetzesmaterialien aufzufindenden Befürchtungen nicht bestätigt, obwohl hierdurch gerade die Normierung des § 316 a StGB und in der Großen Strafrechtskommission die Beibehaltung des Tatbestandes im E 62 motiviert wurde[222].

---

[217] Kölner Stadt-Anzeiger vom 10./11. September 1966.

[218] Wie dies etwa in den Beratungen des Rechtsausschusses vermutet wurde; vgl. Rechtsausschuß, S. 11.

[219] Vgl. im einzelnen: *1 StR 110/67:* bereits zum Entladen von Gepäck ausgestiegene Mitfahrer hatten noch Handgepäck mit Geld im Wagen gelassen; der Täter fuhr mitsamt Handgepäck schnell davon; dies wäre Diebstahl gewesen, hätte der Täter nicht bereits während der Tat einen entsprechenden Plan gefaßt und dabei für den Notfall auch Raubmittel vorgesehen; dogmatisch zweifelhaft; *5 StR 90/67:* ähnlicher Tathergang; Opfer hier Prostituierte nach vollzogenem Geschlechtsverkehr; *1 StR 431/65:* ähnlich; Opfer zwei Mitfahrerinnen nach Notzuchtverbrechen; *2 StR 539/64:* Täter ließ sich nach im PKW vollzogenem Geschlechtsverkehr vom Opfer, einer Prostituierten, unter Drohungen den Dirnenlohn wieder aushändigen; *1 StR 115/63:* Täter fuhren den Mitfahrer an eine entlegene Stelle und raubten ihn dort in etwa 20 m Entfernung vom PKW aus; *1 StR 87/64:* Während einer kurzen Fahrtpause nahmen Fahrer und Beifahrer dem Opfer nach gemeinsamem Gaststättenbesuch gewaltsam eine größere Geldsumme weg.

[220] Rechtsausschuß, S. 11 f.

[221] Amtliche Begründung zu § 348 E 62 = § 316 a StGB, S. 534.

[222] Vgl. 2. Teil B. I. 1. b), 2. Teil B. I. 2.

Auch die Vermutung, den Gerichten sei die Mindeststrafe in den meisten Fällen als unangemessen hoch erschienen[223], bestätigte sich bei der Aktenauswertung. Dies zeigte sich in dem Bemühen der Gerichte, die Mindeststrafe zu verhängen oder unter großzügiger Anwendung von § 51 Abs. 2 StGB zu unterschreiten. Darüber hinaus aber gehen die Gerichte sogar dazu über, mit einer von der BGH-Rechtsprechung abweichenden Begründung § 316 a StGB abzulehnen. Dies mag an der generellen Tendenz der Richter, mildernde Umstände zuzubilligen, liegen. Es kann aber auch ein Hinweis darauf sein, daß der Unrechtsgehalt der durch die Norm erfaßten Handlungen geringer ist als vom Gesetzgeber zunächst vermutet wurde bzw. daß die eingefügte Norm keine sinngemäße Beschränkung ermöglicht.

3. Kölner Lokalpresse

Die bisherige Untersuchung empirischen Materials — Auswertung von Statistik und Gerichtsakten — hat gezeigt, daß entgegen den Befürchtungen des Gesetzgebers Fälle von Autostraßenraub zahlenmäßig selten sind und auch in ihren häufigsten Erscheinungsbildern keine Sachverhalte unmittelbar feststellbarer Gemeingefahr aufweisen. Darüber hinaus scheint die Bewertung der unter § 316 a StGB zu subsumierenden Sachverhalte in der „täglichen" Praxis der Gerichte nach den bisherigen Untersuchungen weitaus milder als vom Gesetzgeber beabsichtigt.

Zur Vervollständigung und Kontrolle dieser Ergebnisse erschien es nützlich, zu erfahren, wie in Kreisen von Nichtjuristen, bei der Bevölkerung, entsprechende Verbrechen bewertet werden. Zwar ist solchen Aussagen gegenüber größte Vorsicht geboten, denn bekanntlich reagieren juristisch nicht geschulte Beobachter allzu leicht emotional und neigen dazu, ausschließlich schärfere Bestrafung zu verlangen. Andererseits kann die Stimmung auch der nicht unmittelbar an Gesetzgebung und Rechtsfindung Beteiligten bei kriminalpolitischen Überlegungen nicht völlig außer Betracht bleiben[224]. Gerade die Entstehung des § 316 a StGB in der ersten Fassung des AutofG beruht sogar darauf, daß die Raubtaten der Gebrüder *Götze* zu besonderer Beunruhigung der Bevölkerung geführt hatten. Möglicherweise kann gegenüber den von § 316 a StGB erfaßten Handlungen eine ähnliche Haltung festgestellt werden, die zugleich ein Argument für die Einfügung und Beibehaltung des Tatbestandes geben könnte.

---

223 Vgl. 2. Teil B. II. 3. a), 2. Teil B. IV. 1. b).

224 Dies ist gerade in jüngster Zeit bei der Diskussion von § 218 StGB deutlich geworden.

Allerdings fehlt es[225] an einer Möglichkeit, die Einstellung der Bevölkerung unmittelbar festzustellen. Das einzig sinnvolle Verfahren erschien schließlich, die Kölner Lokalpresse für einen bestimmten Zeitraum auf Berichte über entsprechende Delikte durchzusehen, die nicht selten zur „Anreicherung" des Lokalteils dienen. Zwar bedeutet dies bereits eine entsprechende Filterung der „öffentlichen Meinung". Andererseits aber müssen gerade derartige Zeitungen der Lesermeinung relativ weit entgegenkommen[226].

a) Material

Zur Durchsicht stand das Zeitungsarchiv des Kölner Stadt-Anzeigers zum Themenkreis Raub und räuberische Erpressung aus den Jahren 1967 - 1970 zur Verfügung.

Bei der Auswahl der relevanten Artikel wurden nur solche Gerichts- und Verbrechensberichte berücksichtigt, die sich auf Sachverhalte aus dem Kölner Raum beziehen. Dies hat zwei Gründe: Einmal kann die Presse so ein Spiegelbild der aus den Gerichtsakten bekannten Verfahren sein; zum anderen muß davon ausgegangen werden, daß nur solche überörtlichen Straftaten zur Berichterstattung ausgewählt werden, die ihrer kriminellen Erscheinung nach von außergewöhnlicher Auffälligkeit sind.

b) Darstellung

Bei der Durchsicht der Presse nach den aufgezeigten Kriterien ergibt sich ein ähnlicher Eindruck vom durchschnittlichen Erscheinungsbild des Autostraßenraubes wie die Gerichtsakten es zeigten: Auch in der Presseberichterstattung überwiegen die Fälle des sogenannten *Thekenanschlußraubes,* d. h. der Fälle, in denen sich das Opfer nach kurzer Thekenbekanntschaft leicht angetrunken vom späteren Täter vermeintlich in die nächste Wirtschaft oder nach Hause fahren läßt, in Wirklichkeit dann aber unterwegs ausgeraubt wird[227]. Teilweise auch sind es „abenteuerlustige Mädchen", die sich leichtsinnig einem Autofahrer anvertrauen, der sich dann, nach Verweigerung des Geschlechtsver-

---

[225] Abgesehen von Meinungsumfragen, die hier außer Betracht bleiben können.

[226] Verwendung von Presseberichten findet sich z. B. bei *Naucke,* Betrug, S. 143 ff.

[227] 6 Fälle; vgl. Kölner Stadt-Anzeiger vom 3. 10. 1967; 12. 5. 1969; 12. 11. 1969; 15. und 22. 10. 1970; 17. 10. 1970; 21. 10. 1970; es kann allerdings nicht ausgeschlossen werden, daß mehrere Artikel sich auf den gleichen Sachverhalt beziehen.

kehrs der Handtasche samt Geld bemächtigt[228]. In einer weiteren Variante sind Opfer Dirnen, die an versteckte Stellen gebracht und nach Durchführung des Geschlechtsverkehrs zur Herausgabe ihres Geldes genötigt werden[229, 230].

Nahezu alle diese Sachverhalte sind bereits bei Auswertung der Akten berücksichtigt worden; in den meisten Fällen konnte allerdings der Täter nicht ermittelt werden. In diesem Zusammenhang war die geringe Ermittlungsintensität der Polizei, in Gerichtsverfahren die Ablehnung von § 316 a StGB und weitgehende Ausnutzung der Milderungsmöglichkeiten aufgefallen. Auch in den Presseberichten erfahren die Täter solcher Verbrechen keine schärfere Beurteilung. Die Schilderung entsprechender Sachverhalte ist — soweit nicht über das Gerichtsverfahren berichtet wird — zumeist sehr knapp und im Vergleich zu Schilderungen anders gearteter Raubüberfälle eher nüchtern. In vielen Berichten wird auch deutlich, daß das spätere Opfer durch öffentliches Herumzeigen größerer Geldbeträge vor fremdem Publikum, durch leichtfertige Vertraulichkeit zu den späteren Taten geradezu provoziert hatte[231]. So erklärt sich auch, daß in vielen Fällen nur geringe Gewaltanwendung nötig war, dem Opfer das Geld zu entwenden. Dieses nämlich war zumeist willig, in vielen Fällen angetrunken, dem Täter gefolgt und auf Widerstand dem „freundlichen Begleiter" gegenüber nicht eingestellt.

Diese und ähnliche Begleitumstände der Tat werden regelmäßig besonders hervorgehoben, oft ironisiert[232] und teilweise mit einer Warnung an den Leser verbunden[233]. Daß gerade diese Sachverhalte geeignet seien, große Erregung breiter Bevölkerungskreise hervorzurufen, kann diesen Pressereaktionen nicht entnommen werden.

Dies wird besonders deutlich, wenn man sie vergleicht mit den in der gleichen Rubrik abgedruckten Berichten anderer Verbrechen, die „nur" normalen bzw. qualifizierten Raub darstellen. Selbst die zahlenmäßig sicher nicht seltenen und von den Folgen her oft noch vergleichsweise harmlosen Überfälle auf Verkäuferinnen werden im allgemeinen mit

---

[228] Teilweise gleichfalls als Folge kurzer Thekenbekanntschaft; vgl. Kölner Stadt-Anzeiger vom 3. 10. 1967; 6. 3. 1969; 7. 5. 1969.

[229] Kölner Stadt-Anzeiger vom 2. 8. 1969; 5. und 9. 6. 1970.

[230] Weitere ähnliche Fälle Kölner Stadt-Anzeiger vom 2. 2. 1968; 21. 3. 1969; 27. 8. 1969; 19. 9. 1970.

[231] Kölner Stadt-Anzeiger vom 3. 10. 1967; 6. 3. 1969; 7. 5. 1969; 15. 10. 1970.

[232] Vgl. z. B. folgende Schlagzeilen im Kölner Stadt-Anzeiger: 6. 3. 1969: „Der Kavalier wollte Geld oder Liebe"; 7. 5. 1969: „Statt Liebe Hiebe mit Lederriemen"; 2. 8. 1969: „Ein Freier hockte im Kofferraum"; 5. 6. 1970: „Die Räuber sprangen aus dem Kasten".

[233] Dazu auch Kölner Stadt-Anzeiger vom 2. 2. 1967; 28. 2. 1968.

größerem Aufwand geschildert und die Täter oft sehr viel schärfer verurteilt als in den aufgezeigten Fällen des Autostraßenraubs[234].

Die Einstellung zu den bisher geschilderten Sachverhalten von Autostraßenraub zeigt sich deutlich auch, sofern über entsprechende Gerichtsverfahren berichtet wird. Hier war bereits bei Auswertung der Akten dargelegt worden, daß die Richter zu vergleichsweise milder Beurteilung neigen. Dies wird immer ausdrücklich in den Presseberichten zustimmend hervorgehoben. Eine Abweichung von der Einstellung des Gerichts konnte nicht festgestellt werden[235].

Völlig anders behandelt werden allerdings Handlungen, durch die das Opfer erhebliche Verletzungen erlitten hat. Ein Fall, dessen Gerichtsakten leider nicht zugänglich waren, hebt sich vor allem heraus: Eine Autofahrerin, die einen Bundeswehrsoldaten als Anhalter in ihrem PKW mitgenommen hatte, wurde von diesem mit einem Messer lebensgefährlich verletzt. Der Täter wollte sich das Fahrzeug aneignen. Diese Handlungsweise erregte die Aufmerksamkeit der Presse in weitaus höherem Maße. In der laienhaften Bewertung und Schilderung dieses Falles aber liegt das Schwergewicht verständlicherweise auf versuchtem Mord. Die in den Urteilen des Bundesgerichtshofs und auch in den Gesetzesmaterialien immer wieder hervorgehobene besondere Gefährlichkeit gerade des Tatmittels „Auto“ wird weder in diesem noch in den anderen geschilderten Fällen als Besonderheit empfunden[236].

Interessant wäre in diesem Zusammenhang die Reaktion auf den bei Aktenauswertung hervorgehobenen einzigen Fall der Verwendung eines mechanischen Hindernisses. Hierzu jedoch konnte ein Pressebericht in dem durchgesehenen Archiv nicht gefunden werden.

c) Ergebnis

Diese Darstellung diente nur der Beantwortung der Frage, ob im Gegensatz zur Beurteilung durch die Gerichte die Sachverhalte von Autostraßenraub in Kreisen der Bevölkerung als besonders schwerwiegend und besorgniserregend angesehen werden und hierin ein möglicher kriminalpolitischer Grund für die Beibehaltung des Tatbestandes liegt.

Diese Möglichkeit muß jedoch nach Durchsicht der Presse für den Raum Köln verneint werden. Die Behandlung entsprechender Fälle weicht nicht von der Beurteilung vergleichbarer Raubtaten ab. Für die

---

[234] z. B. Kölner Stadt-Anzeiger vom 28. 1. 1967; 17. 2. 1967; 6. 3. 1967; 7. 6. 1967; 20. 1. 1968; 25. 7. 1968; 9. 9. 1969; 9. 7. 1970; 9. 10. 1970; 12. 12. 1970.

[235] Kölner Stadt-Anzeiger vom 6. 3. 1969; 27. 8. 1969; 5. 6. 1970; 9. 6. 1970.

[236] Kölner Stadt-Anzeiger vom 9. und 12. 7. 1969.

Mehrzahl der Fälle von Autostraßenraub findet sich nur wenig Interesse, dem Opfer wird teilweise sogar eine „Mitschuld“ gegeben. Allerdings gilt dies nur, solange dem Opfer keine ernsten körperlichen Verletzungen zugefügt werden. Besondere Erregung und Beunruhigung konnte jedenfalls nicht festgestellt werden.

Anders allerdings ist bekanntlich die Reaktion bei Überfällen auf Taxifahrer, teilweise auch bei Überfällen auf Geldtransportwagen. Dies aber sind nach den bisherigen Ergebnissen keinesfalls die überwiegenden Fälle des § 316 a StGB. Zudem werden diese Sachverhalte auch von den Gerichten sehr viel schärfer geahndet[237]. Hierzu können jedoch aus dem zur Verfügung stehenden Untersuchungsmaterial keine Aussagen gemacht werden; im Untersuchungszeitraum sind für Köln keine derartigen Verbrechen bekannt geworden.

Das ausgewertete Material läßt somit eine etwaige kriminalpolitische Begründung der Beibehaltung des § 316 a StGB aus Gründen der besonderen Beunruhigung der Bevölkerung über solche Fälle von Autostraßenraub nicht zu.

Über diese bisher behandelte Frage hinaus können aus den Presseberichten keine Feststellungen getroffen werden. Einmal entscheidet zu sehr der Zufall über die Auswahl der zu berichtenden Sachverhalte. Zum anderen aber sind durch andere Zielsetzung der Berichterstattung, lückenhafte Information, mangelhafte juristische wie kriminologische Vorbildung der jeweiligen Journalisten und ähnliche auf der Hand liegende Umstände die möglichen Fehlerquellen zu groß, als daß hierin genügend objektive Untersuchungsgrundlagen gesehen werden könnten.

---

[237] Vgl. z. B. Prozeß gegen *Gottmann* und *Krug* wegen Überfalls auf einen Geldtransportwagen, des sogenannten Darmstädter „Superdings“; obwohl bei dem Überfall niemand körperlichen Schaden erlitt, auch mildernde Umstände für die Angeklagten sprachen, wurden beide zu 7½ Jahren Freiheitsstrafe verurteilt; vgl. FAZ vom 16. 2. 1971.

C. Kritische Überprüfung

Nach der bisherigen Analyse des Tatbestandes, die auf der Ebene der Ausgestaltung durch die Rechtsprechung vorgenommen wurde, ist festzustellen, daß § 316 a StGB nicht sinnvoll in das Strafgesetzbuch *integriert* worden ist: Auffällig sind die dogmatischen Ungereimtheiten, erstaunlich die Diskrepanz zwischen der Rechtswirklichkeit und der Absicht des Gesetzgebers, nur schwerste Kriminalität zu erfassen.

Hierauf allein kann allerdings ein abschließendes Urteil über § 316 a StGB nicht gestützt werden. Es ist immerhin denkbar, daß die Fehler und Mängel nicht so sehr im Tatbestand selbst, als in seiner Ausgestaltung durch die Rechtspraxis zu suchen sind. Deshalb muß im folgenden der Versuch unternommen werden, festzustellen, ob der Tatbestand nicht vielleicht doch *integrierbar* ist. Dazu sollen Rechtsgut, vertypter Unrechtsgehalt und kriminalpolitische Relevanz der Vorschrift mit dem Ziel untersucht werden, § 316 a StGB in das Strafgesetzbuch zu integrieren. Dabei ist auf bisher erarbeitete Ergebnisse zurückzugreifen.

I. Rechtsgut

Die *besondere* durch die Strafdrohung ausgedrückte Bewertung der durch den Tatbestand erfaßten Handlungen könnte dadurch erklärbar sein, daß ein gegenüber den Raubtatbeständen höherwertiges Rechtsgut geschützt wird[1].

Der Rechtsgutbegriff nimmt nach überwiegender Meinung eine zentrale Stellung für die Bewertung der strafrechtlichen Tatbestände ein[2]. Im einzelnen ist er allerdings trotz nun schon weit über ein Jahrhun-

---

[1] Zur Rangordnung der Rechtsgüter vgl. z. B. *Oehler*, Wurzel, S. 2 ff.; *Jäger*, Rechtsgüterschutz, S. 4; auch *Jescheck* § 26 I.

[2] *Sina*, insbes. S. 89 ff.; *Marx*, insbes. S. 60, 62 ff.; *Jäger*, Rechtsgüterschutz, insbes. S. 116 ff.; *Oehler*, Rezension, S. 486 f.; *Rudolphi*, S. 151; auch z. B. *Jescheck* § 1 III, § 26 I; *Maurach* AT, S. 212 ff.; *Stratenwerth*, S. 52, 215 f.; *Schmidhäuser*, 2/31; 6/6; 8/29; und öfter; eine Rangverschiebung findet sich aber z. B. bei *Welzel*, der als Aufgabe des Strafrechts in erster Linie den „Schutz der elementaren sozialethischen Gesinnungs-(Handlungs)werte“ ansieht und „erst darin eingeschlossen der Schutz der einzelnen Rechtsgüter“; vgl. *Welzel*, S. 4.

dert währender Bemühung[3] unsicher und bisher nicht eindeutig definiert[4]. Gerade in neuerer Zeit hat es wieder Untersuchungen gegeben[5], die den Begriff einer Klärung zuzuführen versuchen. Ausgangspunkt dieser Überlegungen sind die verfassungsrechtlichen Wertentscheidungen des Grundgesetzes[6], mit deren Hilfe ein materieller Rechtsgutsbegriff gefunden werden soll. Bei *Rudolphi* etwa findet sich folgende Begriffsbestimmung: „Verfassungsrechtlich legitimes Schutzgut der Strafdrohungen sind allein die für den Bestand unserer Gesellschaft in ihrer konkreten Ausgestaltung erforderlichen und deshalb werthaften sozialen Funktionseinheiten[7]."

Entscheidend sind die verschiedenen Rechtsgutsbegriffe jedoch nur in den Randzonen des Strafrechts, wo es darum geht, mittels des Rechtsgutsbegriffs den Bereich strafrechtlichen Unrechts abzugrenzen. Im Mittelpunkt steht die Unterscheidung von der bloßen Moralwidrigkeit; diese Problematik zeigt sich besonders im Bereich des Sexualstrafrechts[8]. Gerade in dieser Diskussion wird die auch heute noch dem Rechtsgutsbegriff beigelegte *Kontrollfunktion* für die Aufstellung von Strafrechtsnormen deutlich[9].

Bevor nun Abwägung, Vergleich und Überprüfung der vom Gesetzgeber vorgenommenen Rechtsguts*bewertung* durchgeführt werden können, ist vor dem Hintergrund der angedeuteten neueren Lehren zum Rechtsgutsbegriff zu prüfen, welches Rechtsgut bzw. welche Rechtsgüter[10] durch § 316 a StGB geschützt werden. Die historische Frage, welches Rechtsgut geschützt werden sollte, konnte aus den Materialien

---

[3] Geprägt wurde der Begriff im Jahre 1834 von *Birnbaum*, S. 149 ff.; allerdings finden sich, wie vor allem *Sina*, S. 9 ff. m. Nachw. aufgezeigt hat, die Wurzeln des Begriffs bereits bei *Feuerbach*; dazu auch *Jäger*, Rechtsgüterschutz, S. 7; zur weiteren Entwicklung des Begriffs vgl. grundlegend *Sina*, S. 14 ff. m. w. Nachw.; auch *Jäger*, Rechtsgüterschutz, S. 8 ff.

[4] Vgl. dazu z. B. *Marx*, S. 1; *Sina*, S. 1, 96 f.; *Rudolphi*, S. 151.

[5] Vgl. dazu z. B. die Arbeiten von *Marx; Sina; Rudolphi; Hassemer; Amelung; Otto.*

[6] Vor allem *Marx*, S. 24 ff., 38 ff.; *Rudolphi* insgesamt, vgl. insbes. S. 158 ff.; vgl. auch *Sina*, S. 89 ff.

[7] *Rudolphi*, S. 166; vgl. auch *Marx*, S. 62, der Rechtsgüter definiert als „diejenigen Gegenstände, die der Mensch zu seiner freien Selbstverwirklichung braucht".

[8] Vgl. dazu besonders *Jäger*, Rechtsgüterschutz, S. 29 ff., 41 ff.; ferner auch *Marx*, S. 84 ff.; *Rudolphi*, S. 158 ff.; jeweils m. w. Nachw.

[9] Vgl. 2. Teil C. Fn. 8; zur Kontrollfunktion des Rechtsgutsbegriffs vgl. z. B. auch *Oehler*, Rezension, S. 486 f.

[10] Viele Tatbestände schützen mehrere Rechtsgüter; dazu z. B. *Maurach* AT, S. 218 f.; z. B. bezweckt § 242 nach h. L. Schutz von Eigentum und Gewahrsam; dazu z. B. *Schönke / Schröder* § 242 Rdn. 1 m. w. Nachw.; § 249: Eigentum und persönliche Freiheit; *Schönke / Schröder* § 249 Rdn. 1 m. w. Nachw.

nicht beantwortet werden[11]. Es kann daher im folgenden nur festgestellt werden, was bei *objektiver* Betrachtung sinnvoll als Schutzgut verstanden werden kann.

In diesem Zusammenhang braucht nicht näher darauf eingegangen zu werden, daß § 316 a StGB ebenfalls dem Schutz der Rechtsgüter dient, die durch Raub- und Erpressungstatbestände erfaßt werden: Freiheit, Gewahrsam und Eigentum, Freiheit und Vermögen werden bereits durch §§ 249 ff. StGB mit strafrechtlichem Schutz versehen; § 316 a StGB hat insoweit keine eigenständige Funktion.

In Materialien und Rechtsprechung findet sich immer wieder der Hinweis auf „die Sicherheit des Straßenverkehrs", die vor Eingriffen geschützt werden müsse[12]. Dies zusammen mit der Tatsache, daß die Vorschrift in dem Abschnitt des Strafgesetzbuches zu finden ist, in dem Straßenverkehrsgefährdungsdelikte normiert sind[13], läßt vermuten, daß die „Sicherheit des Straßenverkehrs" geschütztes Gut des § 316 a StGB sein soll. § 316 a StGB hätte dann einen doppelten Charakter: Der Tatbestand wäre einerseits Eigentums- bzw. Vermögensdelikt, zugleich aber auch Straßenverkehrsdelikt[14].

Bevor dies überprüft werden kann, ist der Begriff „Sicherheit des Straßenverkehrs" auszulegen: Diese Formulierung umfaßt einen Komplex der verschiedenartigsen Aspekte, so daß zunächst zu klären ist, was damit überhaupt gemeint sein kann.

Sicherheit des Straßenverkehrs bedeutet einmal *Sicherheit von Leib und Leben* aller mit dem Straßenverkehr in Berührung kommenden Personen sowie deren Sachgüter vor spezifisch straßenverkehrsbedingter Beeinträchtigung. Dies ist z. B. zusätzliches Schutzgut der Straßenverkehrsgefährdungstatbestände (§§ 315 b - d StGB)[15].

---

[11] Vgl. Darstellung 2. Teil B. I.

[12] Rechtsausschuß, S. 11, 12; Niederschriften IX, S. 366; Amtl. Begründung zum E 62, S. 533 f.; aus der Rechtsprechung grundlegend BGHSt 5, 280, 281 f.; 6, 82, 83.

[13] Obwohl der systematischen Anordnung für die Auslegung keine entscheidende Rolle zukommt, vgl. z. B. *Maurach* AT, S. 102; *Jescheck* § 17 IV 1 a; *Kohlrausch / Lange* § 2 Anm. 3 B 4; zumal nicht bei dem stellenweise als „Rumpelkammer des StGB" bezeichneten Abschnitt der „gemeingefährlichen Verbrechen und Vergehen"; so z. B. *Maurach* BT, S. 522; zur Uneinheitlichkeit dieses Abschnitts vgl. z. B. auch *Kohlrausch / Lange* Vor § 306 Anm. I; *Schönke / Schröder* Vor § 306 Rdn. 1 ff.; *Dreher* Vor § 306 Anm. 1; *Lackner / Maassen* Vor § 306.

[14] Dies ist wohl auch gemeint mit der Formulierung der Amtlichen Begründung zu E 62, S. 534, § 316 a StGB liege gewissermaßen auf der „Nahtstelle zwischen den Vermögens- und den Verkehrsdelikten".

[15] Daß „Sicherheit des Straßenverkehrs" und „Sicherheit von Leib, Leben und Sachgütern" nicht synonym gebraucht werden, zeigt z. B. die Unterscheidung in § 315 b StGB: „Wer die Sicherheit des Straßenverkehrs ... be-

Weiter gehört dazu aber auch *der geordnete Ablauf des Straßenverkehrs nach bestimmten festgesetzten Regeln*[16]. Jeder Verkehrsteilnehmer muß sich auf ein diesen Regeln entsprechendes Verhalten anderer verlassen können.

„Sicherheit des Straßenverkehrs" kann letztlich gedeutet werden als Einstellung, als subjektive Erwartung der Verkehrsteilnehmer gegenüber dem Straßenverkehr, als subjektives Sicherheitsbedürfnis *(Sicherheitsgefühl der Verkehrsteilnehmer)*[17].

Diese einzelnen Aspekte in ihrer gegenseitigen Abhängigkeit und Durchdringung bilden den Begriff „Sicherheit des Straßenverkehrs". Sie sind einzeln auf ihren Rechtsgutcharakter hin zu überprüfen.

1. Sicherheit für Leib, Leben und Sachgüter

Da Tatbestandshandlung des § 316 a StGB Angriff auf „*Leib, Leben* oder Entschlußfreiheit" ist, kann ein Schutz von Leib oder Leben des unmittelbaren individuellen Opfers in jedem Fall angenommen werden. Darüber hinaus ist aber mit „Sicherheit für Leib, Leben und Sachgüter" im Straßenverkehr etwas anderes, zusätzliches gemeint. Das Merkmal ist bekannt aus den §§ 315 b und c StGB: Die Diskussion um Individual- und Gemeingefahr hat das wesentliche Kriterium deutlich gemacht. Es liegt in der *Gefährdung oder Verletzung beliebiger Verkehrsteilnehmer durch ein bestimmtes verkehrswidriges Verhalten des Täters;* nicht das nach *individuellen* Gesichtspunkten ausgesuchte Opfer steht — wie sonst bei den meisten Verletzungstatbeständen — im Vordergrund[18].

Ob in diesem Sinne „Leib, Leben und Sachgüter" Rechtsgüter des § 316 a StGB sind, hängt zunächst davon ab, ob durch die Sachverhalte,

---

einträchtigt ... *und* dadurch Leib oder Leben eines anderen ... gefährdet ..."; vgl. auch *Maurach* BT, S. 536 f.; *Schönke / Schröder* § 315 b Rdn. 1, § 315 c Rdn. 2; anders allerdings z. B. *Jagusch* § 315 b Anm. 1: „Schutzobjekt ist nur der Straßenverkehr".

[16] Zu dieser Unterscheidung vgl. z. B. *Lackner,* Gefährdungsdelikt, S. 4; vgl. auch *Maurach* BT, S. 536 ff.; *Jagusch,* S. 2; Begründung des Bundesverkehrsministers zur Straßenverkehrsordnung II 2 b.

[17] Ähnliches ist wohl gemeint, wenn bei Beratungen des Zwecks von § 316 a StGB hervorgehoben wird, „jeder Kraftfahrer müsse das *Bewußtsein* (Hervorhebung von der Verf.) haben können, von ... nach ... fahren zu können, ohne unterwegs ... ausgeplündert zu werden"; *Lackner,* Rechtsausschuß, S. 11; zum Sicherheitsgefühl als konstruierbarem Rechtsgut vgl. z. B. auch Hinweis bei *Jäger,* Rechtsgüterschutz, S. 17.

[18] Vgl. hierzu z. B. *Jagusch* § 315 b Anm. 2 a, b; *Maurach* AT, S. 217 f.; ders. BT, S. 519 ff.; *Schönke / Schröder* Vor § 306 Rdn. 4 ff.; *Mösl* in LK Vor § 306 Rdn. 4 f.; § 315 b Rdn. 6 f.; *Lackner / Maassen* § 315 c Anm. 5; *Dreher* § 315 Anm. 6; zur Problematik vgl. z. B. auch *Reinh. v. Hippel,* Individualgefahr, S. 378 ff.; jeweils m. w. Nachw.

die unter die Norm subsumiert werden können, eine Beeinträchtigung[19] dieses Rechtsguts nicht nur gelegentlich auftritt. Um dies feststellen zu können, ist § 316 a StGB in der Ausprägung zugrundezulegen, die der Tatbestand durch die Rechtsprechung erhalten hat.

In den Sachverhalten, bei denen mittels *mechanischer Autofallen* die Verhältnisse des Straßenverkehrs ausgenutzt werden, ist die Gefährdung oder Verletzung anderer Verkehrsteilnehmer wahrscheinlich: Straßensperren, Krähenfüße, auch Schüsse auf die Reifen eines fahrenden PKW[20] können nur allzuleicht schwere und schwerste Verkehrsunfälle bewirken.

Nicht ohne weiteres läßt sich dies jedoch für die *psychischen Fallen* feststellen. Hier wird nicht ein äußeres ‚Hindernis' in den Verkehr gebracht, das ‚Hindernis' ist vielmehr der Täter selbst, der das Opfer an die „einsame Stelle" oder sonst in „hilflose Lage" bringt[21]. Bei dieser Fallkonstellation befindet sich der Täter regelmäßig im Fahrzeug. Daher wird er bestrebt sein müssen, den Angriff auf den Fahrer bzw. auf den Fahrgast so vorzunehmen, daß er sich nicht selbst gefährdet. Hieraus folgt, daß in der Mehrzahl der Fälle der Täter es so einrichten wird, daß das Opfer nicht die Gewalt über das Fahrzeug verliert[22], mag dies auch in Einzelfällen möglich sein und dann einen größeren Kreis von Verkehrsteilnehmern gefährden.

Hiernach läßt sich also nur für einen Teil der unter § 316 a StGB zu subsumierenden Fälle die Möglichkeit einer Gefährdung von unbeteiligten Verkehrsteilnehmern unterstellen.

Nun schließt dies allerdings nicht aus, trotzdem Leib und Leben als Rechtsgut anzunehmen. Bei den *abstrakten Gefährdungsdelikten* ist gerade charakteristisch, daß nicht in jedem Verwirklichungsfalle eine Gefährdung eintritt[23]. So ist etwa bei § 316 StGB im Gegensatz zu § 315 c Ziff. 1 a StGB das Erfordernis der Gefährdung im Tatbestand nicht enthalten[24]. Dennoch ist anerkannt, daß auch bei Tatbeständen

---

[19] Diese kann in einer Verletzung oder Gefährdung bestehen. Vgl. z. B. *Jescheck* § 26 II 2; *Maurach* AT, S. 217 f.; jeweils m. w. Nachw.

[20] Vgl. ferner Zusammenstellung bei *Jagusch* § 316 a Anm. 4; *Rusam,* S. 17.

[21] Vgl. Zusammenstellung bei *Jagusch* § 316 a Anm. 4; *Rusam,* S. 17; vgl. auch Aktenauswertung 2. Teil B. IV. 2.

[22] Dies wurde aber bei Beratung des § 316 a StGB vermutet; vgl. Rechtsausschuß, S. 11; wie hier schon die herrschende Auffassung zum AutofG, vgl. *Freisler,* Gedanken, S. 37; Vorbemerkung, S. 2; zu § 316 a StGB vgl. z. B. *Rusam,* S. 58 f.

[23] Statt vieler z. B. *Cramer,* S. 51 f.; *Maurach* AT, S. 238.

[24] Zu § 316 StGB als abstraktes Gefährdungsdelikt vgl. z. B. *Jagusch* § 316 Anm. 1; *Schönke / Schröder* § 316 Rdn. 1; *Lackner / Maassen* § 316 Anm. 2; *Dreher* § 316 Anm. 2.

dieser Struktur der Rechtsgüterschutz maßgebend ist[25]. Sie werden nur der Angriffsintensität nach von den konkreten Gefährdungsdelikten unterschieden und als „Vorstufe der konkreten Gefährdungsdelikte“[26] angesehen. Allerdings sind teilweise Bedenken erhoben worden, jemanden aus einem Gefährdungsdelikt zu bestrafen, der im Einzelfall keine Gefährdung herbeigeführt hat[27].

Die herrschende Lehre erkennt die abstrakten Gefährdungsdelikte jedoch an[28]. Allerdings finden sich Versuche, einerseits ihre Zahl zu beschränken, andererseits die Grenzen der Voraussetzungen für die Zulässigkeit abstrakter Gefährdungsdelikte eng zu halten[29]. Als Maßstab gilt, ob ein bestimmtes Verhalten „erfahrungsgemäß“[30], „typischerweise“[31] die Gefährdung des jeweilig geschützten Rechtsguts bewirkt.

Unter diesen Voraussetzungen muß die Frage beantwortet werden, ob § 316 a StGB als abstraktes Gefährdungsdelikt zum Schutz von Leib, Leben oder Entschlußfreiheit beliebiger Verkehrsteilnehmer aufgefaßt werden kann. In diesem Zusammenhang ist zwischen den aufgezeigten Fallgruppen zu unterscheiden:

Mit den *mechanischen Fallen* ist der Eintritt einer Gefährdung von Leib oder Leben beliebiger Verkehrsteilnehmer für die meisten denkbaren Fälle zu erwarten. Hier können also Leib, Leben oder Sachgüter sogar als Rechtsgut eines konkreten Gefährdungsdeliktes angenommen werden. Für die Sachverhalte der *psychischen Falle* ist jedoch gerade festgestellt worden, daß der Täter bemüht sein muß, eine solche Gefährdung anderer auszuschließen, um nicht sich selbst und sein Vorhaben zu gefährden. Hier ist der Eintritt einer Gefährdung mithin atypisch.

---

[25] Ausführlich z. B. bei *Cramer*, S. 61 ff.; vgl. ferner *Maurach* AT, S. 237 f.; *Jescheck* § 26 II 2.

[26] So *Jescheck* § 26 II 2; ähnlich *Cramer*, S. 65; zur Problematik der abstrakten und konkreten Gefährdungsdelikte vgl. z. B. auch *Horn*, S. 20 ff.; *Gallas*, Gefährdung, S. 171 ff.

[27] So *Binding*, Normen I, S. 372 ff., der allerdings die konkrete Gefahr sehr weit ausdehnt; Einschränkungsversuche auch z. B. bei *Rabl*, S. 16 ff.; vgl. dazu insgesamt *Cramer*, S. 52 ff., 55 ff.

[28] z. B. *Cramer*, insbes. S. 61 ff.; *Maurach* AT, S. 238; *Jescheck*, S. 179; *Baumann*, S. 120 f.; *Schmidhäuser* 9/21; *Stratenwerth*, S. 216; *Welzel*, S. 63; *Schönke / Schröder* Vor § 306 Rdn. 3 ff., die allerdings in begrenztem Umfang den Gegenbeweis der Ungefährlichkeit zulassen wollen, ebenso *Schröder*, ZStW 81, 17; vgl. auch *Henkel*, S. 594.

[29] So bemühte man sich bei den Reformarbeiten zum E 62 darum, abstrakte Gefährdungsdelikte weitgehend in konkrete umzuwandeln oder aber dem Nebenstrafrecht zu überlassen; vgl. z. B. Amtliche Begründung zum E 62, S. 496; vgl. auch z. B. *Cramer*, S. 67 ff.

[30] So *Maurach* AT, S. 238.

[31] *Cramer*, S. 68; im Anschluß an *Cramer* auch *Jescheck* § 26 II 2.

Ist aber mit einer ganzen Gruppe von Sachverhalten eine Gemeingefahr gerade *nicht* verbunden, so ist die Annahme eines abstrakten Gefährdungsdeliktes nicht möglich[32]. Es kann nämlich nicht die bei der einen Fallgruppe bestehende Beeinträchtigung bestimmter Güter die andere dogmatisch gleichrangige Fallgruppe, bei der eine solche Beziehung zu dem Schutzgut nicht besteht, mitprägen. Es muß deshalb in Bezug auf § 316 a StGB festgestellt werden, daß mit den Tatbestandshandlungen *insgesamt gesehen* eine Gefährdung Dritter typischerweise nicht verbunden ist[33].

Nach allem scheidet „Sicherheit des Straßenverkehrs", soweit damit die Sicherheit von Leib, Leben und Sachgütern der Verkehrsteilnehmer gemeint ist, als neben den Raubrechtsgütern zusätzlich geschütztes Rechtsgut aus; die Verschärfung des Strafschutzes ist von hier aus nicht zu begründen.

2. Geordneter Verkehrsablauf

Weiter ist zu prüfen, ob der *geordnete Verkehrsablauf als solcher* durch § 316 a StGB vor Beeinträchtigungen geschützt werden soll. Diesem Aspekt von „Sicherheit des Straßenverkehrs" kommt eigene wichtige Bedeutung zu. Moderner Straßenverkehr ist nicht denkbar ohne geordneten Ablauf. Er könnte die vielfältigen Funktionen, die er im heutigen Wirtschafts- und Sozialleben übernimmt, nicht mehr erfüllen[34, 35].

Soweit durch *mechanische* Fallen nicht bereits Personen oder Sachen gefährdet werden, liegt wenigstens ein Eingriff in den geordneten Verkehrsablauf vor[36]. Dagegen ist für die *psychischen* Fallen festgestellt

---

[32] Besonders ausführlich z. B. *Cramer*, S. 68 f.; auch *Jescheck* § 26 II 2; *Maurach* AT, S. 238.

[33] Diese Ansicht wird überwiegend auch in der Literatur vertreten; vgl. *Rusam*, S. 58 f.; *Grünauer*, S. 6; *Maurach* BT, S. 246 f., 256; *Schönke / Schröder* § 316 a Rdn. 1; *Kohlrausch / Lange* § 316 a Anm. I; bei *Floegel / Hartung* fand sich in früheren Auflagen ein Hinweis auf „die hohe Gemeingefahr, die durch solche Taten für den gesamten Verkehr auf der betroffenen Straße herbeigeführt wird oder doch herbeigeführt werden kann", vgl. z. B. 16. Aufl. § 316 a Anm. 7; in der 19. von *Jagusch* neubearbeiteten Auflage desselben Kommentars ist diese Stelle jedoch bezeichnenderweise gestrichen worden.

[34] Dazu besonders ausführlich Begründung des Bundesverkehrsministers zur Straßenverkehrsordnung II 2 b; auch *Lackner*, Gefährdungsdelikt, S. 4; *Maurach* BT, S. 536.

[35] Eine davon zu trennende Frage betrifft das Rangverhältnis dieser Komponenten der Straßenverkehrssicherheit zu „Sicherheit von Leib und Leben"; Schutz von Leib und Leben ist sicher vorrangig; dies zeigt bereits die Beschränkung der als Kriminalunrecht eingestuften §§ 315 b und c StGB, die nur solche Sachverhalte erfassen, bei denen die Beeinträchtigung der Sicherheit des Straßenverkehrs zu einer Gefährdung von „Leib oder Leben eines anderen oder fremde(r) Sachen von bedeutendem Wert" geführt hat.

[36] Vgl. dazu S. 100.

worden, daß der Täter bemüht sein muß, die von ihm beabsichtigte Tat außerhalb des Verkehrsflusses durchzuführen[37], so daß auch dessen bloße Beeinträchtigung in der Mehrzahl der Fälle nicht bejaht werden kann.

Geordneter Verkehrsablauf als Aspekt der „Sicherheit des Straßenverkehrs" scheidet demnach als Rechtsgut des § 316 a StGB aus.

3. Sicherheitsgefühl der Verkehrsteilnehmer

Zur „Sicherheit des Straßenverkehrs" gehört auch das *Sicherheitsgefühl der Verkehrsteilnehmer*[38]. Nun ist allerdings schon zweifelhaft, ob und wieweit dies überhaupt als schützenswertes Rechtsgut gedacht werden kann.

Es ist vorstellbar, daß bestimmte Handlungsweisen eine derartige Beunruhigung schaffen, daß hieraus nicht kalkulierbare schädliche Folgen auf ganz anderen Bereichen eintreten. Im allgemeinen ist dies allerdings nur bei der Häufung gleichartiger Handlungsweisen denkbar. Eine Häufung von Banküberfällen etwa mit Geiselnahme wird möglicherweise sowohl den Banken hinsichtlich des Kassenpersonals Nachwuchsschwierigkeiten als auch eine Einbuße an Laufkunden bringen, da die Furcht besteht, in einen Überfall verwickelt zu werden, auch wenn die rechnerische Wahrscheinlichkeit hierfür gering ist.

Es soll zunächst einmal unterstellt werden, es ließe sich eine nicht nur auf wenige Personen beschränkte Unsicherheit feststellen[39], die nachweislich durch eine bestimmte Handlungsweise herbeigeführt worden ist. Es ergeben sich dann dennoch Bedenken dagegen, eine *Kriminal*strafdrohung zum Schutze des *„Sicherheitsgefühls"* der gesamten Bevölkerung oder einzelner Personengruppen[40] zu schaffen.

Es besteht nämlich die Besonderheit, daß nicht die einzelne Tat, sondern nur die Gesamtheit vieler Taten eine wirkliche Beeinträchtigung des unterstellten Rechtsguts bewirken könnte[41]. Man würde also dem einzelnen Täter zugleich die unabhängig von seiner Tat verwirklichten vergangenen und zukünftigen entsprechenden Handlungen zurechnen.

---

[37] Vgl. S. 100.

[38] Vgl. S. 99.

[39] Auf die diesbezüglichen Schwierigkeiten soll hier nicht eingegangen werden.

[40] z. B. aller Verkehrsteilnehmer.

[41] Sieht man einmal von der Sensationswirkung einzelner in Presse, Rundfunk und Fernsehen verbreiteter Kriminalfälle ab.

Es fragt sich auch, inwieweit dem „Sicherheitsgefühl" überhaupt selbständige strafrechtliche Bedeutung zukommt. In dem skizzierten Beispiel der Geiselnahme etwa könnte die Problematik zurückgeführt werden auf eine durch das Unsicherheitsgefühl bewirkte Beeinträchtigung wirtschaftlicher Güter, nämlich Eigentum oder Vermögen. Soweit aber Folgen für andere Rechtsgüter nicht entstehen, erscheint zweifelhaft, ob wirklich etwas geschädigt, also etwa eine „werthafte soziale Funktionseinheit"[42] beeinträchtigt wird. Gegenüber solchen unbestimmten Begriffen aus dem Bereich der sogenannten Universalrechtsgüter[43] ist Vorsicht geboten, um zu vermeiden, daß „nichtssagende Allgemeinbegriffe"[44] in den Rang von Rechtsgütern erhoben werden. Sonst verlöre der Rechtsgutsbegriff jegliche Abgrenzungsfunktion, jede Möglichkeit, mittels rationaler Prinzipien Gesetzgebung zu überprüfen[45].

Nun gehört zur kriminalpolitischen Motivation unter anderem auch, dem einzelnen das Gefühl zu geben, vor kriminellen Angriffen weitgehend geschützt zu werden. Anders wäre — im Extrem — ein selbstverständliches gesellschaftliches „Miteinander" erschwert. Aber strafrechtlichen Schutz genießen nur *spezielle* Güter: Eigentum, Leben, Freiheit usw. Wo es nur darum geht, das allgemeine Sicherheitsgefühl zu stärken, liegt es nahe, an das Polizeirechtsgut „öffentliche Sicherheit und Ordnung"[46] zu denken; im Verlauf der Trennung von Kriminalunrecht und Ordnungswidrigkeit hat sich das Schwergewicht polizeirechtlicher Schutzgüter immer mehr aus dem Strafrecht in den Bereich der Ordnungswidrigkeiten verlagert[47].

Im übrigen ist an dieser Stelle nicht generell zu entscheiden, ob und wann ein „Sicherheitsgefühl" als werthaftes Gut im Kriminalstrafrecht zu schützen ist[48]. In Bezug auf § 316 a StGB aber läßt bereits ein Blick auf die Statistik[49] daran zweifeln, ob tatsächlich durch 18, 20, selbst 60 solcher Taten im Jahr verteilt auf die BRD im Verhältnis zu mehreren

---

[42] *Rudolphi*, S. 166.

[43] Dazu besonders *Jäger*, Rechtsgüterschutz, S. 15 ff.; vgl. auch *Maurach* AT, S. 214 f.

[44] *Jäger*, Rechtsgüterschutz, S. 17.

[45] Besonders *Jäger*, Rechtsgüterschutz, S. 122; auch z. B. *Sina*, S. 91 ff.; *Marx*, S. 70 ff., 84 ff.; *Rudolphi*, S. 158 ff.; *Oehler*, Rezension, S. 486 f.

[46] Vgl. § 14 PVG.

[47] Statt vieler z. B. *R. Lange*, Rätsel, S. 52 ff., 131 f.; *Maurach* AT, S. 14 ff. mit ausführlicher Darstellung dieser Entwicklung und m. w. Nachw.

[48] Dies müßte wohl jeweils Einzeluntersuchungen überlassen bleiben, da die einzelnen Rechtsgüter letztlich nur in Bezug auf die jeweiligen Tatbestände gesehen und verstanden werden können; vgl. dazu z. B. *Jäger*, Rechtsgüterschutz, S. 17.

[49] Vgl. Darstellung und Auswertung der Verurteiltenstatistik 2. Teil B. IV. 1. a).

Tausend Raubtaten die Unsicherheit so spürbar wächst, daß zu diesem Zweck ein neuer Tatbestand geschaffen werden mußte. Dies liegt nahe für die Sachverhalte der „mechanischen Fallen"; für diese wurde aber bereits eine Gefährdung der Rechtsgüter Leib und Leben festgestellt. In den übrigen Fällen des § 316 a StGB, den „psychischen Fallen", könnte sich eine entsprechende Unsicherheit nur dahin auswirken, daß etwa weniger „Tramper" mitgenommen werden oder sonst größere Vorsicht beachtet wird, wenn es darum geht, sich fremden PKW-Fahrern anzuvertrauen oder kurzfristig geschlossene Bekanntschaften mittels einer Autofahrt fortzusetzen. Daß hier derart das Sicherheitsgefühl der Allgemeinheit beeinträchtigt ist, so daß der Strafschutz des Raubes nicht ausreicht, erscheint jedenfalls unwahrscheinlich.

Berücksichtigt man die bereits dargelegten generellen Bedenken gegen das Sicherheitsgefühl als Rechtsgut und gegen unbestimmte Rechtsgüter überhaupt, so muß das „Gefühl der Sicherheit im Straßenverkehr" als Rechtsgut für § 316 a StGB abgelehnt werden.

Damit scheidet aber auch insgesamt die „Sicherheit des Straßenverkehrs" als Rechtsgut für § 316 a StGB aus.

4. Öffentliche Verkehrsunternehmen und Taxifahrer

In den Beratungen wird erörtert, Taxifahrer und öffentliche Verkehrsunternehmen müßten geschützt werden[50], und aus diesem Grunde bestehe ein „sehr starkes Strafbedürfnis"[51].

Geht man davon aus, daß im Strafrecht Rechtsgüterschutz erfolgt, so müßte aus derartigen Äußerungen abgeleitet werden, Rechtsgut seien Taxifahrer und öffentliche Verkehrsunternehmen. Daß aber ein so beschränkter Personenkreis wie ihn Taxifahrer darstellen, als Rechtsgut des § 316 a StGB angesehen worden ist, kann kaum angenommen werden. Dies schon deshalb nicht, weil eine — zulässige oder unzulässige — Beschränkung des Tatbestandes auf die genannte Gruppe nicht erfolgt ist. Zum anderen aber wäre dies eine Privilegierung einer bestimmten Berufsgruppe, während das Strafrecht gerade nicht nach der sozialen Funktion des jeweiligen Handlungsobjekts fragt[52]. Der durch einige „Beamtendelikte" mittelbar zugleich bewirkte Beamtenschutz[53] dient gerade nicht dem Rechtsgut „Beamten", sondern nach herrschender Meinung wird die „Unberührbarkeit des staatlichen

---

[50] Vgl. Niederschriften IX, S. 366.

[51] *Lackner*, Niederschriften IX, S. 366.

[52] z. B. *Maurach* BT, S. 12 ff.; besonders deutlich in den ablehnenden Stellungnahmen zur Vernichtung „lebensunwerten" Lebens; vgl. z. B. *Maurach* BT, S. 15 f.

[53] z. B. bei § 114 StGB (Beamtennötigung).

Behördenapparates“[54] geschützt, wobei die Amtshandlung des Beamten als „mögliche Repräsentation der *Staats*gewalt“[55] verstanden wird.

Aber auch wenn man nicht so sehr die Taxifahrer in persona, sondern die dahinter stehende Transportfunktion, mit der zu einem Teil halböffentliche Aufgaben übernommen werden[56], und diese zusammen mit den zitierten öffentlichen Verkehrsunternehmen geschützt sehen will, ergeben sich hinsichtlich dieser Absicht dieselben bereits dargelegten Zweifel.

Zunächst fehlt bereits die tatbestandliche Beschränkung, die erforderlich wäre, da § 316 a StGB in der geltenden Fassung bei weitem nicht nur Angriffe auf Taxifahrer und öffentliche Verkehrsunternehmen erfaßt, zum anderen sind die Taxiunternehmer nicht die einzigen Dienstleistungsbetriebe, die auch dem öffentlichen Nutzen dienen. Ein besonderer Schutz dieses in erster Linie des Gewinns halber arbeitenden Berufszweiges erscheint nicht berechtigt.

In Bezug auf die öffentlichen Transportunternehmen könnte durch § 316 a StGB nur ein geringer Teil geschützt werden, nämlich der Busverkehr; Straßenbahn, Schnellbahn, U-Bahn und Eisenbahn wären insoweit — ohne daß ein Grund ersichtlich ist — ungeschützt. Im übrigen wäre dann die Beschränkung auf Schutz vor Raub und räuberischer Erpressung nicht verständlich; eher müßte ein Tatbestand nach dem Muster des § 315 StGB geschaffen werden. Vernünftigerweise müssen also „Taxifahrer und öffentliche Verkehrsunternehmen“ als besonderes Rechtsgut des § 316 a StGB ausscheiden. Sie sind im übrigen bereits durch §§ 211 f., §§ 249 ff. StGB geschützt[57].

5. Ergebnis

Die bisherige Untersuchung hat keinen Anhaltspunkt dafür ergeben, daß zusätzlich zu den Rechtsgütern der Raub- bzw. der Erpressungstatbestände ein weiteres Rechtsgut geschützt ist. Dies wäre nur der Fall, wenn der Tatbestand in seinem Geltungsumfang auf die Fälle der mechanischen Fallen beschränkt wäre, bei denen in aller Regel eine Gefährdung, wenn nicht gar Verletzung nicht nur des Raubopfers, sondern auch anderer beliebiger Verkehrsteilnehmer zu erwarten ist. Dann könnte von Schutz der Sicherheit im Straßenverkehr gesprochen werden. Dann auch erschiene die Einordnung unter die gemeingefährlichen Straftaten berechtigt. So aber ist *Maurach* zuzustimmen, wenn er

---

[54] So zuerst *Grünhut*, S. 16; im Anschluß daran vgl. z. B. *Welzel*, S. 500; *Maurach*, BT, S. 626.

[55] So *Grünhut*, S. 16.

[56] Maßgebend dafür sind die Droschkenordnungen der Länder, zu deren Erlaß diese gemäß § 47 PersBefG ermächtigt sind.

[57] Vgl. 2. Teil B. III.

zu § 316 a StGB schreibt, der Gesetzgeber sei „der ... Versuchung erlegen, Angriffsrichtung und Angriffsmittel zu verwechseln ..."[58].

II. Vertypter Unrechtsgehalt

Ein Straftatbestand ist grundsätzlich durch das geschützte Rechtsgut in seiner Angriffsrichtung charakterisiert. Die Tatbewertung, die besonders in dem vom Gesetzgeber gewählten Strafrahmen zum Ausdruck kommt, wird jedoch in mindestens gleichem, wenn nicht höherem Maße durch den jeweiligen *Handlungsunwert* geprägt: Bei gleichbleibendem Rechtsgut kann verschiedener Unrechtsgehalt vorliegen, wie es die im StGB häufig zu findende Abwandlung eines Grundtatbestandes in Form von Qualifizierungen und Privilegierungen deutlich zeigt[59]. Der besondere Unrechtsgehalt kann durch die Art der Begehungsweise, Verwendung besonderer Tatmittel etc.[60], aber auch durch Gesinnungsmerkmale, besondere Handlungstendenzen usw.[61] geprägt sein.

Der Tatbestand des § 316 a StGB ist nun möglicherweise nicht so sehr durch die mit Raub und Erpressung gemeinsamen Rechtsgüter charakterisiert, sondern durch andere den Unrechtsgehalt bestimmende Elemente. Hier könnte ein Grund für Vorverlagerung und Erhöhung des durch § 316 a StGB begründeten Strafschutzes gefunden werden.

Die Besonderheit des § 316 a StGB gegenüber den Raubdelikten besteht vor allem in dem Merkmal „Ausnutzung der besonderen Verhältnisse des Straßenverkehrs", also in der Herbeiführung und Ausnutzung von besonderen Verkehrsbedingungen zur Begehung eines Raubes bzw. einer räuberischen Erpressung[62]. Dies bezeichnet zunächst Einsatz eines besonderen *Tatmittels* — im weitesten Sinne verstanden —; es wird hierdurch zugleich ein bestimmter Tatort ausgewählt, der sich allerdings weitgehend mit dem des Straßenraubes deckt[63]. Sollte die gegenüber dem Tatbestand des Raubes in der Qualifizierung des Straßenraubes erfolgte Straferweiterung und Straferhöhung begründbar sein, so müßte ein *gegenüber dem Straßenraub wesentlich erhöhter Unrechtsgehalt* vorliegen, und zwar bereits in Stadien der Vorbereitung und des Versuchs[64].

---

[58] *Maurach* BT, S. 246.

[59] Dazu z. B. *Marx*, S. 70 ff.; *Oehler*, Zweckmoment, S. 65, 67 ff.; *Maurach*, Materialien I, S. 249 ff.; ders. AT, S. 225 f.; *Mezger / Blei* AT, S. 119; auch *Baumann*, S. 93; *Rudolphi*, S. 167.

[60] Vgl. z. B. *Maurach* AT, S. 225; *Welzel*, S. 63.

[61] *Maurach* AT, S. 225; *Welzel*, S. 79.

[62] Vgl. Darstellung der Gesetzesmaterialien zu diesem Merkmal, S. 37 ff.; aus der Literatur z. B. *Jagusch* Anm. 4; *Dalcke* § 316 a Anm. 7; auch *Maurach* BT, S. 258; *Rusam*, S. 13 ff.; *Schäfer* in LK § 316 a Rdn. 10 ff.; u. a.

[63] Vgl. Abgrenzung, S. 68.

[64] Vgl. 2. Teil B. III.

Nun ist die Beantwortung der Frage nach der Bewertung des in einem Tatbestand enthaltenen Unrechtsgehaltes in erster Linie dem Gesetzgeber überlassen, die dieser unter Zugrundelegung kriminalpolitischer Überlegungen treffen wird. Hier kann nur versucht werden, deutliche Fehlwertungen zu markieren oder aber die Folgen einer Bewertung anhand dogmatischer Maßstäbe zu korrigieren.

Da verschiedene Tatkonstellationen von § 316 a StGB erfaßt werden, die unter Umständen in ihrem Unrechtsgehalt verschieden bewertet werden können, ist es zweckmäßig, Fallgruppen zu bilden, die sich in der Begehungsweise ähneln. Dies empfiehlt sich schon deshalb, weil gerade die Frage nach dem Unwertgehalt die Frage nach der kriminellen Energie beinhaltet, die *typischerweise* für ein entsprechendes Verhalten aufgewendet werden muß[65]. Diese Untersuchung kann nicht rein dogmatisch durchgeführt werden; sie verlangt vielmehr Einbeziehung der lebensmäßigen Vorgänge in die Untersuchung[66].

Bei dem Versuch, bestimmte Fallgruppen herauszustellen, läßt sich zurückgreifen auf die bereits mehrfach als wesentlich erkannte Trennung zwischen den Sachverhalten der mechanischen und denen der psychischen Fallen.

Innerhalb der Gruppe der *mechanischen Fallen* sind folgende Varianten vorstellbar:

(1) der klassische Fall, in dem ein Drahtseil, ein Baum oder ein sonstiges Hindernis quer über eine Straße gelegt wird;

(2) Ausstreuen von Nägeln oder Krähenfüßen[67];

(3) Schießen in die Reifen eines fahrenden PKW[68].

Allen Varianten ist gemeinsam, daß das Opfer nicht nach individuellen Gesichtspunkten ausgesucht werden kann; dem Opfer sind zudem keinerlei Vorkehrungen gegen solche Angriffe möglich. Hier kann von einer dem typischen Unrechtsgehalt nach homogenen Gruppe ausgegangen werden[69].

---

[65] Dazu z. B. *Welzel*, S. 79 f.; *Jescheck* § 42 II 3; § 39 IV 2, 3; *Gallas*, Verbrechenslehre, S. 33; *Armin Kaufmann*, S. 156; zur Bedeutung kriminologischer Tattypen für die Fassung von Strafgesetzen vgl. z. B. auch *Schmidhäuser*, Tattypen.

[66] Vgl. S. 76 f.

[67] Krähenfüße wurden neuerdings, wenn auch teilweise zu anderen Zwekken, von der Baader-Meinhof-Bande verwandt.

[68] Vgl. im übrigen Zusammenstellung bei *Jagusch* § 316 a Anm. 4; *Rusam*, S. 17.

[69] Auch für diese Gruppe sind allerdings im Einzelfall Abweichungen denkbar; hierauf ist jedoch bei der Frage nach dem *typischen* Unrechtsgehalt nicht einzugehen.

Die bisher als einheitliche Gruppe betrachtete Menge von Sachverhalten der *psychischen Fallen* läßt dagegen noch Unterteilungen nach Art der Tatbegehung zu[70].

(1) Überfälle auf Taxifahrer.

(2) Eine weitere Gruppe bilden die Fälle, in denen der Täter als Anhalter mitgenommen wird und es dann zum Raubüberfall kommt.

(3) Die umgekehrte Lage besteht in den Fällen, in denen der *Fahrer* das Opfer zum Mitfahren auffordert und dann ausraubt (sogenannter Thekenanschlußraub oder Zechanschlußraub). Oft ist das Opfer des Fahrers auch eine Dirne.

(4) Schließlich ist Autostraßenraub anzunehmen, wenn der Täter unter Vortäuschung einer Verkehrskontrolle, eines Unfalls, eines Wagenschadens oder auch als scheinbarer Anhalter das Opfer zum Anhalten verleitet und dann ausraubt.

Bei der Frage nach dem Unrechtsgehalt der aufgezeigten Fallgruppen ist von den festgestellten Besonderheiten auszugehen:

(1) § 316 a StGB als Delikt zur *Erfassung von Vorbereitungshandlungen*[71],

(2) als *Unternehmensdelikt*[72] und

(3) als *Delikt zur Verschärfung der Rechtsfolgen* auch eines vollendeten Raubes (bis zum 11. StÄG)[73].

1. § 316 a StGB als Vorbereitungsdelikt

Die Vorbereitung[74] ist im geltenden StGB grundsätzlich straflos[75]. Dies ist Folge der Ablehnung eines Gesinnungsstrafrechts. Solange eine Tat sich noch im Vorbereitungsstadium befindet, ist zumeist die

---

[70] Zu den verschiedenen Arten sogenannter psychischer Fallen vgl. Aktenauswertung 2. Teil B. IV. 2; ferner Zusammenstellung bei *Jagusch* § 316 a Anm. 4; *Rusam*, S. 17.

[71] Vgl. 2. Teil B. III. 1.

[72] Vgl. 2. Teil B. III. 2.

[73] Vgl. 2. Teil B. III. 3.

[74] Vgl. zur Definition der Vorbereitung z. B. *Maurach* AT, S. 489: „eine solche Form des Tätigwerdens im Hinblick auf ein geplantes Verbrechen, welches die geeigneten Vorbedingungen für dessen Durchführung schafft", die „(Minimum) über das bloße Bei-sich-Planen der Tat" hinausgeht, „andererseits (Maximum) noch nicht mit der unmittelbaren tatbestandserheblichen Verwirklichung des verbrecherischen Willens begonnen haben"; ähnlich auch *Jescheck*, S. 347; *Lackner / Maassen* Vor § 43, 3.

[75] *Jescheck* § 49 VI 1; *Maurach*, S. 489; *Mezger / Blei* AT, S. 243 ff.; *Baumann*, S. 505 ff.; *Schmidhäuser* 15/3; *Stratenwerth* Rdn. 675 ff.; *Lackner / Maassen* Vor § 43 Anm. 3; *Schönke / Schröder* § 43 Rdn. 27; *Kohlrausch / Lange* Vor § 43 Anm. II.

bereits durchgeführte Handlung als solche strafrechtlich indifferent und gewinnt für den Außenstehenden nur durch Kenntnis der dazu gehörenden Absichten des Täters eine Beziehung zu dem späteren Angriffsobjekt[76]. Dieser Anknüpfungspunkt für eine Bestrafung widerspricht einem grundsätzlich am *Erfolg* orientierten Strafrecht; zum anderen ist die Beweisfrage äußerst schwierig[77]. Dennoch gibt es im StGB eine Reihe von Tatbeständen, die ausnahmsweise bereits Vorbereitungshandlungen zu bestimmten anderen Delikten erfassen[78]. In der Literatur werden diese zumeist in drei Gruppen eingeteilt; die Einteilungsgesichtspunkte stellen zugleich eine Begründung dar. So unterscheidet z. B. *Jescheck*[79]:

(1) unselbständige Tatbestände, deren Eigenart einen besonders frühen Zugriff erfordert;

(2) selbständige Delikte zur Erfassung von Vorbereitungshandlungen mit typischer Ausprägung und hoher Gefährlichkeit und

(3) Fälle der Vorbereitung zur Teilnahme[80].

a) Sachverhalte der „mechanischen Fallen“

Bei dieser Gruppe ist zweifelhaft, ob überhaupt Vorbereitungshandlungen erfaßt werden[81]. Nur wenn man der Auffassung folgt, bereits der erste Spatenstich, das Spannen eines Seiles etc. erfüllten den Tatbestand ohne Rücksicht darauf, ob das Opfer sich wirklich oder jedenfalls nach der Vorstellung des Täters bereits dem Hindernis nähert, erfaßt § 316 a StGB Vorbereitungshandlungen zum Raub.

Bei allen diesen Vorbereitungshandlungen ist bereits äußerlich erkennbar, daß der Täter unrechtmäßige Ziele verfolgt. In dem Hindernisbauen ist gerade der besonders und auch typischerweise gefährliche Handlungsabschnitt zu sehen. Durch diese Handlung unterscheiden sich auch die Fälle der mechanischen Fallen von denen der normalen Straßenraubhandlungen. Wollte der Täter noch von seinem geplanten Ziel Abstand nehmen, würde es nicht genügen, den Plan aufzugeben, er müßte vielmehr die bereits eine Gefährdung ermöglichenden Eingriffe

---

[76] *Maurach* AT, S. 489.

[77] Dazu z. B. *Maurach* AT, S. 489; *Jescheck* § 49 VI 1.

[78] Vorbereitungshandlungen werden neben § 316 a StGB z. B. durch §§ 49 a, 49 b, 83, 87, 151, 234 a Abs. 2 StGB erfaßt.

[79] *Jescheck* § 49 VI 2.

[80] Ähnlich, wenn auch etwas allgemeiner, unterscheidet *Maurach* AT, S. 489: Vorbereitungsdelikte, die mit Rücksicht auf a) den Wert des Gutes, b) die Gefährlichkeit der Handlung oder c) die persönliche Gefährlichkeit des Täters strafwürdig erscheinen.

[81] Vgl. Untersuchung, S. 71 m. Nachw.

rückgängig machen. Die gegen die Strafbarkeit von Vorbereitungshandlungen angeführten Gründe treffen so auf diese Handlungen nur zum Teil zu.

Für die Pönalisierung dieser Vorbereitungshandlungen spricht der Wert des Rechtsgutes und die typische Gefährlichkeit der Handlung. So erscheint es kriminalpolitisch vertretbar, solche Verhaltensweisen bereits im Vorbereitungsstadium zu erfassen, da hier gerade der Schwerpunkt der Gefährdung liegt[82].

b) *Sachverhalte der „psychischen Fallen"*

Auch bei der Sachverhaltsgruppe „psychische Fallen" ist der Bereich reiner Vorbereitungshandlungen klein[83]: Er liegt in dem Zeitraum, in dem der Täter — als scheinbar harmloser Fahrgast — im Wagen Platz nimmt und noch nicht zum Angriff übergeht. Soweit hier Vorbereitungshandlungen erfaßt werden, ist im Gegensatz zu den mechanischen Fallen die Tat noch weitgehend im Subjektiven steckengeblieben. Der Täter hat seinen verbrecherischen Willen nach außen noch nicht erkennbar, jedenfalls noch nicht *erkennbar kriminell* betätigt. Eine Gefährdung der Verkehrsteilnehmer ist weitgehend ausgeschlossen[84].

Vergleicht man damit einige der im StGB enthaltenen Vorbereitungs-Tatbestände, so ergibt sich für diese jeweils ein Anzeichen des Planes auch in der Außenwelt:

§ 265 StGB etwa ist Vorbereitungsdelikt zum Betrug in Form des Versicherungsbetrugs. Die Absicht zur Begehung von Betrug braucht allerdings auch noch nicht nach außen in Erscheinung getreten sein, aber die Vorbereitungshandlung — das Inbrandsetzen des Gebäudes etwa — ist bereits ein beachtlicher Teilerfolg[85].

Vergleichbar ist auch § 151 StGB, Vorbereitungsdelikt zu Münzfälschungen. Hier liegen die zu Fälschungen verwendbaren Stempel, Siegel etc. bereits vor; der Täter hat also bereits eine objektiv erkennbare auf die Verletzung des Rechtsguts gerichtete Tätigkeit vorgenommen[86].

Selbst bei dem heftig umstrittenen § 49 a StGB läßt sich noch eine Außenwirkung konstruieren: Es besteht immerhin die Möglichkeit, daß

---

[82] Ähnlich auch *Rusam*, S. 70 f.; ferner *Beyer*, Auslegung, S. 873.

[83] Vgl. Untersuchung 2. Teil B. III. 1.

[84] Vgl. S. 100; ähnlich auch *Beyer*, Auslegung, S. 873.

[85] Zu § 265 als Vorbereitungsdelikt vgl. z. B. *Schönke / Schröder* § 265 Rdn. 1; *Kohlrausch / Lange* § 265 Anm. I; *Maurach* BT, S. 332 f.; jeweils m. w. Nachw.

[86] Vgl. dazu z. B. *Schönke / Schröder* § 151 Rdn. 1 f.; *Dreher* § 151 Anm. 1, 2; *Maurach* BT, S. 507; jeweils m. w. Nachw.

der Täter kriminelle Kräfte in Bewegung gesetzt hat, die er dann nicht mehr in der Hand hat[87].

Bei den durch § 316 a StGB erfaßten Vorbereitungshandlungen aber läßt sich, soweit es die *psychischen Fallen betrifft, ein äußerlicher* Erfolg (noch) nicht feststellen. Der Täter hat das Geschehen weiterhin in der Hand. Eine Aufgabe des Planes erfordert keine zusätzliche Tätigkeit wie bei den mechanischen Fallen. Der Unterschied sowohl zu den „mechanischen Fallen" als auch zu den angeführten Vorbereitungsdelikten ist deutlich.

So wird durch § 316 a StGB in diesen Fällen eigentlich die kriminelle Absicht, der dolus malus, bestraft, nicht aber die Herbeiführung eines Erfolgs. Eine Bestrafung in diesem Bereich grenzt an Willensstrafrecht[88].

c) Ergebnis

Es hat sich auch hier ein Unterschied zwischen den beiden von § 316 a StGB erfaßten Gruppen gezeigt. Die gefährlichen Sachverhalte der mechanischen Fallen lassen es kriminalpolitisch wünschenswert erscheinen, bereits im Vorbereitungsfeld zum Raub einzugreifen, da diese Handlungsweisen bereits einen hohen Unrechtsgehalt beinhalten.

Ganz anders bei den psychischen Fallen: Hier liegt im Vorbereitungsbereich noch kein als Unrecht erkennbares äußeres Geschehen vor. Eine Bestrafung erscheint weder berechtigt noch aus Beweisgründen durchführbar.

2. § 316 a StGB als Unternehmensdelikt

§ 316 a StGB ist durch seinen Wortlaut als *Unternehmensdelikt* ausgewiesen[89]. Gemäß der in § 46 a StGB enthaltenen Begriffsbestimmung bedeutet Unternehmen einer Tat „deren Versuch und deren Vollendung". Über die Bedeutung dieser Definition besteht jedoch nur teilweise Einigkeit.

Nahezu einhellig geht man allerdings davon aus, daß Versuch i. S. von § 46 a StGB gleichbedeutend mit Versuch i. S. von § 43 StGB ist und daß eine Milderung gem. § 44 StGB bei Unternehmensdelikten

[87] Vgl. dazu z. B. *Schönke / Schröder* § 49 a Rdn. 1 ff.; *Maurach* AT, S. 698 f.; kirtisch z. B. *Kohlrausch / Lange* § 49 a Anm. I, II, III.

[88] Vgl. ähnlich *Maurach* BT, S. 259 f.; vgl. ferner *Welzel*, S. 467.

[89] Neuerdings wird allerdings von *Schröder*, Unternehmensdelikte, S. 463, 464, Fn. 22, die Qualität des § 316 a StGB als Unternehmenstatbestand angezweifelt; zur Bezeichnung des deliktischen Verhaltens sei nämlich das Merkmal „angreifen" wichtiger. *Schröder* will aber dennoch § 46 a StGB unmittelbar anwenden. Die Frage bedarf daher in diesem Zusammenhang keiner Erörterung.

ausgeschlossen ist[90]. Nach herrschender Meinung wird durch die Gleichstellung von Versuch und Vollendung auch die Berücksichtigung eines strafbefreienden Rücktritts gemäß § 46 StGB ausgeschlossen[91]. Die Mindermeinung will statt dessen die in § 83 StGB und § 316 a StGB angefügten Sonderregelungen für einen Rücktritt auch auf andere Vorschriften entsprechend anwenden[92]. Diese Streitfrage ist allerdings, da in § 316 a Abs. 2 StGB ausdrücklich eine Rücktrittsregelung enthalten ist, hier nicht zu entscheiden.

Setzt man also Versuch i. S. von § 46 a StGB dem Versuchsbegriff des § 43 StGB gleich und folgert daraus auch für die Abgrenzung zwischen strafloser Vorbereitung und strafbarem materiellem Versuch die Anwendung der allgemeinen Versuchsregeln, so hat die Ausgestaltung des § 316 a StGB nur zwei Konsequenzen hinsichtlich der Rechtsfolgen, nämlich

(1) keine Milderung gemäß § 44 StGB;

(2) Ausschluß der in § 46 StGB zwingend vorgesehenen Straffreiheit bei freiwilligem Rücktritt. Nach welchen dogmatischen oder kriminalpolitischen Maßstäben nun aber die Entscheidung darüber, einen Tatbestand zum Unternehmensdelikt auszugestalten, getroffen wird, ist zweifelhaft. Unternehmenstatbestände finden sich im StGB nicht sehr häufig, jedoch an den verschiedensten Stellen, sogar bei den Übertretungen[93]. Der Schwerpunkt liegt im Bereich der Staatsschutzdelikte. Dort befand sich jeweils die Begriffsbestimmung des Unternehmens, bis sie schließlich in den Allgemeinen Teil, in § 46 a StGB aufgenommen wurde[94]. Auch bei den Vorarbeiten zu einem Preußischen Strafgesetzbuch wurde der Begriff und seine Bedeutung besonders ausführlich im Zusammenhang mit Hochverrat erörtert[95]. Die besondere Eigenart der

---

[90] Grundlegend in diesem Sinne bereits vor gesetzlicher Regelung in § 87 bzw. § 46 a RGSt 42, 266 ff.; ferner *Schröder*, Unternehmensdelikte, S. 459 f.; *Maurach* AT, S. 500; *Jescheck* § 26 II 7; *Lackner / Maassen* § 46 a Anm. 2; *Schönke / Schröder* § 46 a Rdn. 3; einschränkend jedoch *Burkhardt*, S. 353 ff.

[91] *Maurach* AT, S. 526; *Jescheck* § 26 II 7; *Schmidhäuser*, S. 512; *Lackner / Maassen* § 46 a Anm. 3; *Dreher* § 46 a.

[92] *Schröder*, Unternehmensdelikte, S. 462 f.; *Burkhardt*, S. 357 f.; *Schönke / Schröder* § 46 a Rdn. 6; auch *Jescheck* § 51 V 3; in der Rechtsprechung finden sich zu verschiedenen Tatbeständen unterschiedliche Entscheidungen; vgl. BGHSt 6, 85 f.: entsprechende Anwendung von § 49 a Abs. 3 und 4 StGB im Rahmen des § 234 a Abs. 3 StGB; dagegen aber BGHSt 15, 198 f. Ablehnung der Anwendung von § 82 a. F. auf § 122 Abs. 2 StGB.

[93] § 360 Ziff. 5 StGB; Unternehmensdelikte sind darüber hinaus z. B. §§ 81 Abs. 1, 82 Abs. 1, 122 Abs. 2, 357 Abs. 1 StGB.

[94] Bis 1934 in § 82 StGB; durch Gesetz vom 24. 4. 1934 (RGBl. I, S. 341) in § 87 StGB; durch Gesetz vom 25. 6. 1968 (BGBl. I, S. 741) Einfügung von § 46 a StGB.

[95] Vgl. *Goltdammer*, S. 15 ff.

Staatsschutzdelikte macht dies verständlich, denn „entworfen bloß ist's ein gemeiner Frevel, vollführt, ist's ein unsterblich Unternehmen, und wenn es glückt, so ist es auch verziehn“[96].

Bis zur Neuformulierung des § 184 Abs. 1 Ziff. 1 a StGB[97] und Einfügung des § 316 c StGB[98] schützten die Unternehmensdelikte alle die staatliche Ordnung in ihren verschiedenen Ausgestaltungen[99].

So gesehen stellen die §§ 316 a, 184 und 316 c StGB einen Fremdkörper dar. Allerdings ist auch bei den zunächst aufgeführten Unternehmenstatbeständen ein sachliches Auswahlprinzip im Vergleich zu anderen dem Schutz der staatlichen Ordnung dienenden Tatbeständen nicht erkennbar. Auch hier scheint es mehr oder weniger eine Frage des Zufalls gewesen zu sein, ob der Begriff „Unternehmen“ verwendet wurde oder nicht[100]. Dieser Eindruck wird verstärkt durch die zuletzt genannten §§ 316 a, 184 und 316 c StGB.

In diesem Zusammenhang muß auch die Änderung des § 44 StGB beachtet werden:

Bis 1943 sah diese Vorschrift *obligatorisch* eine Strafmilderung bei Versuch vor. 1943[101] wurde die Vorschrift verschärft: § 44 StGB ist seitdem eine „Kann-Vorschrift“. Es steht dem Richter frei, die Strafe dem Strafrahmen des vollendeten Delikts zu entnehmen. Um den Gerichten in der Zeit vor 1943 Bestrafung nach dem vollendeten Delikt zu ermöglichen, war die Ausgestaltung als Unternehmensdelikt sinnvoll. Dieses Argument kann nach heute geltendem Recht nicht mehr angeführt werden. Insoweit ist die Bedeutung des „Unternehmens“ also

---

[96] Zitiert nach *Frank* § 82 Anm. IV.

[97] Durch das Einführungsgesetz zum Gesetz über Ordnungswidrigkeiten vom 24. 5. 1968, BGBl. I, S. 503.

[98] Durch das 11. Strafrechtsänderungsgesetz vom 16. 12. 1971, BGBl. I, S. 1977.

[99] *§ 114 a. F.:* nach h. M. Unberührbarkeit des staatlichen Behördenapparats (nach *Grünhut*, S. 16; dazu auch *Maurach* BT, S. 626 m. Nachw.); *§ 122:* die im Detentionsakt verkörperte Staatsgewalt und hoheitlich-personelle Verstrickung der Gefangenen (z. B. *Maurach* BT, S. 654 m. w. Nachw.); *§ 357:* teils „Mißbrauch der Amtsgewalt als Amtspflichtverletzung“, teils Angriff gegen die „Reinheit der Amtsführung“, teils „interner Angriff“ gegen die Staatsgewalt, teils „öffentliches Vertrauen in die Reinheit der Amtsführung“ (vgl. dazu z. B. *Maurach* BT, S. 740 f.; *Schönke / Schröder* Vor § 331 Rdn. 1; jeweils m. w. Nachw.); *§ 360 Ziff. 5:* wie bei den §§ 146 - 152: früher „Schutz des staatlichen und internen Münzregals“, heute internationaler Geldsortenverkehr (so z. B. *Maurach* BT, S. 500 m. Nachw.), auch „Interesse des Staates an der Sicherheit und Zuverlässigkeit des Geldverkehrs“ (*Schönke / Schröder* Vor § 146 Rdn. 1).

[100] So auch *Schröder*, Unternehmensdelikte, S. 461; *Burkhardt*, S. 358.

[101] Durch die DVO zur StrafrechtsangleichungsVO vom 29. 5. 1943, RGBl. I, S. 341.

noch weiter eingeschränkt[102]. Hinzu kommt, daß § 316 a StGB in Abs. II eine Rücktrittsregelung vorsieht. Diese ermöglicht zwar nur fakultative Strafmilderung und ist zudem an enge Voraussetzungen geknüpft[103], schwächt aber doch den durch § 46 a StGB bewirkten Ausschluß des Rücktritts nach § 46 StGB.

Da sich die Bedeutung des Unternehmens im wesentlichen nur im Bereich der Straffolgen auswirkt, ist bei der weiteren Untersuchung die Änderung durch das 11. StÄG zu berücksichtigen, die eine erhebliche Angleichung der Straffolgen des § 316 a StGB an § 250 StGB gebracht hat und dem Richter nun auch hier größeren Spielraum läßt[104]. In dieser exemplarischen Untersuchung zum Gelegenheitsgesetz ist jedoch die Rechtslage vor und nach dem 11. StÄG gleichermaßen von Interesse.

a) Rechtslage bis zum 11. StÄG

Bis zur Novellierung durch das 11. StÄG betrug selbst für den unbeendeten und sogar für den untauglichen Versuch die Mindeststrafe 5 Jahre Zuchthaus bzw. Freiheitsstrafe. Diese starre Rechtsfolge führte zu grotesken Ergebnissen. So war und ist bei einem versuchten Mord gemäß § 44 Abs. 2 StGB die Mindeststrafe 3 Jahre Freiheitsstrafe[105]. Auch im Vergleich zu vielen anderen Verbrechenstatbeständen war der Ausschluß jeder Milderungsmöglichkeit auffallend. Denn selbst für Vollendung war und ist bei vielen eine Milderungsmöglichkeit aufgrund besonderer Umstände vorgesehen[106], während § 316 a nur eine Straferhöhung auf lebenslange Freiheitsstrafe für besonders schwere Fälle ermöglichte. Gerade in den Sachverhalten der psychischen Fallen führte die hohe Strafdrohung zu Strafaussprüchen, die, gemessen an der Schuld des Angeklagten, zu hoch waren; eine wirkliche Anpassung war nicht möglich[107].

Auch die beschränkte Rücktrittsmöglichkeit erscheint im Blick auf die „psychischen Fallen“ kriminalpolitisch nicht erforderlich; dagegen wäre wünschenswert, dem Täter, dessen wirklich gefährliche Handlungen noch bevorstehen, die Möglichkeit des strafbefreienden Rück-

---

[102] Dazu auch *Schröder*, Unternehmensdelikte, S. 457.

[103] Vgl. Darstellung, S. 73 f.

[104] Vgl. 2. Teil B. III. 3. b), 4.

[105] So auch *Maurach* BT, S. 257, 259; *Grünauer*, S. 115 f.; *Rusam*, S. 88.

[106] Vgl. etwa §§ 213, 239 Abs. 2, 243 Abs. 2 a. F., 244 a. F., 249 Abs. 2, 250 Abs. 2 StGB; zum Mißverhältnis zu Strafdrohungen anderer Tatbestände auch *Rusam*, S. 87 f.

[107] Vgl. Darstellung 2. Teil B. II. 3. a) sowie Aktenauswertung 2. Teil B. IV. 2.

tritts offenzuhalten[108]. Gerade die in diesem Bereich oft noch „geringe" Schuld spricht dafür, einen strafbefreienden Rücktritt i. S. von § 46 StGB zuzulassen. Etwas anderes kann allenfalls für die Sachverhalte der „mechanischen Fallen" gelten, da hier in aller Regel bereits im Versuchsstadium eine typische Gefährdungssituation herbeigeführt wird.

b) Rechtslage nach dem 11. StÄG

Die durch das 11. StÄG eingefügte legislatorische Möglichkeit, mildernde Umstände zu berücksichtigen, versetzt nunmehr die Gerichte in die Lage, die Strafe schuldangemessen zu differenzieren. Mildernde Umstände könnten etwa dann angenommen werden, wenn materiell nur ein „Versuch" des § 316 a StGB vorliegt[109]. Dennoch impliziert der Unternehmenscharakter der Norm gegenüber § 250 Abs. 1 StGB immer noch eine Verschärfung. Bei unter mildernden Umständen begangenem Raub kann die Strafe *doppelt* gemildert werden: gemäß § 44 und § 250 Abs. 2 StGB. Für § 316 a StGB dagegen bleibt wegen des Unternehmenscharakters des Tatbestandes die Milderungsmöglichkeit gemäß § 44 StGB ausgeschlossen. Aus demselben Grunde kann auch § 46 StGB weiterhin keine Anwendung finden.

Trotz der durch die Novellierung herbeigeführten generellen Milderung der Rechtsfolgen bleiben dennoch Bedenken bestehen, den Tatbestand als Unternehmensdelikt auszugestalten. Die § 316 a StGB heute prägenden Sachverhalte der „psychischen Fallen"[110] weichen nach Art und Höhe des Unrechtsgehalts nicht so sehr vom Straßenraub ab, daß die Ausgestaltung der Norm als Unternehmensdelikt unabweisbar erscheint; die „normale" Strukturierung in Versuchs- und Vollendungsbereich würde den zu erfassenden Lebenssachverhalten eher gerecht. Solange § 316 a StGB nicht auf Sachverhalte der „mechanischen Fallen" beschränkt ist, darf diese seltene Fallkonstellation nicht dazu führen,

---

[108] Zu diesem kriminalpolitischen Grund für die Privilegierung von Rücktritt und tätiger Reue, der sog. „goldenen Brücke", vgl. allgemein z. B. *Maurach* AT, S. 518; *Jescheck* § 51 I 2; *Kohlrausch / Lange* § 46 Anm. I; *Stratenwerth* 200; aus der Rechtsprechung z. B. RGSt 73, 53, 60; BGHSt 6, 85, 87; hierin liegt jedoch nicht die alleinige Begründung der Straffreiheit bei Rücktritt und tätiger Reue; vgl. dazu statt vieler z. B. *Jescheck* § 51 I; *Maurach* AT, S. 518.

[109] Bereits in der Amtlichen Begründung zu § 348 E 62 = § 316 a StGB, S. 534, heißt es, daß „der Versuch hier im allgemeinen ebenso wie bei der überwiegenden Mehrzahl aller Delikte nach Unrechts- und Schuldgehalt hinter der vollendeten Tat zurückbleibt"; vgl. auch Niederschriften IX, S. 366; zur Strafzumessung bei Unternehmensdelikten vgl. *Schönke / Schröder* § 46 a Rdn. 5 sowie *Dreher* § 46 a, die mildernd berücksichtigen wollen, daß die Tat materiell noch nicht vollendet ist.

[110] Vgl. dazu 2. Teil B. IV. 2.

auch die Sachverhalte der psychischen Fallen mit dem gleichen strafrechtlichen Unwertgehalt zu versehen.

Nach allem kann nicht davon ausgegangen werden, daß der Unternehmenscharakter der Norm durch einen besonderen Unrechtsgehalt gerechtfertigt ist.

3. Strafrahmen

Bis zum 11. StÄG betrug die Mindeststrafdrohung 5 Jahre Zuchthaus bzw. Freiheitsstrafe. Eine Milderung konnte nur erfolgen unter den Voraussetzungen des § 316 a Abs. 2 StGB, des § 51 Abs. 2 StGB oder für Gehilfen (§ 49 StGB)[111]. Diese starre Strafdrohung führte im Vergleich mit anderen Tatbeständen zu Mißverhältnissen[112].

Die Strafmaßstatistik hat gezeigt, daß die Richter sich bemühen, an der unteren Grenze des Strafrahmens zu bleiben oder diesen zu unterschreiten[113]. Das wird auch durch die Aktenauswertung bestätigt[114]. Der Tatbestand wurde also in der gerichtlichen Praxis als unzureichend empfunden[115].

Im modernen Strafrecht ist die Strafe nach dem Maß der Schuld auszurichten[116], wie es nunmehr auch in § 13 Abs. 1 StGB gesetzlich festgelegt ist. Das aber setzt voraus, daß der Richter, wenn er mit dem Einzelfall konfrontiert wird, im Gesetz die Möglichkeit vorfindet, die Strafe den konkreten Erfordernissen anzupassen[117]. Andererseits ist dem Gesetzgeber aufgegeben, durch Abstufung der Strafdrohung im Verhältnis der Tatbestände zueinander die Wertung des Delikts deutlich zu machen, damit „die Rechtsordnung als differenzierender Wertmaßstab sichtbar bleibt“[118]. Dies macht es notwendig, ein ausgewogenes Verhältnis zu finden zwischen der deutlichen Präzisierung von typisierten Wertgruppen durch grundsätzlich nicht zu weit gespannte Straf-

---

[111] Vgl. 2. Teil B. III. 3. a).

[112] Vgl. 2. Teil C. II. 2. a).

[113] Vgl. 2. Teil B. IV. 1. b).

[114] Vgl. 2. Teil B. IV. 2.

[115] Zur richterlichen Gesetzesumgehung als Ausdruck des Gerechtigkeitsgefühls bei Fehlen gesetzlicher Individualisierungsmöglichkeiten vgl. z. B. *Maurach* AT, S. 827; auch ders., S. 131; dazu ferner *R. Lange*, Materialien I, S. 86 f.

[116] Vgl. dazu insgesamt z. B. *R. Lange*, Materialien I, S. 69 ff., insbes. 72 ff.; *Maurach* AT, S. 834 ff.; *Schönke / Schröder* Vor § 13 Rdn. 5; *Jescheck* § 70 I 1, § 79; *Bruns*, S. 26 ff., 237 f.; *Jagusch*, Strafzumessung, S. 97; *Baumann*, S. 13; *Spendel*, S. 87 ff.; jeweils m. Nachw.

[117] Zur Unterscheidung zwischen gesetzlicher Strafbestimmung und richterlicher Strafbemessung vgl. z. B. *R. Lange*, Materialien I, insbes. S. 76 ff.; *Bruns*, S. 26 ff.; *Jescheck* § 79 I 1.

[118] *R. Lange*, Materialien I, S. 75.

rahmen und der Berücksichtigung der Konkretisierungs-Aufgabe des Richters in jedem Einzelfall durch genügend Ermessensspielraum bei den Strafrahmen der einzelnen Delikte[119]. Dies kann durch Anwendung verschiedener gesetzestechnischer Möglichkeiten erreicht werden[120].

§ 316 a a. F. StGB erschwerte durch seine starre Strafdrohung die Berücksichtigung spezialpräventiver Gesichtspunkte. Es lag eine dem Unrechtsgehalt nach nicht zu rechtfertigende Betonung der Generalprävention vor[121].

Die durch das 11. StÄG bewirkte Herabsetzung des Strafrahmens bei Annahme mildernder Umstände hat den hier aufgezeigten Bedenken weitgehend[122] Rechnung getragen.

4. Ergebnis

Die Untersuchung hat ergeben, daß gegenüber § 250 Abs. 1 Ziff. 3 StGB ein besonderer Unrechtsgehalt nicht nachweisbar ist, der eine Ausgestaltung des § 316 a StGB als Vorbereitungsdelikt und Unternehmenstatbestand rechtfertigt. Auch die hohe Strafdrohung läßt sich durch den Unrechtsgehalt der überwiegend erfaßten Sachverhalte psychischer Fallen nicht begründen.

III. Kriminalpolitische Relevanz

§ 316 a StGB kann weder dem Rechtsgut noch dem typischen Unrechtsgehalt nach sinnvoll gegenüber §§ 249 ff. StGB abgegrenzt werden; die von dem Tatbestand erfaßten Handlungen werden durch §§ 250 Abs. 1 Ziff. 3, 315 b Abs. 3 i. V. mit § 315 Abs. 3 Ziff. 2 StGB strafrechtlich ausreichend sanktioniert. Es bleibt jedoch zu fragen, ob aus kriminalpolitischen Gründen[122a] nicht dennoch eine Berechtigung des Tatbestandes hergeleitet werden kann. Diese könnte darin liegen, daß § 316 a StGB geeignet ist, durch *Hervorhebung* bestimmter Unrechtssachverhalte in hohem Maße *generalpräventiv* zu wirken.

Eine Untersuchung der kriminalpolitischen Relevanz „überflüssiger Tatbestände“ ist nicht schon deshalb entbehrlich, weil die erfaßten

---

[119] Vgl. dazu insgesamt *R. Lange,* Materialien I, S. 75 ff.; ferner z. B. *Jescheck* § 79 I 2; *Maurach* AT, S. 825 ff., 835 ff.; *Dreher* § 13 Anm. 3 A, B.

[120] Vgl. zu den verschiedenen Möglichkeiten z. B. *R. Lange,* Materialien I, S. 76 ff.; *Jescheck* § 79 I 2; *Maurach* AT, S. 825 ff.

[121] Insofern gleichgelagert die Problematik des Unternehmenscharakters der Norm; vgl. S. 115.

[122] Vgl. 2. Teil B. III. 3. b).

[122a] Zur Relevanz kriminalpolitischer Fragestellungen vgl. vor allem *Zipf.*

Handlungen „an sich" ausreichenden Schutz genießen. So hat *Burghard* für die Religionsdelikte nachgewiesen, daß sowohl § 166 Abs. 2 StGB als auch § 167 Abs. 1 Ziff. 1 und 2 StGB ein Verhalten beschreiben, das zugleich von anderen allgemeineren Straftatbeständen erfaßt wird[123] (§§ 360 Abs. 1 Nr. 11[124], 185 StGB[125]). Daraus folgert er, §§ 166 Abs. 2, 167 Abs. 1 Ziff. 1 und 2 StGB könnten ersatzlos gestrichen werden[126]. Es fragt sich jedoch, ob nicht aus kriminalpolitischen Gründen diese speziellen Tatbestände wünschenswert, wenn nicht gar notwendig sind. Denn in diesen Vorschriften wird eine zusätzliche Unrechtsbewertung ausgedrückt, die durch die Hervorhebung in einer eigens formulierten Rechtsnorm besonders betont wird. Der Gesetzgeber bringt auf diese Weise sehr viel unmißverständlicher zum Ausdruck, daß er im Bereich der Religion und Weltanschauung mit strafrechtlichen Mitteln einzugreifen für notwendig hält, als wenn es dem einzelnen Richter überlassen bliebe, unter vielen anderen Handlungen eben auch solche der Beschimpfung von Religionsgemeinschaften usw. als Beleidigung i. S. von § 185 StGB zu bewerten[127].

Ebenso könnte § 316 a StGB auf kriminalpolitischem Gebiet Bedeutung zukommen, die durch bloße tatbestandliche Vergleichung nicht zum Ausdruck kommt. Durch seine spezielle auf den Straßenverkehr ausgerichtete Formulierung unter Hervorhebung der den Raub ermöglichenden Handlungen könnte eine Plakativwirkung erreicht werden, die aus generalpräventiven Gründen diese Sondervorschrift wünschenswert macht. Dies hätte aber zweierlei zur Voraussetzung: Einmal darf nicht aus kriminalpolitischen Gründen der Zweck der Abschreckung so überwiegen, daß die Schuld als Grundlage der Strafzumessung in den Hintergrund tritt[128].

Zum anderen muß sich die Hervorhebung gegenüber den allgemeinen Tatbeständen plausibel begründen lassen.

Von der Tattypik her erscheint allenfalls für die Sachverhaltsgruppe der mechanischen Fallen eine Sonderbehandlung gegenüber den Raubdelikten einleuchtend. Dies zeigt sich bereits an den Besonderheiten dieser Fallgruppe: Ein zusätzliches Schutzobjekt wird verletzt oder gefährdet[129], außerdem sind diese Handlungen gegenüber dem „durch-

---

[123] *Burghard*, S. 53 ff., 88 ff., 96 ff.

[124] *Burghard*, S. 91 ff.

[125] *Burghard*, S. 53 ff.

[126] *Burghard*, insbes. S. 96 ff.

[127] Zu den „Religionsverbrechen im staatlichen Strafrecht" vgl. *Maurach* BT, S. 389 f.; vgl. ferner *Schönke / Schröder* Vor §§ 166 ff. Rdn. 1 f.; auch *Dreher* § 166 Anm. 1.

[128] Vgl. 2. Teil C. II. 3.

[129] Vgl. 2. Teil C. I.

schnittlichen" Raub von besonderem Unrechtsgehalt[130]. Jedoch enthält der Tatbestand keine Beschränkung auf Sachverhalte der mechanischen Fallen; eine sinnvolle Plakativwirkung kann so von der *Formulierung* nicht geleistet werden.

Die zugleich erfaßten Sachverhalte der psychischen Fallen weichen phänomenologisch nicht vom heutigen Bild des Straßenraubes ab[131]. Eine Sonderbehandlung ist nicht einleuchtend. Man könnte allenfalls bei Taxiüberfällen von dem Tatbestand eine Beruhigungswirkung für die Bevölkerung erwarten; § 316 a StGB würde so dazu dienen, das Vertrauen in die Rechtsordnung zu erhalten. Inwieweit diese Beruhigungswirkung aber tatsächlich eintritt, bleibt empirisch unbeweisbar. Zudem ist fraglich, ob der Tatbestand tatsächlich abschreckend wirkt. Für die Vergangenheit jedenfalls muß bezweifelt werden, ob diese „Verstärkung" des § 250 Abs. 1 Ziff. 3 StGB zusätzliche generalpräventive Wirkung gezeitigt hat. Immerhin ereignete sich kaum 1 Jahr nach Normierung des § 316 a StGB eine Serie von Autobahnüberfällen, die wirkliche und simulierende Nachahmer fand und in Nordrhein-Westfalen eine der größten Fahndungsaktionen der Nachkriegszeit auslöste[132].

§ 316 a StGB ist nach allem nicht geeignet, dem kriminalpolitischen Zweck der Abschreckung in höherem Maße als §§ 249 ff. StGB zu dienen. Aber selbst wenn die Vorschrift in Bezug auf generalpräventive Wirkung optimal formuliert wäre, so genügte der Tatbestand dennoch nicht den Anforderungen des Schuldstrafrechts[133].

---

[130] Vgl. 2. Teil C. II.

[131] Vgl. 2. Teil B. IV. 2., 3.

[132] Vgl. *Wenzky*, S. 180.

[133] Vgl. 2. Teil C. II.

D. Zusammenfassung und Ergebnis der exemplarischen Untersuchung

Die Untersuchung hat mithin keine plausible Begründung für *Einfügung* und *Beibehaltung* von § 316 a StGB gegeben. Die Vorschrift ist in das System des geltenden Strafgesetzbuches weder integriert[1] noch integrierbar[2].

Solange die Anwendung des Tatbestandes nicht auf mechanische Fallen entsprechend den die Gesetzgebung des AutofG auslösenden Verbrechen der Brüder *Götze* beschränkt ist, muß die kriminalpolitische Zielsetzung der Norm unklar bleiben. Darüber hinaus weist die Fassung des Tatbestandes des § 316 a StGB wie auch schon vorher die des AutofG erhebliche Mängel auf. Im einzelnen wurden folgende Feststellungen erarbeitet:

(1) Die Vorschrift erfüllt neben anderen Vorschriften — § 250 Abs. 1 Ziff. 3 bzw. § 315 b Abs. 3 i. V. mit § 315 Abs. 3 Ziff. 2 StGB — tatbestandlich kaum eigene Funktion. Lediglich im Bereich der Rechtsfolgen kommt ihr Bedeutung zu, die jedoch immer geringer wird[3].

(2) In Gesetzgebung und Rechtsprechung bestehen unrichtige und widersprüchliche Vorstellungen über das zu schützende Rechtsgut. Die vielfach hervorgehobene „Sicherheit des Straßenverkehrs" wäre zwar ein sinnvolles Schutzgut; sie wird jedoch durch die wirklich erfaßten Sachverhalte nicht bedroht. Im wesentlichen verletzen die von § 316 a StGB erfaßten Handlungen nur solche Güter, die bereits durch andere Normen hinreichend geschützt werden[4].

(3) Weithin falsche Vorstellungen bestehen beim Gesetzgeber auch über den Unrechtsgehalt der Verbrechen des Autostraßenraubes. Der Gesetzgeber glaubt, erheblich kriminelle Handlungen zu pönalisieren. Dies trifft zwar für Fälle entsprechend dem die Norm motivierenden Einzelfall zu. In Wirklichkeit sind jedoch die meisten Sachverhalte ihrem Charakter nach anders und in ihrem Unrechtsgehalt wesentlich geringer. Sie werden folglich durch die Norm zu schwer bewertet[5].

---

[1] Vgl. 2. Teil B.

[2] Vgl. 2. Teil C.

[3] Vgl. 2. Teil B. III.

[4] Vgl. 2. Teil B. I. 1. b), II., C. I.

[5] Vgl. 2. Teil B. I. 1. b), IV. 1. b), 2., C. II.

(4) Die Fassung des Tatbestandes bereitet bei der Subsumtion erhebliche Schwierigkeiten. Durch die allgemeine und weite Formulierung ist eine sinnvolle Grenzziehung anhand des Wortlautes kaum möglich. Die Gerichte greifen so bei der Anwendung zum Mittel der Kasuistik[6].

(5) Der Tatbestand enthält eine Überbetonung subjektiver Merkmale; dies führt zu einer besonderen Hervorhebung von Vorbereitungs- und Versuchshandlungen, also von Verhaltensweisen, die noch keine unmittelbare Verletzung des Rechtsgutes bewirken. Dies scheint nur für die Fälle sinnvoll, die dem Einzelfall *Götze* entsprechen. Für die große Mehrzahl der tatsächlich hierdurch erfaßten und bereits in frühen Handlungsstadien als besonders kriminell hervorgehobenen Sachverhalte steht dies im Widerspruch zu anerkannten Prinzipien des geltenden Schuldstrafrechts[7].

(6) Die Straffolgen sind bzw. waren bis vor kurzem unverhältnismäßig hoch. Ihre Anwendung ist nur für einen geringen Teil der Sachverhalte, namentlich die dem ursprünglichen Einzelfall entsprechenden Handlungen berechtigt. Für einen großen Teil der erfaßten Taten ermöglicht die Norm keinen schuldangemessenen Strafausspruch. Der Strafzweck der Generalprävention überwiegt kraft Gesetzes.

Zudem entstehen im Verhältnis zu anderen Tatbeständen Unstimmigkeiten. Die Richter sehen sich hierdurch zu verschiedenen Arten der Gesetzesumgehung gezwungen[8].

---

[6] Vgl. 2. Teil B. II.

[7] Vgl. 2. Teil B. I. 1. b) dd), II. 1. b), C. II. 1., 2.

[8] Vgl. 2. Teil B. IV. 2., C. II. 3.

Dritter Teil

Kursorische Überprüfung weiterer Gelegenheitsgesetze

Die exemplarische Untersuchung des § 316 a StGB hat für diesen Tatbestand erhebliche Mängel und Systemwidrigkeiten aufgezeigt. Es ist deutlich geworden, daß diese Schwierigkeiten zum großen Teil in der besonderen Entstehungsgeschichte der Vorschrift ihre Ursache haben. Für § 316 a StGB trifft daher die anfangs bereits aufgestellte Vermutung zu, daß die Ausrichtung der Tatbestandsfassung am Einzelfall bei der Anwendung auf später sich ereignende Sachverhalte Unzulänglichkeiten zur Folge hat[1].

Daraus kann jedoch nicht ohne weiteres entnommen werden, daß ad-hoc-Gesetze generell fehlerhaft sein müssen. Eine solche allgemeine Feststellung kann vielmehr nur nach gründlicher Analyse jeder einzelnen einschlägigen Vorschrift und Vergleich der Tatbestände untereinander getroffen werden. Es könnte aber für Gesetzgebung und Gesetzesanwendung bereits nützlich sein, zu wissen, ob nicht nur bei § 316 a StGB, sondern auch bei anderen Gelegenheitsgesetzen vergleichbare Probleme auftreten.

Um dies festzustellen, sollen im folgenden einige Gelegenheitsgesetze kursorisch überprüft werden. Wenn sich daraus ergibt, daß für diese Tatbestände ähnliche Schwierigkeiten erkennbar sind oder wenigstens im Verlaufe des jeweiligen Geltungszeitraums bis zu einer Novellierung erkennbar waren, können hieraus für zukünftige Gesetzgebung und Rechtsprechung bereits unmittelbar Folgerungen gezogen werden.

Diese kursorische Untersuchung kann jedoch nicht nach willkürlichen Kriterien erfolgen. Es sollen hierzu vielmehr zum Vergleich die bereits für § 316 a StGB gewonnenen Ergebnisse herangezogen werden[2].

I. § 181 a StGB — lex Heinze

Der historische Verlauf der Normierung von § 181 a StGB durch die sogenannte lex Heinze ist bereits im 1. Teil dargelegt worden[3]: Der

---

[1] Vgl. 1. Teil.
[2] Vgl. Zusammenfassung 2. Teil D.
[3] Vgl. S. 17.

Gesetzgeber hatte einen Einzelfall, die Mordtat des Zuhälters *Heinze* und seiner Ehefrau, zum Anlaß der Schaffung eines neuen Tatbestandes genommen. Dabei war als Folge des herausragenden Mordfalles der Eindruck entstanden, zwischen Zuhälterei und Kapitalverbrechertum bestünden enge Beziehungen und hier müsse der neue Tatbestand präventiv eingreifen. Bis zum gegenwärtigen Zeitpunkt wurde der Wortlaut der Vorschrift weitgehend unverändert beibehalten. Am 24. 11. 1933[4] wurde lediglich eine in Abs. 2 enthaltene Qualifizierung gestrichen und der Strafrahmen verschärft; eine redaktionelle Änderung des Wortlautes erfolgte am 4. 8. 1953[5].

Bald schon stieß der neue Tatbestand auf Kritik[6], und er gehört auch heute noch zu den besonders umstrittenen Vorschriften des Strafgesetzbuches[7]. Diese Kritik gilt vor allem der 1. Alternative, der sogenannten „ausbeuterischen Zuhälterei", die die wesentliche durch die lex Heinze erreichte Neuerung enthält. Die 2. Alternative dagegen, die „kupplerische Zuhälterei", wird allgemein nur als Sonderform der allgemeinen Kuppelei des § 180 StGB angesehen[8].

Vor allem wird geltend gemacht, dem Tatbestand fehle ein schutzwürdiges Rechtsgut[9]. Es sind allerdings verschiedene Versuche gemacht worden, ein Rechtsgut für § 181 a StGB in der 1. Alternative zu formulieren. So wird teilweise vertreten, § 181 a StGB diene dem Schutz der Dirne vor Ausbeutung[10]. Nach anderen Autoren wird die öffentliche Sittlichkeit, die „sexual-soziale Lebensordnung der Gesellschaft" geschützt[11]. In neuerer Zeit wurde auch formuliert, geschütztes Rechtsgut sei „das Interesse der Allgemeinheit daran, daß der Lebensunterhalt nicht auf diese Weise bezogen" werde[12]. Jedoch wird meist zugegeben,

---

[4] Durch das Gesetz gegen gefährliche Gewohnheitsverbrecher und über Maßregeln der Sicherung und Besserung vom 24. 11. 1933, RGBl. I, S. 995.

[5] Durch das Dritte Strafrechtsänderungsgesetz vom 4. 8. 1953, BGBl., S. 735; nach Manuskriptschluß erfolgte durch das 4. Strafrechtsreformgesetz vom 23. 11. 1973, BGBl. I, 1725, eine weitgehende Umgestaltung des Tatbestandes, auf die hier nicht näher einzugehen ist; vgl. dazu z. B. *Schönke / Schröder* § 181 a Rdn. 1 ff.; *Horstkotte*, S. 88 f.

[6] Vgl. Nachweise 1. Teil Fn. 46; vgl. dazu auch *H. Kaiser*, S. 123 ff. m. Nachw.

[7] Vgl. z. B. Kritik bei *Jäger*, Rechtsgüterschutz, S. 92 ff., 119; ders., Strafrechtspolitik, S. 293; *Kohlrausch / Lange* § 181 a Anm. I; *Mezger / Blei* BT, S. 96; auch Übersicht bei *Hanack*, S. 197.

[8] Vgl. dazu insgesamt z. B. *Maurach* BT, S. 464 f.; *Mösl* in LK § 181 a Rdn. 1 f.; *Kohlrausch / Lange* § 181 a Anm. I.

[9] *Jäger*, Rechtsgüterschutz, S. 93 ff.; *Kohlrausch / Lange* § 181 a Anm. I; *Hanack*, S. 199 ff. m. w. Nachw.; *Mezger / Blei* BT, S. 96; *Eb. Schmidt*, Niederschriften VIII, S. 317.

[10] *Maurach* BT, S. 465 f.; *Welzel*, S. 445.

[11] Dazu *H. Kaiser*, S. 32, 33 m. Nachw.

[12] So *Baldus*, Niederschriften VIII, S. 319.

daß Schutz eines oder mehrerer dieser Rechtsgüter allenfalls Nebenzweck des Tatbestandes ist[13].

Als Hauptstrafgrund wird häufig immer noch angesehen, daß der Zuhälter als „werdender Verbrecher" anzusehen und deshalb von besonderer Gemeingefährlichkeit sei. Um der Gewaltkriminalität vorzubeugen, müsse bereits in diesem Vorstadium mit strafrechtlichen Sanktionen eingegriffen werden[14]. Jedoch haben Untersuchungen gezeigt, daß das kriminologische Bild keineswegs einheitlich ist. Vor allem ist umstritten, ob tatsächlich zwischen Zuhälterei und Gewaltverbrechertum enge Beziehungen bestehen[15]. Daß eine solche im Fall Heinze bestand, wird teilweise als Zufälligkeit gewertet[16]. Der Zuhälter sei vielmehr typischerweise arbeitsscheu und neige eher zur Begehung geringfügiger Straftaten[17].

So ist bisher die Frage nach der Notwendigkeit *strafrechtlicher* Sanktionen gegen Zuhälterei nicht eindeutig beantwortet worden[17a]. Vielfach wird Bekämpfung des Zuhältertums allein mit Mitteln des Verwaltungs- und Polizeirechts gefordert[18].

Darüber hinaus hat sich auch die Interpretation des Tatbestandes selbst als problematisch erwiesen. Sinnvolle Eingrenzung des Anwendungsbereichs ist durch die allgemein als nicht sehr geglückt empfundene Tatbestandsfassung erschwert[19]. Das Reichsgericht[20] hat zeitweise zur Auslegung den im Gesetz enthaltenen Begriff Zuhälter herangezogen, um dem Tatbestand klare Umrisse zu geben. Es sollte Tatbestandsvoraussetzung sein, „daß der Täter in seinem Wesen und in der Art seiner Beziehungen zu der Dirne dem ‚Tätertyp' des Zuhälters entspricht"[21].

Dieser Auslegung ist jedoch vielfach entgegengehalten worden, daß es einen eindeutigen und einheitlichen Typ des Zuhälters gerade nicht

---

[13] z. B. *Maurach* BT, S. 465 f.; *Welzel*, S. 445.

[14] *Mösl* in LK § 181 a Rdn. 2; *Maurach* BT, S. 465; *H. Kaiser*, S. 129 ff. m. Nachw.; auch Übersicht bei *Hanack*, S. 200.

[15] Eine solche Beziehung wird z. B. geleugnet von *Jäger*, Rechtsgüterschutz, S. 93 ff.; *Kohlrausch / Lange* § 181 a Anm. I; *Hanack*, S. 201 f.; *Amelunxen*, insbes. S. 35 ff., 96 ff.; *Androulakis*, S. 432 ff.

[16] *Jäger*, Rechtsgüterschutz, S. 94.

[17] z. B. *Hauke*, S. 22 ff.; *Jäger*, Rechtsgüterschutz, S. 96; *Hanack*, S. 201; *Kohlrausch / Lange* § 181 a Anm. I.

[17a] Zu der nach Manuskriptschluß erfolgten Änderung vgl. z. B. *Schönke / Schröder*, § 181 a Rdn. 1 ff.; *Horstkotte*, S. 88 f.

[18] *Eb. Schmidt*, Niederschriften VIII, S. 317 f., 319; *Hanack*, S. 204 f.; vgl. auch *Mezger / Blei* BT S. 96.

[19] *Schönke / Schröder*, 16. Aufl., § 181 a Rdn. 2; *Mezger / Blei* BT S. 96; auch *Dreher* 33. Aufl., § 181 a Anm. 1.

[20] Grundlegend RGSt 73, 183 ff.

[21] RGSt 73, 183, 184; zustimmend *Bockelmann*, Studien S. 56; *Mezger* in LK 8. Aufl. § 181 a Anm. 1 b.

gebe und er demzufolge auch nicht dazu herangezogen werden könne, den Tatbestand zu umgrenzen[22]. So hat der Bundesgerichtshof diese Rechtsprechung nicht fortgesetzt. Er versucht, durch Auslegung der einzelnen Tatbestandsmerkmale eine Umgrenzung zu erreichen[23]. Aber auch dies führt für die einzelnen Merkmale zu Schwierigkeiten[24].

So zeigt sich § 181 a StGB in Rechtsprechung und Literatur als besonders umstrittener und problematischer Tatbestand. Dabei geht ein Teil der Schwierigkeiten auf die vom Gesetzgeber der lex Heinze vermutete, aber bis heute zweifelhafte enge Beziehung von Zuhältertum und Gewaltkriminalität zurück.

Vergleicht man die bei § 181 a StGB bestehenden Schwierigkeiten mit den für § 316 a StGB erarbeiteten Ergebnissen, so zeigt sich, daß zum Teil die Problemlagen ähnlich sind.

(1) Wie bei § 316 a StGB ist auch für § 181 a StGB das geschützte Rechtsgut nicht mit Eindeutigkeit festzustellen. In der Literatur werden die verschiedensten Ansichten vertreten. Vielfach auch wird § 181 a StGB als Tatbestand ohne Rechtsgut kritisiert.

(2) Auch sonst ist die kriminalpolitische Zielsetzung der Vorschrift nicht eindeutig. Die vom Gesetzgeber vorgestellte besondere Gefährlichkeit der Zuhälter ist nach wie vor zweifelhaft. Viele sehen den Unrechtsgehalt allein in der parasitären Lebensführung und lehnen deswegen die Berechtigung strafrechtlicher Ahndung ab. Auch für § 316 a StGB war ein Gegensatz zwischen dem vom Gesetzgeber vorgestellten und dem tatsächlichen Unrechtsgehalt deutlich geworden.

(3) Zwar erfaßt § 181 a StGB keine Sachverhalte, die materiell als Vorbereitungs- oder Versuchshandlungen eingestuft werden könnten. Dennoch läßt sich § 181 a StGB auch in dieser Hinsicht mit § 316 a StGB vergleichen:

Soweit nämlich der Strafgrund des § 181 a StGB darin gesehen wird, daß der Zuhälter „werdender Verbrecher“ sei, dessen späteren Gewalttaten vorgebeugt werden müsse, greift das Strafrecht bereits weit im Vorstadium der eigentlich zu verhütenden Handlungen ein. Gerade

---

[22] Vgl. z. B. *Schönke / Schröder*, 16. Aufl., § 181 a Rdn. 2; *Maurach* BT S. 465; *Androulakis*, S. 474; *Mösl* in LK § 181 a Rdn. 3; jeweils m. Nachw.

[23] Vgl. z. B. BGHSt 19, 107 ff.; NJW 1964, 116 f.; dazu auch *Mösl* in LK § 181 a Rdn. 3; *Schönke / Schröder*, 16. Aufl., § 181 a Rdn. 2.

[24] Vor allem ist die Bedeutung des wesentlichen Merkmals „Ausbeuten“ umstritten; vgl. z. B. einerseits BGH NJW 1964, 116 f.: ausreichend ein auf gewisse Dauer angelegtes Verhältnis; anders *Schönke / Schröder* § 181 a Rdn. 6: zusätzlich erforderlich Ausnutzung einer gewissen Zwangslage der Dirne; wieder anders *Androulakis*, S. 457 ff., 470 ff.: gewerbsmäßige Ausbeutung fremder Prostitution; vgl. im übrigen Analyse der Rechtsprechung bei *Androulakis*, S. 433 ff.

daran aber entzündet sich vielfältige Kritik. Einmal wird die besondere Gefährlichkeit des Zuhälters bestritten. Zum anderen wird die Berechtigung geleugnet, für mögliche zukünftige Straftaten, die später ohnehin vom Gesetz erfaßt würden, bereits den nur für gefährlich erachteten Menschen zu bestrafen[25].

(4) Letztlich wird auch die Tatbestandsfassung des § 181 a StGB als nicht geglückt bezeichnet. Wie bei § 316 a StGB so wird auch für § 181 a StGB auf die Gefahr der Ausuferung hingewiesen.

Diese Aufstellung zeigt, daß die für § 316 a StGB bestehenden Schwierigkeiten sich in ähnlicher Form auch bei dem ad-hoc-Delikt § 181 a StGB finden.

Sie macht darüber hinaus deutlich, daß diese zu einem großen Teil auch bei § 181 a StGB darauf beruhen, daß der Gesetzgeber von unbewiesenen und zweifelhaften Erkenntnissen ausging, die durch die bisherige Anwendung nicht eindeutig bestätigt werden konnten.

Ob die an § 181 a StGB geübte Kritik berechtigt ist oder ob der Tatbestand als sinnvoll und notwendig angesehen werden muß, kann in diesem Zusammenhang nicht erörtert werden. Es ist hierzu auf die Spezialliteratur zu verweisen. Festzuhalten ist lediglich, daß bei § 181 a StGB ähnliche Probleme vorliegen wie sie nach exemplarischer Untersuchung von § 316 a StGB für Gelegenheitsgesetze vermutet wurden[26].

II. § 49 a StGB — Duchesne-Paragraph

§ 49 a StGB gehört ebenfalls zur Gruppe der ad-hoc-Gesetze: Der Tatbestand verdankt seine Einfügung ins Strafgesetzbuch einem Einzelfall, dem Anerbieten des Belgiers *Duchesne,* Bismarck zu ermorden. Der belgische Gesetzgeber hatte daraufhin eine besondere Vorschrift erlassen. Sie bezog sich zwar auf alle Verbrechen, diente jedoch in erster Linie dem Ziel, politische Attentate zu bekämpfen. Der deutsche Gesetzgeber übernahm auf belgisches Verlangen hin die Vorschrift, ohne jedoch seinerseits zu prüfen, ob hierfür eine kriminalpolitische Notwendigkeit bestand[27]. Motiv der Einfügung war also nicht in erster Linie das allgemeine kriminalpolitische Bedürfnis, die erfolglose Anstiftung unter Strafe zu stellen, vielmehr diente die Vorschrift hauptsächlich dem „Schutz exponierter politischer Persönlichkeiten"[28] und war im übrigen ein politisches Zugeständnis gegenüber Belgien.

---

[25] Vgl. dazu besonders *Jäger,* Rechtsgüterschutz, S. 96; *Hanack,* S. 202 f.

[26] Zur Kritik an § 181 a StGB als Gelegenheitsgesetz vgl. Nachweise 1. Teil Fn. 46.

[27] Vgl. S. 16 m. Nachw. sowie *v. Weber,* JZ 55, 588; *Busch* in LK § 49 a Rdn. 1.

[28] *R. Lange,* Niederschriften II, S. 212; *Kohlrausch / Lange* § 49 a Anm. I.

Die ursprüngliche Fassung pönalisierte die ergebnislose Aufforderung, das Erbieten und die Annahme des Erbietens zur Begehung eines Verbrechens, jedoch nur unter der einschränkenden Voraussetzung der Schriftlichkeit oder der Vorteilsabsicht. Die Vorschrift war zwar bei den Teilnahmeregeln eingefügt, enthielt jedoch einen eigenen Strafrahmen[29].

Erst in nationalsozialistischer Zeit hat der Tatbestand eine erhebliche Erweiterung erfahren[30]: Die Beschränkungen der ursprünglichen Fassung wurden gestrichen; zusätzlich eingefügt wurde u. a. die erfolglos angebotene *Beihilfe*. Die Höhe der Straffolge wurde in der neuen Regelung nicht mehr durch einen Sonderstrafrahmen festgelegt, sondern die Strafbarkeit richtete sich akzessorisch nach dem Strafrahmen der geplanten Haupttat. Dadurch erst wurde § 49 a StGB zu einem Tatbestand der erfolglosen Teilnahme am Verbrechen, während er bis dahin wegen des eigenen Strafrahmens teilweise als selbständiges Delikt angesehen wurde[31]. Darüber hinaus bedeutete diese Regelung, trotz der Möglichkeit von Strafmilderung gemäß § 44 StGB und bei erfolgloser Beihilfe sogar von Straffreiheit, eine außerordentlich hohe Strafverschärfung.

Sowohl wegen der Ausweitung des Anwendungsbereichs als auch der hohen und absolut unbestimmten Strafdrohung[32] wurde eine erneute Änderung notwendig. Sie wurde durch das 3. Strafrechtsänderungsgesetz bewirkt[33]. Im wesentlichen beschränkte sich die Novellierung allerdings auf Streichung der Strafbarkeit erfolgloser Beihilfe sowie der „ernstlichen Verbrechensverhandlungen"; zusätzlich wurden die Strafaufhebungsgründe erweitert. Die Akzessorietät zu den Strafrahmen des geplanten Verbrechens jedoch blieb bestehen[34].

---

[29] Bei Aufforderung etc. zu einem Verbrechen, das mit dem Tode oder mit lebenslänglicher Zuchthausstrafe bedroht war, betrug die Strafdrohung Gefängnis nicht unter 3 Monaten, bei sonstigen Verbrechen Gefängnis oder Festungshaft bis zu 2 Jahren.

[30] Verordnung zur Angleichung des Strafrechts des Altreichs und der Alpen- und Donau-Reichsgaue vom 29. 5. 1943, RGBl. I, S. 339.

[31] z. B. *Binding*, Lehrbuch, S. 838 ff.; *v. Liszt / Schmidt* § 175; vgl. auch die Übersicht über den Meinungsstand und die praktischen Auswirkungen der Frage bei *Frank* § 49 a Anm. I.

[32] Bei versuchter Beihilfe z. B. reichte der Strafrahmen von lebenslänglichem Zuchthaus bis zum „Absehen von Strafe"; vgl. dazu z. B. *Maurach* AT 3. Aufl., S. 593 f.

[33] Vom 4. 8. 1953, BGBl. I, S. 735.

[34] Aus diesem Grunde besteht nunmehr auch Einigkeit darüber, daß § 49 a StGB kein Sonderdelikt darstellt, vgl. z. B. *Maurach* AT, S. 699; *Schönke / Schröder* § 49 a Rdn. 2; auch *Dreher*, Grundsätze, S. 14; jeweils m. w. Nachw.

So ist die auf den Fall Duchesne zurückgehende Vorschrift nicht nur bis heute beibehalten, sondern in ihrem Anwendungsbereich und den Rechtsfolgen noch erheblich erweitert worden.

Immer noch aber gehört § 49 a StGB zu den „neuralgischen Punkten“[35] des Strafgesetzbuches. Kriminalpolitische Zielsetzung und Berechtigung wie dogmatische Ausgestaltung sind besonders umstritten; auch der hohe Strafrahmen wird kritisiert[36]. Besonders deutlich wurden die prinzipiellen Gegensätze in den Beratungen der Großen Strafrechtskommission[37], als diskutiert wurde, ob und in welcher Form § 49 a StGB in ein künftiges Strafgesetzbuch aufgenommen werden sollte.

Die Befürworter des Tatbestandes machen geltend, durch die von § 49 a StGB erfaßten Sachverhalte versuchter Teilnahme werde bereits eine solche Gefährdung des jeweils Gegenstand des Angriffs bildenden Rechtsgutes erreicht, daß eine Bestrafung gerechtfertigt sei. Anders als bei dem ein Verbrechen planenden Alleintäter nämlich sei durch die von § 49 a StGB erfaßten Handlungen „der Entschluß zur Tatbegehung schon irgendwie aus der Hand gegeben“[38]. Der Alleintäter könne seinen Verbrechensentschluß noch aufgeben, ohne daß in der Außenwelt davon das geringste zu erkennen sei. Dagegen habe der vorbereitende Täter oder Teilnehmer i. S. von § 49 a StGB einen Geschehensablauf in Gang gebracht, der in vielen Fällen nicht mehr aufzuhalten sei. Darüber hinaus müsse § 49 a StGB beibehalten werden, um der Kriminalität wirksam *vorbeugen* zu können[39]. Andernfalls sei z. B. die Polizei auch bei Kenntnis eines geplanten Verbrechens gezwungen, solange zu warten bis zumindest dessen Ausführung begonnen worden sei[40].

Gegen diese Ansicht werden erhebliche Bedenken geltend gemacht. Einmal überwiege bei dieser weitgehenden Erfassung von Vorbereitungshandlungen das Gesinnungsmoment. Daß in den Handlungen des § 49 a StGB nämlich eine größere objektiv feststellbare Rechtsguts-

---

[35] *Dreher,* Grundsätze, S. 11; *v. Weber,* JZ 55, 588.

[36] Zur Kritik an § 49 a vgl. besonders *Kohlrausch / Lange* § 49 a Anm. I, II, III; *Salm,* S. 69; *H. Mayer,* Teilnahme, S. 435; *v. Weber,* JZ 55, 588; vgl. auch Übersicht bei *Maurach,* Verbrechensverabredung, S. 138 f.; kritisch auch schon *Coenders,* S. 277 f. zu Reformvorschlägen bis 1930.

[37] Vgl. besonders Niederschriften II, S. 205 ff., 226 ff., 260 ff., 353 ff.

[38] *Schäfer,* Niederschriften II, S. 206.

[39] Vgl. dazu insgesamt *Schäfer,* Niederschriften II, S. 205 ff.; *Fränkel,* Niederschriften II, S. 207 ff.; ferner z. B. *Letzgus,* S. 126 ff., 222 ff.; *Maurach* AT, S. 698 f.; *Schönke / Schröder* § 49 a Rdn. 3; *Schröder,* Grundprobleme, S. 289.

[40] So vor allem *Schäfer,* Niederschriften II, S. 207; *Fränkel,* Niederschriften II, S. 207 ff.

gefährdung liege als in den Planungen des Alleintäters, könne nicht für alle Fälle gleichermaßen anerkannt werden. Die nicht einleuchtend motivierte Ungleichbehandlung von Alleintäter und den durch § 49 a StGB erfaßten sonstigen Täter und Teilnehmer bedeute einen Verstoß gegen den Gleichheitsgrundsatz des Art. 3 GG. Das Übergewicht des Gesinnungsmoments verletze zudem den Grundsatz rechtsstaatlicher Tatbestandsbestimmtheit des Art. 103 Abs. 2 GG. Außerdem sei es nicht Aufgabe des Strafrechts, vorbeugend Vorbereitungshandlungen unter Strafe zu stellen. Dies durchbreche das Prinzip der Tatschuld. Nur für einzelne Tatbestände des Besonderen Teils könne einmal Bestrafung auch von Vorbereitungshandlungen gerechtfertigt sein[41].

Neben diesen grundsätzlichen Bedenken wird weitere Kritik an dem hohen Strafrahmen geübt. § 49 a StGB stellt bestimmte Vorbereitungshandlungen dem Versuch gleich mit dem einzigen Unterschied, daß § 49 a *obligatorisch* Strafmilderung vorschreibt. Dies wird teilweise als „weitaus übersetzt" angesehen und deshalb „drastische Herabsetzung"[42] der Strafdrohung gefordert.

Darüber hinaus bereitet § 49 a StGB in der vorliegenden Fassung der Rechtsanwendung anerkanntermaßen ganz besondere Schwierigkeiten[43]. Vor allem die nähere Bestimmung, wann eine „als Verbrechen mit Strafe bedrohte Handlung" i. S. von § 49 a StGB vorliegt, ist dann problematisch, wenn besondere strafbarkeitsbegründende oder strafmodifizierende Umstände bei Haupttäter oder Anstiftendem vorliegen[44].

Auch für den ad-hoc-Tatbestand § 49 a StGB zeigen sich somit bereits nach kursorischer Überprüfung der kriminalpolitischen Zielsetzung und dogmatischen Ausgestaltung erhebliche Probleme. Diese sind ähnlich wie die zu § 181 a StGB festgestellten Schwierigkeiten teilweise den für § 316 a StGB erarbeiteten Problemlagen vergleichbar.

(1) § 49 a StGB dient der Erfassung bestimmter Vorbereitungshandlungen. Gerade in dieser Hauptfunktion aber ist die Vorschrift besonderer Kritik ausgesetzt. Es werden hiergegen ähnliche Bedenken geltend gemacht wie sie bereits für § 316 a StGB aufgezeigt wurden: Das Überwiegen von Willensmomenten und das Fehlen objektiver Gefährlichkeit.

---

[41] Vgl. dazu insgesamt vor allem *Kohlrausch / Lange* § 49 a Anm. I, II, III; *R. Lange*, Niederschriften II, S. 212 f.; ferner z. B. *Jescheck*, Niederschriften II, 213; *Salm*, S. 69; *Coenders*, S. 277 f.

[42] *R. Lange*, Niederschriften II, S. 212; *Jescheck*, Niederschriften II, S. 213.

[43] *R. Lange*, Niederschriften II, S. 212; *Fränkel*, Niederschriften II, S. 209; *Dreher*, Grundsätze, S. 11 ff.

[44] Zum Meinungsstand vgl. z. B. Übersicht bei *Schönke / Schröder* § 49 a Rdn. 24 ff. m. w. Nachw. aus Rechtsprechung und Literatur.

(2) Umstritten ist ferner seit Abschaffung des Sonderstrafrahmens in nationalsozialistischer Zeit die durch Bindung an den Strafrahmen des geplanten Verbrechens erreichte Verschärfung der Straffolgen. Auch für § 316 a StGB war eine unangemessen hohe Strafdrohung festgestellt worden, die in Rechtsprechung und Schrifttum zunehmend als problematisch empfunden wurde.

(3) Letztlich hat die bisherige Fassung zu erheblichen Auslegungsschwierigkeiten geführt. Der Wortlaut des Tatbestandes selbst gibt hier nur ungenügende Anhaltspunkte.

Auch für das Gelegenheitsgesetz § 49 a StGB zeigen sich somit Probleme, die nach exemplarischer Untersuchung anderer ad-hoc-Tatbestände schon aufgezeigt wurden.

Das kriminalpolitische Bedürfnis war bereits bei Einfügung zweifelhaft und bezog sich nur auf wenige Fälle. Trotz seiner nunmehr bereits relativ langen Geschichte, die vereinzelt sogar als Begründung für Beibehaltung des Tatbestandes angeführt wird[45], konnte die Norm bis heute keine allgemeine Zustimmung finden. Durch ausweitende Änderung des Tatbestandes wurde dieses Problem sogar verstärkt, und zusätzlich traten neue Schwierigkeiten auf.

Auch die Darstellung von § 49 a StGB spricht somit dafür, daß die Gruppe der ad-hoc-Gesetze besonderer kritischer Beachtung bedarf.

III. § 239 a StGB

Wie das AutofG, so ist auch § 239 a StGB die Reaktion der nationalsozialistischen Regierung auf ein herausragendes Verbrechen[46], also ebenfalls ein Gelegenheitsgesetz.

Darüber hinaus lassen sich bei § 239 a StGB in der ersten Fassung und dem AutofG ähnliche Problemlagen aufweisen. Als besonders rechtsstaatswidrig wurde vielfach empfunden, daß die Vorschrift ebenso wie das AutofG rückwirkend in Kraft trat[47]. Der Tatbestand selbst war eine rechtsstaatswidrige „Terrorbestimmung"[48]; sein lapidarer Wortlaut erschwerte sinnvolle Auslegung[49]. Insbesondere das Tatbestandsmerkmal „Erpressungsabsicht" unterlag vielfältiger Deutung: Absicht der Begehung zur Erpressung i. S. von §§ 253, 255 StGB oder allgemeiner, Absicht zur Erlangung von Vermögensvorteilen durch beliebige

[45] Vgl. *Schäfer*, Niederschriften II, S. 205.

[46] Vgl. S. 17.

[47] Vgl. dazu besonders *Maurach*, Kindesraub, S. 559; ferner ders. BT, S. 298; *Jescheck* § 15 IV 1.

[48] *Maurach*, Kindesraub, S. 559.

[49] So *Maurach*, Kindesraub, S. 559; auch ders. BT, S. 298; *Kohlrausch / Lange* § 239 a Anm. I.

auf das Kind bezügliche Drohungen[50]. Der Tatbestand wurde deshalb — soweit er überhaupt erörtert wurde — in der Literatur kritisiert und restriktiv ausgelegt[51]. Höchstrichterliche Urteile sind nicht ergangen[52]. Als einzige Straffolge war die Todesstrafe vorgesehen[53].

Die durch das 3. StÄG[54] bewirkte Änderung beseitigte viele Unzulänglichkeiten. Jedoch lassen sich auch an dieser Fassung der Vorschrift einige der für ad-hoc-Gesetze vermuteten Besonderheiten nachweisen[55]:

So wurde § 239 a StGB in dieser Fassung vielfach als Delikt zur Erfassung von *Vorbereitungs- und Versuchshandlungen* einer besonders verwerflichen Erpressung angesehen[56]. Die systematische Einordnung ist allerdings streitig. Vielfach wird § 239 a StGB in erster Linie als Delikt gegen die persönliche Freiheit angesehen[57]; dem Schutz des Vermögens kommt danach nur sekundäre Bedeutung zu.

Weiterhin wurde auch für diese Fassung eine restriktive Auslegung gefordert, da der Wortlaut Unklarheiten enthalte, die allzuweite Anwendung zur Folge haben könnten[58]. Auch die Mindeststrafdrohung von 3 Jahren Zuchthaus bzw. Freiheitsstrafe wird teilweise noch als zu hoch bewertet[59].

Eine erneute Änderung erfuhr § 239 a StGB aus Anlaß einiger aufsehenerregender Verbrechen durch das 12. StÄG[60, 61]. Der Tatbestand

---

[50] Dazu vor allem *Maurach*, Kindesraub, S. 559 f.

[51] *Kohlrausch / Lange* 38. Aufl. § 239 a Anm. 1, 2; *Stockmayer*, S. 33 ff.; *Schönke* 4. Aufl. § 239 a Anm. III; *Olshausen* § 239 a Anm. 5 b.

[52] Vgl. *Maurach*, Kindesraub, S. 559.

[53] Kritisch dazu *Kohlrausch / Lange* 38. Aufl. § 239 a Anm. 1; auch *Schäfer* in LK § 239 a a. F. Rdn. 1.

[54] Vom 4. 8. 1953, BGBl. I, S. 732.

[55] Allerdings gibt es kaum Judikate.

[56] *Schönke / Schröder* 15. Aufl. § 239 a Rdn. 1; *Maurach*, Kindesraub, S. 559 ff., insbes. S. 561; ders. BT, S. 298.

[57] BGHSt 16, 316 ff.; *Schäfer* in LK § 239 a a. F. Rdn. 2; vgl. dazu auch *Kohlrausch / Lange* § 239 a Anm. II.

[58] So wird als ungeschriebene Voraussetzung angesehen, daß das Kind nicht nur vorenthalten wird, sondern zugleich Leib und Leben des Kindes jedenfalls konkludent bedroht ist; vgl. BGHSt 25, 35 ff.; *Maurach* BT, S. 299; ders., Kindesraub, S. 561; *Schönke / Schröder* 15. Aufl. § 239 a Rdn. 6; *Kohlrausch / Lange* § 239 a Anm. IV; *Schäfer* in LK § 239 a a. F. Rdn. 9; anders aber *Dreher* 32. Aufl. § 239 a Anm. 3 B; ferner ist problematisch das Merkmal „Lösegeld"; vgl. dazu insbes. Darstellung bei *Maurach*, Kindesraub, S. 561; insgesamt kritisch zur Tatbestandsfassung z. B. *Lackner / Maassen* 6. Aufl. § 239 a Anm. 1.

[59] z. B. *Kohlrausch / Lange* § 239 a Anm. I; auch *Lackner / Maassen* 6. Aufl. § 239 a Anm. 1.

[60] Vom 16. 12. 1971, BGBl. I, S. 1979.

[61] Vgl. dazu S. 18 m. Nachw.; Nachweise über die Gesetzesmaterialien z. B. bei *Lackner / Maassen* § 239 a Anm. 1; zur Entwicklung des Tatbestandes bis zum 12. StÄG vgl. auch *Schmidhäuser*, Tattypen, S. 344 ff.

wurde in seinem Anwendungsbereich erweitert auf Fälle von erpresserischer Entführung Heranwachsender auch über 18 Jahren und Erwachsener. Außerdem fügte man folgende Alternative an: „Wer die von ihm durch eine solche Handlung geschaffene Lage eines anderen zu einer solchen Erpressung *ausnützt*." Abs. 2 enthält eine Qualifizierung für den Fall leichtfertiger Verursachung des Todes des Opfers, und in Abs. 3 ist eine zusätzliche Rücktrittsregelung aufgenommen worden.

Die Einordnung des Tatbestandes bei den Freiheitsdelikten wurde beibehalten. Jedoch ist der systematische Standort weiterhin umstritten. So wurde die Vorschrift im Sonderausschuß einerseits als Lebensgefährdungsdelikt angesehen, andererseits aber auch als Tatbestand zur Erfassung von Vorbereitungshandlungen einer räuberischen Erpressung gewertet[62].

Die neue Tatbestandsfassung zeigt deutlich Bemühungen um Präzisierung der Merkmale. Z. B. wird ausdrücklich die ‚Ausnutzung der Sorge eines Dritten um das Wohl des Opfers' als Tatbestandsvoraussetzung aufgeführt[63].

Die bisherige Strafdrohung von ‚Freiheitsstrafe nicht unter 3 Jahren' ist beibehalten worden. Zusätzlich wird jedoch durch die neu eingefügte Qualifizierung des Abs. 2 lebenslange Freiheitsstrafe oder Freiheitsstrafe nicht unter 10 Jahren für den Fall angedroht, daß der Täter leichtfertig den Tod des Opfers verursacht[63a]. Dazu schreiben *Schönke / Schröder*[64]: „Diese Strafdrohung ist das Ergebnis jener seltsamen Schizophrenie unserer gegenwärtigen Kriminalpolitik, die zwar ganz auf den Ton der Resozialisierung abgestimmt ist, aber bei jeder spektakulären Straftat ihre Zuflucht zur Erhöhung der Strafe nimmt."

Die bisherige Entwicklung von § 239 a StGB zeigt deutlich, daß die ursprüngliche nationalsozialistische Fassung überwunden ist. Jedoch lassen sich auch für die nachfolgenden Formulierungen einige der für ad-hoc-Gesetze bisher als charakteristisch aufgefallenen Merkmale feststellen:

(1) Es bestehen Schwierigkeiten bei der systematischen Einordnung.

---

[62] Sonderausschuß 1971, 49. Sitzung, S. 1552, 1555; vgl. dazu auch *Bohlinger*, S. 231 f.; *Schönke / Schröder* § 239 a Rdn. 3 betonen für die neue Vorschrift stärker eine doppelte Angriffsrichtung: gegen Freiheit und Vermögen; das Schwergewicht allerdings liegt weiterhin auf der Erpressungskomponente; *Schäfer* in LK § 239 a Rdn. 2 wiederum sieht die persönliche Freiheit des Opfers als „dominantes" Rechtsgut an.

[63] Vgl. dazu BGHSt 25, 35, 37; *Müller-Emmert / B. Maier*, S. 98; *Bohlinger*, S. 230 ff.

[63a] Vgl. dazu z. B. *Maurach*, Menschenraub.

[64] § 239 a Rdn. 32.

(2) Die Norm erfaßt materiell Vorbereitungshandlungen zur Erpressung, auch wenn Schutz von Freiheit und Leben als vorrangig angesehen werden.

(3) Der Wortlaut zumindest der bis zum 12. StÄG geltenden Fassung wurde vielfach als unpräzise angesehen und restriktiv ausgelegt.

(4) Beide Fassungen enthalten verhältnismäßig hohe Strafdrohungen.

Auch für diesen Tatbestand hat sich mithin die Relevanz der exemplarisch erarbeiteten Hypothesen bestätigt.

IV. §§ 239 b, 316 c StGB

Nachdem die kurze Darstellung von §§ 181 a, 49 a und 239 a StGB die Problematik der ad-hoc-Delikte bestätigt hat, sollen im folgenden zwei weitere Gelegenheitsgesetze aus neuester Zeit kurz angeführt werden: §§ 239 b, 316 c StGB. Für diese Tatbestände können allerdings nur vorläufige Feststellungen getroffen werden. Sie wurden erst Ende 1971 in das Strafgesetzbuch eingefügt, und der bisherige Geltungszeitraum ist zu kurz, um hinreichende Erfahrungen über ihre Praktikabilität zu ermöglichen.

1. § 239 b StGB

Diese Vorschrift wurde eingefügt[65], nachdem sich — vor allem im Ausland — einige Verbrechen ereignet hatten, bei denen Personen nicht zu Zwecken der Erpressung, sondern der Nötigung entführt wurden[66]. Der Tatbestand kann mithin als Gelegenheitsgesetz angesehen werden.

§ 239 b StGB entspricht in Tatbestandsaufbau und Formulierung weitgehend der zugleich novellierten Vorschrift des § 239 a StGB. Ein Unterschied besteht nur darin, daß an die Stelle der ‚erpresserischen Absicht' jegliche Absicht der Nötigung eines Dritten tritt und als Nötigungsmittel Drohung mit dem Tode oder einer schweren Körperverletzung des Opfers beabsichtigt sein muß[67].

Für den Tatbestand ergeben sich daher vergleichbare Problemlagen:

(1) Zwar ändert sich das Rechtsgut insoweit als das Vermögen des Erpreßten keinen Schutz erfährt. Jedoch ist nicht eindeutig festzustel-

---

[65] Durch das 12. Strafrechtsänderungsgesetz vom 16. 12. 1971, BGBl. I, S. 1979.

[66] Vgl. S. 18 m. Nachw.

[67] Vgl. dazu *Schönke / Schröder* § 239 b Rdn. 1; *Lackner / Maassen* § 239 b Anm. 2; *Müller-Emmert / B. Maier*, S. 99; *Schäfer* in LK § 239 b Rdn. 7.

len, ob die körperliche Integrität des Opfers oder die Dispositionsfreiheit des Genötigten als Schutzgut im Vordergrund steht[68].

(2) Die durch § 239 b StGB erfaßten Handlungen können materiell als *Vorbereitungs- bzw. Versuchshandlungen* zu einem weiteren Delikt, nämlich der Nötigung, § 240 StGB, angesehen werden[69].

(3) Die Strafdrohung des § 239 b StGB ist die gleiche wie bei § 239 a StGB; auch ist die in § 239 a Abs. 2 StGB enthaltene Qualifizierung im Rahmen des § 239 b StGB anwendbar[70]. Die Strafdrohung muß deshalb ebenso wie für § 239 a StGB als besonders hoch angesehen werden[71], zumal § 239 b StGB gegenüber § 239 a StGB subsidiär ist[72].

(4) Zusätzlich ist die Tatbestandsfassung bereits auf Kritik gestoßen. Sie gilt einmal der Besonderheit, daß die Rechtswidrigkeit der Nötigung in jedem Falle indiziert wird, da im Tatbestand nicht ausdrücklich auf § 240 StGB und damit auch auf § 240 Abs. 2 StGB verwiesen wird: Es kann nicht ohne weiteres ausgeschlossen werden, daß das Nötigungsziel auch einmal wertneutral, ja positiv zu beurteilen ist[73]. Außerdem werden schwierige (überflüssige) Abgrenzungsprobleme daraus erwartet, daß bei gleicher Strafdrohung getrennte Tatbestände für erpresserischen Menschenraub und für sonstige Geiselnahme geschaffen wurden, nur um „diffizile Unterscheidungen zwischen der lebensgefährlichen Situation in § 239 b und der, überspitzt ausgedrückt, möglicherweise etwas weniger lebensgefährlichen Situation in § 239 a" zu treffen[74].

2. § 316 c StGB

§ 316 c StGB[75] entstand ebenfalls „unter dem Eindruck konkreter Vorfälle"[76], nämlich einer zunehmenden Zahl vor allem im Ausland begangener Flugzeugentführungen[77]. Zugleich wurde mit der Normie-

---

[68] Vgl. dazu *Dreher* § 239 b Anm. 1; *Schäfer* in LK § 239 b Rdn. 2.

[69] Ähnlich wie bei § 239 a StGB; vgl. S. 134 f.

[70] § 239 b Abs. 2 StGB.

[71] Vgl. S. 133.

[72] Vgl. *Schäfer* in LK § 239 b Rdn. 8; *Schönke / Schröder* § 239 b Rdn. 22; *Lackner / Maassen* § 239 b Anm. 5; anders aber *Dreher* § 239 b Anm. 4, § 239 a Anm. 7: Tateinheit.

[73] So vor allem *Bohlinger,* S. 233.

[74] *Bohlinger,* S. 233; kritisch auch *Schönke / Schröder* § 239 a Rdn. 2; kritisch zur Tatbestandsfassung auch ders. § 239 b Rdn. 4 f.; *Dreher* § 239 b Anm. 2.

[75] Eingefügt durch das 11. Strafrechtsänderungsgesetz vom 16. 12. 1971, BGBl. I, S. 1977.

[76] *Kunath,* S. 199; ähnlich *Lackner / Maassen* § 316 c Anm. 1.

[77] *Rüth* in LK § 316 c Rdn. 1; *Lackner / Maassen* § 316 c Anm. 1; *Kunath,* S. 199; *Schönke / Schröder* § 316 c Rdn. 1; zu den bisher vorgekommenen Flugzeugentführungen vgl. *Middendorff,* S. 34 ff.; *Meyer,* S. 8 ff.

rung des Tatbestandes die vor allem durch das Internationale Haager Übereinkommen vom 16. 12. 1970 übernommene Verpflichtung zur Bekämpfung der Luftpiraterie erfüllt[78]. Maßgebend war nicht *ein Einzelfall.* Dennoch kann die Vorschrift als ad-hoc-Gesetz im Sinne der hier verwendeten Begriffsbestimmung angesehen werden: Auch Gesetze, die eine Reaktion auf eine *Serie von Einzelfällen* darstellen, können noch den Gelegenheitsgesetzen zugerechnet werden[79].

Es zeigt sich deutlich, daß die für ad-hoc-Gesetze bisher festgestellten Besonderheiten und Schwierigkeiten bei § 316 c StGB in besonderem Maße anzutreffen sind:

(1) Das geschützte Rechtsgut ist nicht präzise angebbar[80]. Genannt werden „Sicherheit des zivilen Flugverkehrs“, „Leib und Leben der beförderten Passagiere sowie des Flugpersonals“, weiter die „an Bord befindliche Ladung“, die aber keinen bedeutenden Sachwert darzustellen braucht[81].

(2) Der Strafschutz ist weit vorverlegt. Im wesentlichen werden Vorbereitungs- und Versuchshandlungen pönalisiert[82]: Die von Abs. 1 erfaßten Handlungen werden ohne Rücksicht auf Eintritt des vom Täter erstrebten Erfolgs bestraft. Nicht einmal konkrete Gefährdung ist notwendig. Nach allgemeiner Ansicht stellt § 316 c StGB ein abstraktes Gefährdungsdelikt dar[83].

Dabei fällt besonders auf, daß in § 316 c Abs. 1 Ziff. 2 StGB neben verschiedenen Alternativen eine Variation als Unternehmensdelikt ausgestaltet ist. Nach den bisherigen Feststellungen über die Berechtigung von Unternehmenstatbeständen im geltenden Recht[84] müßte hierfür besondere Begründung erwartet werden. Zwingende Berechtigung einer solchen Ausgestaltung des Deliktes konnte jedoch den Materialien nicht entnommen werden. Teilweise scheinen sogar Mißverständnisse über die Folgen der Normierung eines Unternehmenstatbestandes zu bestehen: Wenn etwa ein Abgeordneter ‚dazu neigt‘, „es doch bei dem Unternehmenstatbestand zu lassen, weil er auch Ver-

---

[78] Dazu ausführlich *Schmidt-Räntsch,* S. 146 f.; ferner *Rüth* in LK § 316 c Rdn. 1; *Schönke / Schröder* § 316 c Rdn. 1; *Kunath,* S. 200; Nachweise über die Gesetzesmaterialien vgl. bei *Lackner / Maassen* § 316 c Anm. 1.

[79] Vgl. S. 14.

[80] So vor allem *Schönke / Schröder* § 316 c Rdn. 1; *Rüth* in LK § 316 c Rdn. 2.

[81] Vgl. dazu *Rüth* in LK § 316 c Rdn. 2; *Schönke / Schröder* § 316 c Rdn. 2; *Lackner / Maassen* § 316 c Anm. 2; *Dreher* § 316 c Anm. 2, A.

[82] Vgl. vor allem *Lackner / Maassen* § 316 c Anm. 2; *Kunath,* S. 200.

[83] *Rüth* in LK § 316 c Rdn. 3; *Schönke / Schröder* § 316 c Rdn. 1; *Dreher* § 316 c Anm. 1; *Lackner / Maassen* § 316 c Anm. 2.

[84] Vgl. 2. Teil C. II. 2.

suchshandlungen erfasse“[85], so wird verkannt, daß ein Tatbestand durch Ausgestaltung als Unternehmensdelikt nicht eine Erweiterung des Strafbarkeitsbereichs erfährt, sondern lediglich die Anwendung von §§ 44 und 46 StGB ausgeschlossen wird[86]. Auch die Begründung, eine Herbeiführung von Brand oder Explosion sei als Unternehmensdelikt auszugestalten, weil diese Vorgänge außer Kontrolle des Täters geraten könnten[87], vermag nicht zu überzeugen[88].

In Abs. 3 werden darüber hinaus ausdrücklich Vorbereitungshandlungen in den Tatbestand einbezogen. Auch hier ist auf die bereits dargelegten Bedenken zu verweisen[89].

(3) Die komplizierte Formulierung des Tatbestandes läßt für spätere Auslegung erhebliche Schwierigkeiten erwarten. Die Begrenzung des Tatbestandes erfolgt einerseits weitgehend kasuistisch; andererseits enthält die Vorschrift das konturlose Merkmal „oder sonstige Machenschaften vornimmt“. So bezweifeln bereits jetzt verschiedene Autoren, ob der Tatbestand in dieser Form sinnvoll ist. Es wird vermutet, daß „faktische Zufälligkeiten das Gesicht des § 316 c weitgehend bestimmen“[90], daß „die kasuistische Begrenzung ... zu Zufallsergebnissen“ führen kann[91].

(4) Letztlich weist der Tatbestand hohe Strafdrohungen auf. Ob diese für die zukünftig abzuurteilenden Fälle immer gerechtfertigt sind, muß die Rechtspraxis zeigen.

Die jetzige Fassung des § 316 c StGB zeigt somit besonders deutlich die für ad-hoc-Gesetze bisher erarbeiteten Merkmale. Es ist zu erwarten, daß die Anwendung der Rechtsprechung besondere Schwierigkeiten bereiten wird.

---

[85] *de With*, Sonderausschuß 1971, 32. Sitzung, S. 1172; vgl. auch Sonderausschuß 1971, 32. Sitzung, S. 1167.

[86] Vgl. dazu S. 112 f.; insoweit zutreffend die ‚Belehrung‘ der Ausschußmitglieder durch *Wulf*, Sonderausschuß 1971, 32. Sitzung, S. 1173.

[87] Sonderausschuß 1971, 32. Sitzung, S. 1180; Schriftlicher Bericht des Sonderausschusses, S. 3 f.; auch *Kunath*, S. 201.

[88] Möglicherweise erfolgte die Ausgestaltung als Unternehmensdelikt im Hinblick auf § 316 a StGB. Ausgerechnet diese unzulängliche Vorschrift nämlich war ursprünglich als Vorlage zur Formulierung des § 316 c StGB herangezogen worden; vgl. dazu Sonderausschuß 1971, 32. Sitzung, S. 1167 ff.; auch *Kunath*, S. 200; *Meyer*, S. 204.

[89] Vgl. 2. Teil C. II. 1.

[90] *Schönke / Schröder* § 316 c Rdn. 1.

[91] *Lackner / Maassen* § 316 c Anm. 3 b.

Vierter Teil

Schlußbetrachtung

Die exemplarische Untersuchung von AutofG und § 316 a StGB sowie die kursorische Überprüfung weiterer ad-hoc-Gesetze hat für diese Tatbestände Gemeinsamkeiten und vergleichbare Problemlagen ergeben:

Auffallend ist, daß alle diese Vorschriften dazu dienen, den strafrechtlichen Schutzbereich vorzuverlagern. Sie bewirken die Erfassung und Hervorhebung von materiell noch als Vorbereitung und Versuch zu bewertender Handlungen[1] oder pönalisieren das allgemeine Vorfeld der Kriminalität[2]. Bei einigen Delikten erschöpft sich darin die tatbestandliche Funktion[3]. Bei anderen Vorschriften ist der letztlich zu verhindernde Erfolg ebenfalls bereits ausreichend strafrechtlich sanktioniert. Jedoch ist hier zusätzlich beabsichtigt, einen besonderen speziellen Deliktstypus zu erfassen[4]. So ist bei § 239 a StGB die das Tatziel bildende Erpressung bereits nach §§ 253, 255 StGB strafbar; durch die gesonderte Erfassung der die Erpressung vorbereitenden, zum Beginn der Ausführung gehörenden Handlung des Menschenraubs wird vom Gesetzgeber neben Vermögen und persönlicher Freiheit zusätzlich Schutz der Unversehrtheit des Opfers sowie der persönlichen Freiheit des Dritten angestrebt.

Die Tatbestände bewirken zudem regelmäßig eine erhebliche Strafverschärfung gegenüber den vorbereiteten bzw. versuchten Delikten[5]. Auch die akzessorische Strafdrohung des § 49 a StGB halten viele im Verhältnis zum Unrechtsgehalt der zu erfassenden Vorbereitungshandlungen für zu hoch[6].

---

[1] Vgl. für § 316 a StGB: 2. Teil B. III.; für § 49 a StGB: 3. Teil II.; für § 239 a StGB: 3. Teil III.; für § 239 b StGB: 3. Teil IV. 1.; für § 316 c StGB: 3. Teil IV. 2.

[2] Vgl. für § 181 a StGB: 3. Teil III.

[3] § 316 a StGB: 2. Teil B. III.; § 49 a StGB: 3. Teil II.

[4] § 181 a StGB: 3. Teil I.; § 239 a StGB: 3. Teil III.; § 239 b StGB: 3. Teil IV. 1.; § 316 c StGB: 3. Teil IV. 2.

[5] § 316 a StGB: 2. Teil B. III. 3.; § 239 a StGB: 3. Teil III.; §§ 239 b, 316 c StGB: 3. Teil IV.

[6] § 49 a StGB: 3. Teil II.

Die Begründung von Vorverlegung und Verschärfung des jeweiligen Strafschutzes bereitet Schwierigkeiten. Bei allen untersuchten Tatbeständen ist das zu schützende Rechtsgut umstritten[7], teilweise wird das Vorliegen eines Rechtsgutes überhaupt geleugnet[8]. Auch in der sonstigen Begründung der Berechtigung der Vorschriften besteht Uneinigkeit: Auch vertypter Unrechtsgehalt und kriminalpolitische Notwendigkeit sind zumeist zweifelhaft[9].

So zeigen sich deutlich Schwierigkeiten, diese Tatbestände in das System des Strafgesetzbuches zu integrieren. Allerdings konnte eine abschließende Bewertung dieser Probleme nur für das AutofG[10] und § 316 a StGB[11] erfolgen. Für die anderen Tatbestände mußte sich die Überprüfung auf die Darstellung des Problemstandes beschränken; ein Urteil über Notwendigkeit und Integrierbarkeit der einzelnen Vorschriften hätte jeweils eine Spezialmonographie vorausgesetzt.

Bereits das gehäufte Auftreten dieser untereinander vergleichbaren Problemlagen bei den verschiedenen Tatbeständen macht aber die Berechtigung gesonderter Untersuchung von Gelegenheitsgesetzen deutlich.

Nun kann zwar nicht generell nachgewiesen werden, daß die Besonderheiten und Schwierigkeiten jeweils ihre Ursache darin haben, daß Anlaß für die Normierung ein einzelnes oder mehrere vergleichbare herausragende Verbrechen war. Für einige Tatbestände jedoch zeigt sich deutlich, daß der motivierende Einzelfall zu gesetzgeberischen Vorstellungen führte, die sich später für die Mehrzahl der durch die Norm erfaßten Sachverhalte als unzutreffend erwiesen, zumindest aber zu Kritik Anlaß gaben. Dies konnte besonders bei AutofG und § 316 a StGB untersucht und dargestellt werden[12]: Unter dem Eindruck der Gemeingefährlichkeit der von den Gebrüdern *Götze* verwendeten Tatmittel und anderer sich im Straßenverkehr ereignender Verbrechen hielt man die Normierung und später Beibehaltung eines besonderen verschärften Tatbestandes für notwendig und begründet. In der Folge erwies sich, daß zwar die ursprünglich die Gesetzgebung des AutofG motivierenden Sachverhalte mechanischer Fallen für den Straßenverkehr und seine Teilnehmer besonders gefährlich waren; bezüglich der übrigen Sachverhalte jedoch besteht zwischen der Vorstellung des

---

[7] § 316 a StGB: 2. Teil C. I.; für die übrigen Gelegenheitsgesetze vgl. 3. Teil I. II. III. IV.

[8] Insbes. für § 181 a StGB: 3. Teil I.

[9] § 316 a StGB: 2. Teil C. II. III.; § 181 a StGB: 3. Teil I; § 49 a StGB: 3. Teil II.

[10] 2. Teil A. III.

[11] 2. Teil D.

[12] Vgl. insbes. 2. Teil A. III. D.

Gesetzgebers und der weiteren Entwicklung der Rechtswirklichkeit eine erhebliche Diskrepanz. Der vom Gesetzgeber vermutete besondere Unrechtsgehalt und der Schutz zusätzlicher Rechtsgüter kann bei der Mehrzahl der tatsächlich durch die Rechtsprechung unter § 316 a StGB subsumierten Sachverhalte nicht festgestellt werden.

Ähnlich wird auch vielfach dem Gesetzgeber des § 181 a StGB vorgeworfen, von falschen Voraussetzungen ausgegangen zu sein[13]: Ein aufsehenerregendes Verbrechen hatte Zuhälter generell als besonders gefährliche Gewaltverbrecher erscheinen lassen, und dies schien zusätzliche Strafbarkeit zu rechtfertigen. Vielfach wird jedoch diese Vorstellung durch Untersuchungen der wirklichen Erscheinungsformen der Zuhälterei in Frage gestellt.

Auch bei § 49 a StGB besteht eine Diskrepanz zwischen ursprünglich verfolgtem Strafzweck und heutiger Bedeutung[14]: War die Vorschrift in ihrer Anwendung hauptsächlich zum Schutz „exponierter politischer Persönlichkeiten" gedacht, so wurde sie in der Folgezeit zunehmend ausgeweitet, ohne daß der Besonderheit des die Gesetzgebung auslösenden Falles, eines geplanten politischen Attentats, gedacht wurde.

Die ersten beiden Formulierungen des § 239 a StGB hatten sich ebenfalls als weitgehend ungeeignet erwiesen, Beschränkung auf die Fälle echten „Kidnappings" zu gewährleisten. Hier jedoch hat die Literatur versucht, durch restriktive Auslegung mittels Annahme ungeschriebener Tatbestandsmerkmale eine zu Mißverhältnissen führende Ausweitung auf anders geartete Sachverhalte zu verhindern[15].

Bereits 1 Jahr nach Inkrafttreten wird auch für § 239 b StGB befürchtet, der Tatbestand könne dazu führen, bei Gesetzgebung nicht bedachte, im Unrechtsgehalt von den vorgestellten Sachverhalten abweichende Handlungen mit zu hoher Strafe zu versehen[16].

Auch für § 316 c StGB werden „Zufallsergebnisse" erwartet[17].

Aus diesen Feststellungen über Diskrepanz der ursprünglichen Vorstellung des Gesetzgebers und der Rechtswirklichkeit bezüglich der Strafwürdigkeit von zu erfassenden bzw. später tatsächlich erfaßten Sachverhalten kann nun nicht ohne weiteres geschlossen werden, *alle* bei einem ad-hoc-Tatbestand auftretenden Schwierigkeiten hätten ihre Ursache in der besonderen Entstehungsart der Vorschriften. Sie erlauben jedoch die Vermutung, daß aus diesem Grunde ad-hoc-Gesetzge-

---

[13] 3. Teil I.

[14] 3. Teil II.

[15] 3. Teil III.

[16] 3. Teil III. 1.

[17] 3. Teil III. 2.

bung im weiteren Verlauf der Tatbestandsentwicklung zu besonderen Integrationsschwierigkeiten führen *kann.* Dabei ist jedoch wiederum zu beachten, daß eine Bindung an die Vorstellung des historischen Gesetzgebers nach herrschender Meinung nicht besteht[18]. Wandlung der allgemeinen Lebensverhältnisse und Auffassungen kann neue Vorstellungen über Inhalt und Berechtigung einzelner Tatbestände sinnvoll und notwendig machen. Auch erlauben diese Feststellungen nicht den Schluß, ad-hoc-Gesetzgebung führe generell zu Unzulänglichkeiten und sei daher prinzipiell abzulehnen. Die Untersuchung von § 316 a StGB hat vielmehr gerade deutlich gemacht, daß die Erfassung der gemeingefährlichen Vorbereitungs- und Versuchshandlungen entsprechend dem ursprünglichen Einzelfall berechtigt und sinnvoll erscheint[19].

Andererseits aber hat sich deutlich die Gefahr gehäuften Auftretens von Unzulänglichkeiten bei Gelegenheitsgesetzen gezeigt, so daß es notwendig erscheint, Möglichkeiten für den Gesetzgeber aufzuzeigen, um eventuelle Integrationsschwierigkeiten bei späterer Anwendung eines einmal normierten ad-hoc-Gesetzes auszuschließen.

Dies setzt zunächst voraus, daß genau überprüft wird, ob tatsächlich eine Berechtigung für einen neuen Tatbestand besteht und nicht vielmehr die bisherigen Vorschriften sowohl nach Strafbarkeitsumfang als auch der Höhe des Strafrahmens ausreichen. Zusätzlich ist es notwendig, bei der Tatbestandsumschreibung in besonderem Maße Beschränkung auf die dem Einzelfall entsprechenden Sachverhalte zu versuchen, um ungewollte Ausuferungen auf andere dem Unrechtsgehalt nach nicht vergleichbare Handlungen auszuschließen. Unbestimmte Tatbestandsmerkmale wie etwa „Ausnutzung der besonderen Verhältnisse des Straßenverkehrs“ oder „sonstige Machenschaften“ sind ungeeignet, Abgrenzung des Tatbestandes in der vorgestellten Weise zu gewährleisten.

Noch so optimale Tatbestandsfassung jedoch kann nicht alle zukünftigen Fallkonstellationen im voraus berücksichtigen. Auch wenn „Abweichung“ späterer Sachverhalte von den „Tatbestandsvorbildern“ in Tatablauf und Unrechtsgehalt zunächst wenig wahrscheinlich ist, darf eine solche Möglichkeit nicht außer acht bleiben. Andernfalls entstehen Schwierigkeiten, wenn unter dem Eindruck besonders strafwürdig erscheinender Einzelfälle ein Tatbestand mit hoher Strafdrohung ausgestattet wird, spätere Fallkonstellationen jedoch erheblich geringeren Unrechtsgehalt aufweisen. Es ist dann Aufgabe der Rechtsprechung, dennoch zu möglichst gerechten Ergebnissen zu gelangen. Bei

---

[18] Vgl. Nachweise 2. Teil B. Fn. 38.

[19] Vgl. 2. Teil C., D.

§ 316 a StGB hat sich dies allerdings bis zum 11. StÄG außer durch den Gnadenweg und durch Gesetzesumgehung als nahezu unmöglich herausgestellt, da die starre Strafdrohung kein Ausweichen zuließ[20]. Um solche Ergebnisse zu vermeiden, sollte gerade bei Normierung neuartiger Tatbestände dem Richter ein besonderer Spielraum der Strafzumessung zugebilligt werden, damit im Einzelfall die Folgen von Gesetzesfehlern abgemildert werden können. Hätten die Gerichte bei Anwendung des § 316 a StGB auch schon vor dem 11. StÄG die Möglichkeit gehabt, korrigierend Recht zu sprechen, so wäre die Vorschrift zwar dennoch unbefriedigend und weitgehend überflüssig, der Einzelfall jedoch hätte gerecht beurteilt werden können.

Darüber hinaus ist eine weitere Aufgabe der Legislative deutlich geworden: Die Probleme des § 316 a StGB beruhen zu einem großen Teil darauf, daß der Gesetzgeber von falschen Vorstellungen über Art und Unrechtsgehalt der unter die Vorschrift zu subsumierenden Handlungen ausging. Um dies zu erkennen, war Analyse der Entwicklung der Rechtsprechung und Einbeziehung empirischer Daten notwendig. Erst dann konnte kritisch Stellung bezogen werden. Nach der Normierung eines Gelegenheitsgesetzes ist daher die Kontrolle von Rechtsprechung und Rechtswirklichkeit notwendig, um feststellen zu können, ob die ursprünglich an einem Einzelfall bzw. einer Serie von Einzelfällen ausgerichtete Vorstellung über die Notwendigkeit eines neuen Tatbestandes und die Art der zu erfassenden Handlungen durch die spätere Erfahrung bestätigt wird. Erst diese weitere Überprüfung der einmal normierten Vorschrift versetzt den Gesetzgeber in die Lage, korrigierend einzugreifen, wenn sich Unzulänglichkeiten zeigen.

Damit ist in Umrissen dargelegt, auf welche Weise die für Gelegenheitsgesetzgebung festgestellte Häufung von Problemen vermieden werden kann.

Ziel dieser Arbeit war es, aufzuzeigen, ob überhaupt Besonderheiten und Integrationsprobleme bei der Gruppe der ad-hoc-Gesetze auftreten. Daraus resultierende weitere Fragen müssen späteren Einzeluntersuchungen überlassen bleiben. Dazu gehört einmal das angedeutete spezifisch gesetzgeberische Problem der optimalen Normierung und Kontrolle von ad-hoc-Tatbeständen. Ein weiterer Aspekt betrifft die Ursachenforschung zur besonderen Problematik der ad-hoc-Gesetzgebung auf dem Hintergrund sozialpsychologischer und kriminalsoziologischer Erkenntnisse. Von diesem Standpunkt aus durchgeführte Untersuchungen könnten wichtige Beiträge zum Thema Gelegenheitsgesetz wie zu der bislang kaum durchleuchteten Problematik der Strafgesetzgebung überhaupt erbringen.

---

[20] Vgl. 2. Teil B. II. 3. a), IV. 2.

Literaturverzeichnis

Bei mehreren Beiträgen eines Autors wird im Text das in () angegebene Titelstichwort angeführt.

Amelung, Knut: Rechtsgüterschutz und Schutz der Gesellschaft, Frankfurt a. M. 1972.

Amelunxen, Clemens: Der Zuhälter. Wandlungen eines Tätertyps, Hamburg 1967.

Amtliche Begründung zu E 60: siehe E 60.

Amtliche Begründung zu E 62: siehe E 62.

Androulakis, Nikolaos K.: Zur Frage der Zuhälterei, in ZStW 78 (1966), 432 ff.

Arndt / Guelde: Gesetz zur Sicherung des Straßenverkehrs, Düsseldorf 1953.

Baldus, Paulheinz: in Strafgesetzbuch, Leipziger Kommentar, 9. Aufl., 6. Lieferung, §§ 249 - 252, 1970.

Ballerstedt, Kurt: Über wirtschaftliche Maßnahmegesetze, in Festschrift zum 70. Geburtstag von Walter *Schmidt / Rimpler,* S. 369 ff., Karlsruhe 1957.

Baumann, Jürgen: Strafrecht, Allgemeiner Teil, 5. neubearb. Aufl., Bielefeld 1968 (Baumann).

— Über die notwendigen Veränderungen im Bereich des Vermögensschutzes, in JZ 1972, 1 ff.

Begründung des Bundesverkehrsministers zur Straßenverkehrsordnung: in VBl 70, 797, abgedruckt bei *Jagusch,* a.a.O., S. 29 ff.

Berner, Albert Friedrich: Lehrbuch des Deutschen Strafrechts, 12. Aufl. Leipzig 1882.

Beyer, Klaus: Zur Auslegung des § 316 a StGB (Autostraßenraub), in NJW 1971, 872 f. (Auslegung).

— Anmerkung zu BGHSt 24, 173 ff., in NJW 1971, 2034.

— Die Rechtsprechung des Bundesgerichtshofs in Verkehrsstrafsachen im Jahre 1972, in DRiZ 1973, 159 ff. (Verkehrsstrafsachen).

Binding, Karl: Grundriß des Deutschen Strafrechts, Allgemeiner Teil, 7. Aufl., Leipzig 1907 (Grundriß).

— Die Normen und ihre Übertretung. Eine Untersuchung über die rechtmäßige Handlung und die Arten des Delikts, Bd. 1, Leipzig 1914 (Normen I).

— Handbuch des Strafrechts, Bd. 1, Leipzig 1885 (Handbuch).

— Lehrbuch des Gemeinen Deutschen Strafrechts, Besonderer Teil, 2. Bd., 2. Abteilung, Leipzig 1905 (Lehrbuch 2. Bd., 2. Abt.).

Birnbaum, J. M. F.: Über das Erfordernis einer Rechtsverletzung zum Begriff des Verbrechens mit besonderer Rücksicht auf den Begriff der Ehrenkränkung, in Arch. d. Criminalrechts N. F. Bd. 1 (1834), S. 149 ff.

Bockelmann, Paul: Über das Verhältnis der Begünstigung zur Vortat, in NJW 1951, 620 ff.

— Studien zum Täterstrafrecht, 2. Teil, (Abhandlungen des Kriminalistischen Instituts an der Universität Berlin, 4. Folge, 4. Bd., Heft 5), Berlin 1940 (Studien).

Bohlinger, Günther: Bemerkungen zum 12. Strafrechtsänderungsgesetz (12. StÄG), in JZ 1972, 230 ff.

Booss: Das Gesetz zur Sicherung des Straßenverkehrs, in DAR 1953, 5 ff.

Bruns, Hans-Jürgen: Strafzumessungsrecht, Allgemeiner Teil, Köln, Berlin, Bonn, München 1967.

Bücker, Joseph: Die Zulässigkeit von Individualgesetzen nach dem Grundgesetz, Bonn 1965.

Burghard, Klaus: Die Religionsdelikte der §§ 166, 167 StGB und ihre Novellierung durch das Erste Gesetz zur Reform des Strafrechts vom 30. Juni 1969, Diss. iur. Köln 1971.

Burkhardt, Björn: Das Unternehmensdelikt und seine Grenzen, in JZ 1971, 352 ff.

Busch, Richard: Anmerkung zu BGHSt 10, 320 ff., in LM § 316 a StGB Nr. 5.

— in Strafgesetzbuch, Leipziger Kommentar, 9. Aufl., 2. Lieferung, §§ 43 bis 50 a, Berlin 1970.

Busse, Hellmut: Raub und Erpressung im Lichte der geschichtlichen Entwicklung, Berlin 1937.

Christiansen, Karl O.: Kriminologie (Grundlagen), in Handwörterbuch der Kriminologie, 2. Aufl., hrsg. von Rudolf *Sievers,* S. 187 ff., Berlin 1967.

Coenders, Albert: Zum neuen Strafgesetz, in Die Reichsgerichtspraxis im deutschen Rechtsleben, Festgabe zum 50jährigen Bestehen des Reichsgerichts, S. 266 ff., Berlin und Leipzig 1929.

Cramer, Peter: Der Vollrauschtatbestand als abstraktes Gefährdungsdelikt, Tübingen 1962.

Dalcke / Fuhrmann / Schäfer: Strafrecht und Strafverfahren, 37. Aufl., Berlin 1961 (Dalcke).

Dohna, Graf zu: Die Verwendung der Todesstrafe in Deutschland seit 1933, in MschrKrim 1939, 479 ff.

Dreher, Eduard: Strafgesetzbuch mit Nebengesetzen und Verordnungen, 32. Aufl., München 1970. 33. Aufl., München 1972. 34. Aufl., München 1974.

— Grundsätze und Probleme des § 49 a StGB, in GA 1954, 11 ff. (Grundsätze).

— Über die gerechte Strafe. Theoretische Untersuchung für die deutsche strafrechtliche Praxis, Heidelberg 1947 (Strafe).

E 60: Entwurf eines Strafgesetzbuches mit Begründung, Bonn 1960.

E 62: Entwurf eines Strafgesetzbuches mit Begründung, Bonn 1962.

Enneccerus / Nipperdey: Lehrbuch des Bürgerlichen Rechts, Bd. 1, 15. Aufl., Tübingen 1959.

Exner, Franz: Studien über die Strafzumessungspraxis der deutschen Gerichte, Leipzig 1931 (Strafzumessungspraxis).

— Kriminologie, 3. Aufl., Berlin, Göttingen, Heidelberg 1949.

Floegel / Hartung: Straßenverkehrsrecht, 16. Aufl., München und Berlin 1966. Siehe auch *Jagusch,* Straßenverkehrsrecht.

Forsthoff, Ernst: Über Maßnahme-Gesetze, in Rechtsstaat im Wandel. Verfassungsrechtliche Abhandlungen 1950 - 1964, S. 78 ff., Stuttgart 1964 = Gedächtnisschrift für Walter *Jellinek,* Berlin 1955, S. 221 ff.

Fränkel: Anmerkung zu BGHSt 5, 280 ff., in LM § 316 a StGB Nr. 1.

Frank, Reinhard: Das Strafgesetzbuch für das Deutsche Reich, 18. Aufl., Tübingen 1931.

Freisler, Roland: Gedanken zum Gesetz gegen das räuberische Stellen von Autofallen, in DJ 1939, 34 ff. (Gedanken).

— Nationalsozialistisches Strafrecht, in DJ 1934, 471 ff.

Gallas, Wilhelm: Beiträge zur Verbrechenslehre, Berlin 1968.

— Abstrakte und konkrete Gefährdung, in Festschrift für Ernst *Heinitz,* S. 171 ff., Berlin 1972 (Gefährdung).

Geerds, Friedrich: Über den Unrechtsgehalt der Bestechungsdelikte und seine Konsequenzen für Gesetzgebung und Rechtsprechung. Eine strafrechtliche und kriminologische Studie, Tübingen 1961 (Bestechungsdelikte).

— Kriminalphänomenologie. Ihre Aufgaben und Möglichkeiten, in Festschrift für Hellmuth *Mayer,* S. 605 ff., Berlin 1966.

Geier: Anmerkung zu BGHSt 15, 322, in LM § 316 a StGB Nr. 7/8.

— Anmerkung zu BGHSt 18, 170 ff., in LM § 316 a StGB Nr. 9.

von Gemmingen, Frhr.: Der Irrtum über die eigene Tatbereitschaft, in ZStW 60 (1940), 1 ff. (Irrtum).

— Über Grundgedanke und Tragweite des Autofallengesetzes (Grundgedanke) mit Vorbemerkung der Schriftleitung (Vorbemerkung), in DStR 1939, 1 ff.

Geyer: Theilnahme Mehrerer an einem Verbrechen und Begünstigung, in Handbuch des deutschen Strafrechts, hrsg. von *Fr. v. Holtzendorff,* Bd. 4 = Ergänzungen, S. 139 ff., Berlin 1877.

Gleispach, Graf von: Willensstrafrecht, in Handwörterbuch der Kriminologie, Bd. II, hrsg. von *Elster* und *Lingemann,* S. 1067 ff., Berlin und Leipzig 1936.

Göppinger, Hans: Kriminologie. Eine Einführung, München 1971.

Goltdammer: Die Materialien zum Straf-Gesetzbuche für die Preußischen Staaten, aus den amtlichen Quellen nach den Paragraphen des Gesetzbuches zusammengestellt und in einem Kommentar erläutert, Theil II, Den besonderen Theil enthaltend, Berlin 1852.

Grethlein, Gerhart: Jugendgerichtsgesetz, Berlin 1965.

Grünauer, Manfred: Das Verbrechen des räuberischen Angriffs auf Kraftfahrer, Diss. iur. Hamburg 1970.

Grünhut, Max: Methodische Grundlagen der heutigen Strafrechtswissenschaft, in Frank-Festgabe, Bd. I, S. 1 ff., Tübingen 1930.

Gürtner, Franz: Das kommende deutsche Strafrecht, Bericht über die Arbeit der amtlichen Strafrechtskommission, 1. Aufl., Berlin 1934. 2. Aufl., Berlin 1936.

Haeger, W.: Die Stellung des § 49 a im System des Reichsstrafgesetzbuchs, Berlin 1903.

Hälschner, Hugo: Das Gemeine deutsche Strafrecht, 2. Bd.: Der Besondere Teil des Systems, 2. Abteilung, Bonn 1887.

Hanack, Ernst-Walter: Empfiehlt es sich, die Grenzen des Sexualstrafrechts neu zu bestimmen? Gutachten A zum 47. Deutschen Juristentag, München 1968.

Hartung, Fritz: Zweites Gesetz zur Sicherung des Straßenverkehrs mit Gesetzesmaterialien und kurzen Anmerkungen. Zugleich Ergänzungsband zum Kurzkommentar Straßenverkehr von *Floegel / Hartung,* München und Berlin 1965.

Hassemer, Winfried: Theorie und Soziologie des Verbrechens. Ansätze zu einer praxisorientierten Rechtsgutslehre, Frankfurt a. M. 1973.

Hauke: Der Zuhälter als asozialer Typus, in Archiv für Kriminologie 107, 22 ff.

Heimann-Trosien, Georg: in Strafgesetzbuch, Leipziger Kommentar, 9. Aufl., 11. Lieferung, §§ 113, 114, Berlin, New York 1972.

Henkel, Heinrich: Die „Praesumtio Doli" im Strafrecht, in Festschrift Eberhard *Schmidt,* hrsg. von *Bockelmann* und *Gallas,* S. 578 ff., Göttingen 1961.

von Hippel, Reinhard: Gefahrurteile und Prognoseentscheidungen in der Strafrechtspraxis, Berlin 1972 (Gefahrurteile).

— Die „Individualgefahr" in §§ 315 - 315 d StGB — exemplum eines elementaren Problems der Gesetzgebungskunst, in ZStW 80 (1968), 378 ff. (Individualgefahr).

— Untersuchungen über den Rücktritt vom Versuch. Zugleich ein Beitrag zur allgemeinen Versuchslehre, Berlin 1966 (Versuch).

Hirsch, Hans-Joachim: in Strafgesetzbuch, Leipziger Kommentar, 9. Aufl., 12. Lieferung, § 227, Berlin, New York 1972.

His, Rudolf: Geschichte des deutschen Strafrechts bis zur Karolina, München und Berlin 1928 (Karolina).

— Das Strafrecht des deutschen Mittelalters, 2. Teil: Die einzelnen Verbrechen, Weimar 1935 (Mittelalter).

— Das Strafrecht der Friesen im Mittelalter, Leipzig 1901 (Friesen).

Horn, Eckhard: Konkrete Gefährdungsdelikte, Köln 1973.

Horstkotte, Hartmuth: Kuppelei, Verführung und Exhibitionismus nach dem Vierten Gesetz zur Reform des Strafrechts, in JZ 1974, 84 ff.

Hoyer, Horst: Menschenraub, Seine kriminalistischen Erscheinungsformen sowie die für ihn vorgesehenen gesetzlichen Strafbestimmungen, Dresden 1938.

Hübner: Anmerkung zu BGHSt 22, 114 ff., in LM § 316 a StGB Nr. 12.

Huber, Konrad: Maßnahmegesetz und Rechtsgesetz. Eine Studie zum rechtsstaatlichen Gesetzesbegriff, Berlin 1963.

Jacobs, Rupprecht: Die Kriminalität der Nachkriegszeit, Bad Godesberg 1952.

Jäger, Herbert: Strafrechtspolitik und Wissenschaft, in Sexualität und Verbrechen, Beiträge zur Strafrechtsreform, hrsg. von F. *Bauer*, *Bürger* / *Prinz*, *Giese*, *Jäger*, S. 273 ff., Frankfurt 1963 (Strafrechtspolitik).

— Strafgesetzgebung und Rechtsgüterschutz bei Sittlichkeitsdelikten. Eine kriminalsoziologische Untersuchung, Stuttgart 1957 (Rechtsgüterschutz).

Jaffa, Sally: Der Begriff des Zuhälters im Reichsstrafgesetzbuch, Berlin 1902.

Jagusch, Heinrich: Straßenverkehrsrecht, 19. Aufl. des von Johannes *Floegel* begründeten und in 8. - 16. Aufl. von Fritz *Hartung* fortgeführten Werkes, München 1971.

— Die Praxis der Strafzumessung, Berlin 1956 (Strafzumessung).

Jescheck, Hans-Heinrich: Lehrbuch des Strafrechts, Allgemeiner Teil, 2. Aufl., Berlin 1972.

— Die Rechtsprechung des Bundesgerichtshofs in Strafsachen (Bd. 1 - 5 der amtlichen Sammlung zum Besonderen Teil des StGB), in GA 1955, 97 ff. (GA 55, 97).

— Die Rechtsprechung des Bundesgerichtshofes in Strafsachen (Bd. 6 und 7 der amtlichen Sammlung), in GA 1956, 97 ff. (GA 56, 97).

Kaiser, Günther: Kriminologie. Eine Einführung in die Grundlagen, Karlsruhe 1971.

Kaiser, Helmut: Das Wesen der Zuhälterei und ihre kriminalpolitische Beurteilung, Diss. iur. Köln 1937.

Kellerer, Hans: Statistik im modernen Wirtschafts- und Sozialleben, Hamburg 1960.

Kaufmann, Armin: Die Dogmatik der Unterlassungsdelikte, Göttingen 1959.

Kerrl, Hanns: Nationalsozialistisches Strafrecht, Berlin 1933.

Kohlrausch / Lange: Strafgesetzbuch mit Nebengesetzen und Erläuterungen, 38. Aufl., Berlin 1944. 43. Aufl., Berlin 1961.

Krumme: Anmerkung zu BGHSt 6, 82, in LM § 316 a StGB Nr. 2.

— Anmerkung zu BGHSt 13, 27 ff., in LM § 316 a StGB Nr. 6.

Kunath, Klaus: Zur Einführung eines einheitlichen Straftatbestandes gegen „Luftpiraterie" durch das Elfte Strafrechtsänderungsgesetz vom 16. Dezember 1971, in JZ 1971, 199 ff.

Lackner, Karl: Das konkrete Gefährdungsdelikt im Verkehrsstrafrecht, Berlin 1967.

Lackner / Maassen: Strafgesetzbuch mit Erläuterungen, 6. Aufl., München 1970. 7. Aufl., München 1972. 8. Aufl., München 1974.

Lange, Richard: Strafe und Erziehung im Jugendstrafrecht, in Probleme der Strafrechtserneuerung, Eduard *Kohlrausch* zum 70. Geburtstag dargebracht, Berlin 1944 (Erziehung).

— Literaturbericht Strafrecht — Allgemeiner Teil, in ZStW 65 (1953), 53 ff. (Literaturbericht).

Lange, Richard: Die Systematik der Strafdrohungen, Materialien zur Strafrechtsreform, 1. Bd., Gutachten der Strafrechtslehrer, S. 69 ff., Bonn 1954 (Materialien I).

— Die Krise des Strafrechts und seiner Wissenschaften, München 1969 (Krise).

— Das Rätsel Kriminalität, Frankfurt - Berlin 1970 (Rätsel).

— Strafrechtsreform, Wien 1972 (Strafrechtsreform).

Letzgus, Klaus: Vorstufen der Beteiligung. Erscheinungsformen und ihre Strafwürdigkeit, Berlin 1972.

v. Liszt, Franz: Lehrbuch des deutschen Strafrechts, 16., 17. Aufl., Berlin 1908. 25. Aufl. (*v. Liszt / Schmidt*), besorgt von Eberhard *Schmidt,* Berlin 1927.

— Zum Arnim-Paragraphen (§ 353 a StGB), in JW 1918, 540 ff. (Arnim-Paragraph).

LK: Strafgesetzbuch, Leipziger Kommentar, 8. Aufl., 2. Bd., Berlin 1958. 9. Aufl., 11., 12. Lieferung, Berlin, New York 1972.

Lütkes, Hermann: Straßenverkehr, Kommentar, hrsg. von *Lütkes, Meier, Wagner,* Berlin 1967.

Maassen, Hermann: Die strafrechtlichen Bestimmungen des Gesetzes zur Sicherung des Straßenverkehrs, in NJW 1953, 202 ff.

Marx, Michael: Zur Definition des Begriffs „Rechtsgut". Prolegomena einer materialen Verbrechenslehre, Köln - Berlin - Bonn - München 1972.

Maurach, Reinhart: Anmerkung zu BGHSt 24, 198 ff., in JZ 1972, 130 ff.

— Deutsches Strafrecht, *Allgemeiner Teil,* 3. Aufl., Karlsruhe 1965. 4. Aufl., Karlsruhe 1971 (AT). *Besonderer Teil,* 5. Aufl., Karlsruhe 1969 (BT).

— Zur Rechtsnatur des erpresserischen Kindesraubes (§ 239 a StGB), in JZ 1962, 559 ff. (Kindesraub).

— Die Behandlung der unselbständigen tatbestandlichen Abwandlungen und der eigenständigen Verbrechen de lege ferenda, in Materialien zur Strafrechtsreform, 1. Bd., Gutachten der Strafrechtslehrer, S. 249 ff., Bonn 1954 (Materialien I).

— Die Problematik der Verbrechensverabredung (§ 49 a II StGB), in JZ 1961, 137 ff. (Verbrechensverabredung).

— Probleme des erfolgsqualifizierten Delikts bei Menschenraub, Geiselnahme und Luftpiraterie, in Festschrift für Ernst *Heinitz,* S. 403 ff., Berlin 1972 (Menschenraub).

Mayer, Hellmuth: Teilnahme und Gefangenenmeuterei, in JZ 1956, 434 ff.

Menger, Christian-Friedrich: Das Gesetz als Norm und Maßnahme, in VVDStRL 1957, 1 ff.

Mergen, Armand: Intensive Bekämpfung der Wirtschaftskriminalität, in DRiZ 1972, 271 ff. (Wirtschaftskriminalität).

— Die Wissenschaft vom Verbrechen. Eine Einführung in die Kriminologie, Hamburg 1961.

Meves: Die Amtsverbrechen, in Handbuch des deutschen Strafrechts, hrsg. von *Fr. v. Holtzendorff,* Bd. 4 = Ergänzungen, S. 338 ff., Berlin 1877.

Meyer, Alex: Luftpiraterie-Begriff, Tatbestände, Bekämpfung, Köln 1972.

Mezger, Edmund: Kriminologie. Ein Studienbuch, München und Berlin 1952 (Kriminologie).

— Anmerkung zu BGH NJW 1952, 514 f., in NJW 1952, 514 f.

— Strafrecht. Ein Lehrbuch, 3. unveränderte Aufl., Berlin und München 1949. (AT).

Mezger / Blei: Strafrecht, Besonderer Teil, Studienbuch, 9. Aufl., München und Berlin 1966.

Middendorff, Wolf: Menschenraub, Flugzeugentführungen, Geiselnahme, Kidnapping. Historische und moderne Erscheinungsformen, Bielefeld 1972.

Mösl, Albert: in Strafgesetzbuch, Leipziger Kommentar, 9. Aufl., 5. Lieferung, § 181 a, Berlin 1970.

von zur Mühlen, Rainer A. H.: Der Computer als Werkzeug und Ziel deliktischer Handlungen im Betrieb, in DB 1971, 1045 ff.

Müller, Fritz: Straßenverkehrsrecht, 21. Aufl., Berlin 1959.

Müller-Emmert, Adolf / *Maier*, Bernhard: Erpresserischer Menschenraub und Geiselnahme — zu den §§ 239, 239 b StGB neuer Fassung —, in MDR 1972, 97 ff.

Naucke, Wolfgang: Zur Lehre vom strafbaren Betrug. Ein Beitrag zum Verhältnis von Strafrechtsdogmatik und Kriminologie, Berlin 1964.

Niederschriften: über die Sitzungen der Großen Strafrechtskommission.

Niese, Werner: Die Rechtsprechung des Bundesgerichtshofs in Strafsachen (Bd. 6 - 9 der Amtlichen Sammlung), in JZ 1957, 658 ff.

Oehler, Dietrich: Das objektive Zweckmoment in der rechtswidrigen Handlung, Berlin 1959. (Zweckmoment).

— Wurzel, Wandel und Wert der strafrechtlichen Legalordnung, Berlin 1950 (Wurzel).

— Rezension von: *Sina*, Peter, Die Dogmengeschichte des strafrechtlichen Begriffs „Rechtsgut", in Zeitschrift der Savigny-Stiftung für Rechtsgeschichte, Germanistische Abteilung, Bd. 84 (1964), S. 483 ff. (Rezension).

v. Olshausen, Justus: Kommentar zum Strafgesetzbuch für das Deutsche Reich, 12. Aufl., Berlin 1942.

Otto, Harro: Rechtsgutsbegriff und Deliktstatbestand, in Strafrechtsdogmatik und Kriminalpolitik, hrsg. von *Müller-Dietz*, S. 1 ff., Köln - Berlin - Bonn - München 1971.

Polizeiliche Kriminalstatistik: für die Bundesrepublik Deutschland, hrsg. vom Bundeskriminalamt Wiesbaden.

Rabl, K. O.: Der Gefährdungsvorsatz, Berlin 1933.

Radbruch, Gustav: Der Raub in der Carolina, in Elegantiae Juris Criminalis. 14 Studien zur Geschichte des Strafrechts, 2. Aufl., Basel 1950.

Raiser, Thomas: Verfassungswidrige Mindeststrafen?, in JZ 1963, 663 ff.

Rechtsausschuß: Protokoll Nr. 202 des Rechts- und Verfassungsausschusses d. BT/I v. 18. 9. 1952.

Rechtspflegestatistik: Bevölkerung und Kultur, Fachserie A, Reihe 9, hrsg. vom Statistischen Bundesamt Wiesbaden.

Rietzsch, Otto: Anmerkung zum „Gesetz gegen Straßenraub mittels Autofallen“, in *Pfundtner / Neubert*, Das neue Deutsche Reichsrecht II c, Strafrecht Nr. 6, S. 117 ff., Berlin - Wien 1940.

— Anmerkung zu SG Mannheim, DJ 1938, 1993 f., in DJ 1938, 1994 f.

Roth-Stielow, Klaus: Die gesetzeswidrige Ausweitung des § 316 a StGB, in NJW 1969, 303 f.

Rudolphi, Hans-Joachim: Die verschiedenen Aspekte des Rechtsgutsbegriffs, in Festschrift für Richard M. *Honig*, S. 151 ff., Göttingen 1970.

Rüth, Karl: in Strafgesetzbuch, Leipziger Kommentar, 9. Aufl., 14./16. Lieferung, Berlin - New York 1973.

Rusam, Reinhard: Der räuberische Angriff auf Kraftfahrer — § 316 a des Strafgesetzbuches, Diss. iur. München 1960.

Salm, Karl: Das versuchte Verbrechen, Karlsruhe 1957.

Sauer, Wilhelm: Juristische Methodenlehre, Berlin 1940.

— Kriminalsoziologie, Berlin 1933 (Kriminalsoziologie).

Schäfer, Karl: in Strafgesetzbuch, Leipziger Kommentar, 9. Aufl., 14./16. Lieferung, §§ 239 a, 316 a, Berlin - New York 1973.

Schaffstein, Friedrich: Das Verbrechen als Pflichtverletzung, Berlin 1935.

— Der Streit um das Rechtsgutsverletzungsdogma, in DStR 1937, 335 ff. (Rechtsgutsverletzungsdogma).

— Jugendstrafrecht, 3. Aufl., Stuttgart - Berlin - Köln - Mainz 1966.

Schickert, Hans: Die Rechtsprechung des Reichsgerichts in Strafsachen in den Jahren 1939 und 1940, in DR 1941, 115 ff.

Schlecht, Anton: Lex Heinze, in Der Gerichtssaal, Bd. 60 (1902), 1 ff.

Schmidhäuser, Eberhard: Strafrecht, Allgemeiner Teil, Tübingen 1970.

— Über den Einfluß kriminologischer Tattypen auf die Fassung von Strafgesetzen, in MschrKrim 1973, 342 ff. (Tattypen).

Schmidt, Eberhard: Einführung in die Geschichte der deutschen Strafrechtspflege, 3. Aufl., Göttingen 1965.

Schmidt-Räntsch, Günther: Zur Luftpiraterie, in JR 1972, 146 f.

Schneider, Hans-Joachim: Wirtschaftskriminalität in kriminologischer und strafrechtlicher Sicht, in JZ 1972, 461 ff.

Schönke, Adolf: Strafgesetzbuch, 4. Aufl., München und Berlin 1949.

Schönke / Schröder: Strafgesetzbuch, 15. Aufl., München 1970. 16. Aufl., München 1972. 17. Aufl., München 1974.

Schroeder, Friedrich-Christian: Polizei und Geiseln. Der Münchener Bankraub, Berlin - New York 1972.

Schröder, Horst: Grundprobleme des § 49 a StGB, in JuS 1967, 287 ff. (Grundprobleme).

— Die Gefährdungsdelikte im Strafrecht, in ZStW 81 (1969), 7 ff.

— Die Unternehmensdelikte, in Festschrift für E. *Kern*, S. 457 ff., Tübingen 1968 (Unternehmensdelikte).

Schwalm, Georg: Schuld und Schuldfähigkeit im Licht der Strafrechtsreformgesetze vom 25. 6. und 4. 7. 1969, des Grundgesetzes und der Rechtsprechung des Bundesverfassungsgerichts, in JZ 1970, 487 ff.

Schwinge, Erich: Teleologische Begriffsbildung im Strafrecht, Berlin 1930.

Seibert, Claus: Zum Autostraßenraub (§ 316 a StGB), in NJW 1969, 781 (Autostraßenraub).

— Verfassungswidrige Mindeststrafen? Eine kurze Entgegnung, in JZ 1963, 749 (Entgegnung).

Sina, Peter: Die Dogmengeschichte des strafrechtlichen Begriffs „Rechtsgut", Basel 1962.

Sonderausschuß: Niederschriften über die Sitzungen des Bundestags-Sonderausschusses für die Strafrechtsreform.

Spendel, Günter: Zur Lehre vom Strafmaß, Frankfurt 1954.

Starck, Christian: Der Gesetzesbegriff des Grundgesetzes. Ein Beitrag zum juristischen Gesetzesbegriff, Baden-Baden 1970.

Stenglein, M.: Gelegenheitsgesetze, in DJZ 1900, 107 ff.

Stockmayer, Ulrich: Das Verbrechen des erpresserischen Kindesraubes nach § 239 a StGB, Diss. iur. Stuttgart 1937.

Stratenwerth, Günter: Strafrecht, Allgemeiner Teil I, Die Straftat, Köln - Berlin - Bonn - München 1971.

v. Tabouillot, Wolfgang: Die Zulässigkeit von Individualgesetzen, Diss. iur. Heidelberg 1932.

Tiedemann, Klaus: Zur Reform der Vermögens- und Wirtschaftsstraftatbestände, in ZRP 1970, 256 ff. (Reform).

— Wirtschaftsstrafrecht als Aufgabe, in Die Verbrechen in der Wirtschaft, hrsg. von *Tiedemann*, Karlsruhe 1970 (Wirtschaftsstrafrecht).

— Welche strafrechtlichen Mittel empfehlen sich für eine wirksamere Bekämpfung der Wirtschaftskriminalität? Gutachten (zum 49. Deutschen Juristentag), München 1972 (Gutachten).

Tröndle, Herbert: in Strafgesetzbuch, Leipziger Kommentar, 9. Aufl., 1. Lieferung, § 2, Berlin 1970.

— Die Rechtsprechung des Bundesgerichtshofs in Strafsachen. Materielles Recht (Bände 12 - 15 der Amtlichen Sammlung), in GA 1962, 225 ff.

Verkehrsausschuß: Schriftlicher Bericht des Verkehrsausschusses, BT-Drucks. I/3774, abgedr. bei *Arndt / Guelde*, a.a.O., I. Allgemeines: S. 18, Nr. 7: S. 137 f.

Vorbemerkung: siehe *v. Gemmingen.*

Waider, Heribert: Strafbare Versuchshandlungen der Jagdwilderei, in GA 1962, 176 ff.

von Weber, Hellmuth: Anmerkung zu BGH JZ 1955, 587 f., in JZ 1955, 588 f.

— Kriminalsoziologische Einzelforschungen. Ergebnisse und Aufgaben, Jena 1939 (Einzelforschungen).

— Die Bedeutung der Kriminologie für die Strafrechtspflege, in Kriminologie und Vollzug der Freiheitsstrafe, hrsg. von *Würtenberger*, S. 14 ff., Stuttgart 1961 (Kriminologie).

Wehrhahn, Herbert: Das Gesetz als Norm und Maßnahme, in VVDStRL 1957, 35 ff.

Welzel, Hans: Der Allgemeine Teil des deutschen Strafrechts in seinen Grundzügen, 1. Aufl., Berlin 1940. 11. Aufl., Berlin 1969.

Wenzky, Oskar: Pressemitteilungen über Kapitalverbrechen, in Die Polizei 1965, 134 ff., 179 ff.

Werner, Wolfhart: in Strafgesetzbuch, Leipziger Kommentar, 8. Aufl., Berlin 1958.

Willms: Anmerkung zu BGHSt 19, 191 f., in LM § 316 a StGB Nr. 11.

Würtenberger, Thomas: Die geistige Situation der deutschen Strafrechtswissenschaft, 2. Aufl., Karlsruhe 1959 (Situation).

— Der Kampf gegen das Kunstfälschertum in der deutschen und schweizerischen Strafrechtspflege, Wiesbaden 1951 (Kunstfälschertum).

Zeidler, Karl: Maßnahmegesetz und „klassisches Gesetz". Eine Kritik, Karlsruhe 1961.

Zipf, Heinz: Kriminalpolitik, Eine Einführung in die Grundlagen, Karlsruhe 1973.

FSC
www.fsc.org
MIX
Papier | Fördert gute Waldnutzung
FSC® C083411

Kolibri 360 GmbH
Ferdinand-Jühlke-Straße 7
99095 Erfurt, Deutschland
produktsicherheit@kolibri360.de

Druck:
CPI Druckdienstleistungen GmbH
im Auftrag der
Kolibri 360 GmbH
Ferdinand-Jühlke-Str. 7
99095 Erfurt